The

Intention Experiment

Using Your Thoughts to Change Your Life and the World

念力的科學

贏比賽、病療癒、致富成功，
人類意識如何改變物質世界？

琳恩・麥塔格特 *Lynne McTaggart* 著　梁永安 譯

目錄

上帝動著，奇蹟活著

……奇蹟不死

科恩（Leonard Cohen）

《上帝活著，神蹟動著》（*God Is Alive, Magic Is Afoot*）

【自序】

人類意識可以改變物質世界

這書是一個迄未完成的大計畫的一部分，該計畫以我二〇〇一年出版的《療癒場：探索意識和宇宙的共振能量場》（*The Field*：*The Quest for the Secret Force of the Universe*）一書揭開序幕。爲順勢療法（homeopathy）和靈能療法（spiritual healing）尋找科學解釋的過程中，我意外發現一門新科學正在形成中。

在研究期間，我遇上一群前衛科學家，他們花了多年時間回頭檢視量子物理學及其非比尋常的蘊涵。其中有些人重新爲一些被傳統量子物理學家視爲多餘的公式恢復名譽。這些公式都是關於「零點能量場」（Zero Point Field），即能量在所有次原子粒子間不斷移動所產生的量子場（quantum field）。「零點能量場」的存在意味著，由於量子能量不斷跳著交換之舞，使得宇宙間一切物質在次原子層次全連接一起。

另外也有證據顯示，在最基本的層次，每個人都是一種搏動的能量的訊息包，會與「零點能量場」的浩瀚能量海洋不停互動。

但最異端的證據則是意識所扮演的角色。由上述科學家精心設計的實驗顯示出，意識是一種不受我們身體局限的物質，是一種條理分明的能量，有能力改變物質事件。引導性思維

（directed thought）顯然可以影響機器、細胞，甚至是人類如此複雜的多細胞生物體。這種「以心控物」（mind over matter）的能力甚至可以超越時間和空間的限制。

在《療癒場》一書中，我努力闡述清楚不同實驗的意義，然後用一個統一理論將之綜合歸納。《療癒場》創造出一個互相連結的宇宙，並爲許多最深邃的人類奧祕（如另類醫學、靈能治療、超感官知覺、集體潛意識等）提出科學解釋。

《療癒場》顯然觸動許多人的痛處。我收到數百封讀者來函，告訴我這書改變了他們人生。一個作家把我寫入他的小說裡；兩個作曲家因《療癒場》而有了靈感寫出作品，其中一首還在國際舞台上演奏過；電影《兔子洞裡到底是什麼?》（*What the Bleep? Down the Rabbit Hole*）讓我軋一角；我在《療癒場》裡說過的話也成了聖誕卡的熱門引句。

不過，這些迴響儘管讓人開心，我的發現之旅卻也只像火車才剛剛駛離月台罷了。我在《療癒場》裡收集到的科學證據意味著一件不同尋常而且讓人困擾的事情：引導性思維在創造眞實一事上扮演著核心角色。

具有目的的思維——或科學家生硬地稱之爲「意念」（intention）或「意念的表現」（intentionality）——看來可以產生一種強力能量，足以改變物理現實。**一個簡單的意念似乎擁有改變我們世界的力量**。

寫完《療癒場》以後，我對這種力量的範圍感到好奇，心中生起許多疑問。例如，我怎樣才能把已經過實驗室證明的事情應用在實際生活中？我可以像超人那樣，站在鐵路中間，光憑意念讓九點四十五分的高鐵停下來嗎？我能靠引導性思維使自己飛起來，去修理屋頂嗎？單憑意念力我就能治好自己的病，從而把醫生與治療師從連絡簿上刪除？我可以只用念力就幫助兒女通過數學考試嗎？如果直線時間和三度空間並非眞實存在，那我是否能回到過去，把所有帶給我永久遺憾的時刻給抹去呢？這世界的許多痛苦災難眞能憑我個人的小小心念加以改變？

與此相關的證據所隱含的意義目前尚未完全確定。那麼，我們應該時時留意每一個微不足道的意念嗎？一個悲觀者的世界觀會是「自我應驗預言」（self-fulfilling prophecy）嗎？任何負面思想——內心不斷的批評與評判——都會對我們腦子外的世界產生影響嗎？

環境的改變會不會影響意念的效力？不管在什麼時候意念總是能起作用嗎？還是要視你本人、施用對象，甚至宇宙的狀態而定？如果一物隨時能影響另一物，那彼此不會互相抵消，讓效果歸零嗎？

當一群人在同一時間出現相同的意念時，會發生什麼事？那意念會比單一個人的眾多念頭更強有力嗎？意念的效力是不是由「劑量」決定的，人數愈多就愈有效？

自拿破崙．希爾（Napoleon Hill）的《思考致富聖經》（*Think and Grow Rich*）❶發行以來，談意念力量的書籍就層出不窮。「意念」成了最時髦的「新時代」（new age）名詞。另類醫學的治療師聲稱可以透過意念治癒病人，就連珍芳達（Jane Fonda）也教導別人「藉助意念」來養育孩子。[2]

我納悶，到底什麼才眞叫「意念」？一個人要怎樣才能成爲意念力量的有效使用者？市面上大量充斥著談意念的通俗作品，這裡談一點東方哲學，那裡談一點卡內基（Dale Carnegie），卻鮮少提出科學證據，證明那行得通。

爲了回答以上所有疑問，我再一次轉向科學，大量閱讀研究「遠距治療」（distant healing）和「隔空移物」（psychokinesis）等特異能力的科學文獻，並走訪許多曾經做過以心控物實驗的國際知名科學家。《療癒場》一書中提到的實驗主要都是一九七〇年代進行，而這一次，我則檢視了近幾年的量子物理學發現，以尋找進一步的線索。

我也向那些能駕馭念力的人物（靈能治療師、佛教高僧、氣功師父和薩滿巫師等）求教，以便理解他們是經歷了哪些轉化過程，才能夠有效應用念力。我也探究了各種在實際生活中應用念力的例子，例如運動場上以「生物反饋療法」（biofeedback）進行治病的實例。我還研究了原住民是怎樣把引導性的思維整合在日常儀式中。

然後，我開始尋找可以證明群體意念比個人意念更有效的證據。我收集到的證據相當讓人鼓舞，那些主要是來自「超覺靜坐」（Transcendental Meditation）組織。證據顯示出一群人如果心意合一，就能讓本來隨機的零點能量場變得較有秩序。

到了這個時候，我已經離開了前人鋪好的道路。在我面前展開的，是一片沒有人居住的開放地域。

有一個晚上，我丈夫布賴恩（他在許多方面都是個天生冒險家）突然給我提了個乍看荒謬的建議：「爲什麼妳不自己來搞些群體念力實驗？」

我不是物理學家，也不是任何領域的科學家。我上一次做實驗是在國中課堂。

但我卻擁有許多科學家不可得的資源：龐大的潛在實驗群眾。群體念力實驗要在一般實驗室裡進行是異常困難的，研究者必須招募到數千個志願參與者才行。而他要怎樣找到他們？要找什麼地方來容納他們？又要如何保證他們會在同一個時間想著同一個意念？

但同一本書的讀者就是一群理想的實驗群眾。他們既然會挑選同一本書來讀，就代表他們大致有著相同志趣，也因此會較有意願從事相同的實驗。事實上，透過電子報和其他從《療癒場》衍生的活動，我早已擁有一批固定讀者。

我把這構想告訴普林斯頓工程學院的榮譽院長羅伯特．楊恩（Robert Jahn）和他同事布蘭達．鄧恩（Brenda Dunne），後者是心理學家，主持普林斯頓的「異常工程實驗室」（Princeton Engineering Anomalies Research，簡稱 PEAR（梨子））。兩人是我在爲寫作《療癒場》而從事研究時認識的。楊恩和鄧恩花了大約三十年辛勤研究，取得可觀證據，證明念力可以影響機器。他們都是最嚴謹的科學方法遵行者，絕不是信口開河的怪胎。楊恩是極少數我碰過說話時字斟句酌的人，而鄧恩在實驗和說話兩方面同樣吹毛求疵，追求完美。有他們的協助，我將不用擔心我的實驗計畫會漏洞百出。

他們兩人也有一大批科學家可供調遣。身爲「國際意識研究實驗室」（International Consciousness Rearch Laboratory）的主持人，他們的同僚許多都是意識研究方面赫赫有名的科學家。鄧恩還主持「梨子樹計畫」（PEARTree），其成員皆爲對意識研究深感興趣的年輕科學家。

兩人聽了我的構想後反應熱烈。我們碰了好幾次面，研究各種可行的方式。最後，他們找來了弗立茲—艾伯特·波普（Fritz-Albert Popp），請他負責主導第一回合的實驗。我在撰寫《療癒場》的期間就聽過波普的大名。他是德國紐斯（Neuss）「生物物理學國際研究所」（International Institute of Biophysics）的副所長，也是第一個發現所有生物都會發出微光的人。有這位知名德國物理學家的助陣，我們實驗的科學嚴謹度自然百尺竿頭。

其他願意給我們當顧問的科學家還包括：亞歷桑納大學生物場中心的心理學家蓋瑞·史瓦慈（Gary Schwartz）、「思維科學研究所」（Institute of Noetic Sciences）的副所長瑪里琳·施利茨（Marilyn Schlitz）與資深科學家狄恩·雷丁（Dean Radin），以及「全球意識計畫」（Global Consciousness Project）的心理學家羅傑·尼爾森（Roger Nelson）。

我沒有任何幕後金主。網站運作和實驗所需的經費，都是靠本書的稿費和版稅支應。

從事實驗研究的科學家大多不敢超脫研究結果，去思考隱藏在結果中尚未被發現的意涵。所以，即使已經有了許多關於念力的證據，我還是得自行把各種個別發現綜合為一個融貫的理論。為了解說一些通常用數學公式來表達的觀念，我有時不得不藉助比喻方式。有時候，在參與的科學家協助下，我還會作出大膽猜測。需要記住的是，本書得出的結論是一門非常前衛的科學的果實，而這些觀念仍在「建構中」。毫無疑問，總有一天會出現新證據，使最初的結論更為擴大、更加精密。

接觸過這些非常前衛的科學工作者之後，我不由得肅然起敬。這些籍籍無名男女完全稱得上是無名英雄。他們猶如在黑暗裡孤單地摸索，其研究方向大有可能讓他們失去研究補助，甚至學術職位。而他們大部分還得四處籌措資金，好讓研究可以繼續下去。

科學中的一切進步都帶點異端邪說的味道，因為每一個重要的新發現即便沒有全盤推翻主流的觀點，也會部分否定之。要當一個貨真價實的科學探險者，必須無所畏懼，任憑實驗結果說話；必須無懼於證明朋友、同事或某個科學範式是錯的。這樣的人雖然是透過冷冰冰的實驗數據和數學公式說話，但內裡卻包含一顆火熱的心，希望透過艱苦的實驗締造一個新世界。

琳恩・麥塔格特

二〇〇六年六月

【前言】

意念的創造力量

《念力的科學》不是一般的書，各位也不是一般讀者。這書是沒結尾的，因爲我想邀各位幫我把它完成。各位不只是本書的讀者，還將會是一種最前衛科學研究的積極參與者。各位要做的事很簡單，那就是參與歷來最大一場「以心控物」的實驗。

《念力的科學》在三個方面是第一本「活」的書。某個意義下，它只是一個序章，「正文」要有待讀完本書最後一頁之後才會開始。在這本書裡頭，各位可找到各種證明自己意念威力強大的科學證據。然後，各位可以進一步參與一個非常大型、持續進行中的群體實驗，由一些在意識研究領域最德高望重的科學家設計和指導。

透過「念力實驗網站」（www.theintentionexperiment.com），各位可以參與各種遠距離實驗，結果會張貼於網上。各位將會成爲科學家，在有史以來最大膽的意識實驗中共襄盛舉。

本書奠基於一個看似相當過時的前提：意念可以影響物理現實。過去三十多年來，世界各地都有聲譽卓著的科學機構透過實驗研究意識的本質，證明了意念能影響任何東西——從最簡單的機器到最複雜的生物體。❶證據顯示，人的意念與意圖就像實際的「物體」一樣，具有改變世界的驚人能力。每個意念都是擁有轉化力量的有形能量，並不只是單純的事物，還是能影響其他事物的事物。

意識可以影響物質的觀念與古典物理學的世界觀（研究巨大的有形世界的科學）大相逕庭，卻是量子物理學（研究世界上最微小元素的科學）的核心觀念。它們的差異主要在於對物質的性質和物質是如何被影響的看法不同。

所有古典物理學，乃至其他科學，全奠基於牛頓一六八七年在《自然哲學的數學原理》（*Principia*）一書裡所提出的運動與引力定律。❷牛頓的定律把宇宙理解為一個三度空間，在其中，所有物體皆根據固定的運動定律運動。物質被認為是不可侵犯而自足的，各有固定的界線，任何的交互影響都需要透過力或碰撞之類的物理現象來進行。想改變某物的狀態，方法只能是加熱、燃燒、冷凍、從高處丟下或是給它狠狠一踢。

著名物理學家理查・費曼（Richard Feynman）把牛頓三大定律形容為科學的偉大「遊戲規則」❸，而其中心前提（事物彼此獨立）則深深烙印在我們的哲學世界觀裡。我們相信，不管自己做了什麼或想些什麼，並不會改變周遭發生的一切；晚上睡覺時，世界也不會在我們睡著後消失。

然而，隨著量子物理學的先驅開始把目光投向物質的核心，這種認為物體各自獨立且循規蹈矩的觀點在二十世紀初期受到了衝擊。他們發現，宇宙間最小的物質（巨大客觀世界的最基本成分）並不按照科學家迄今已知的任何法則行事。

這種出格行爲濃縮在後來被稱爲「哥本哈根詮釋」（Copenhagen Interpretation）的一組觀念裡。哥本哈根乃是丹麥大物理學家尼爾斯．波爾（Niels Bohr）及其得意弟子德國物理學家維爾納．海森堡（Werner Heisenberg）規畫出他們非凡卓越的數學發現的可能意含之地。波爾和海森堡明白，原子並不是如撞球般的微型太陽系，而是混亂得多的東西：即極小型的「電子雲或然率」（clouds of probability）。次原子粒子並不是固態和穩定的東西，而是存在於未定狀態中，充滿各種可能性，是其各種未來可能性的總和——用物理學術語來說，則是其各種未來可能性的「重疊」（superposition）。換句話說，這樣的粒子就像人在一間鏡廳裡注視著自己。

他們得出的結論之一是「不確定性」（indeterminacy）這個概念：你永遠不可能一次就確知次原子粒子的一切。例如，即便你發現一顆次原子粒子的位置，也仍然無法得知它要往哪個方向走，或以什麼速度前進。他們把一顆量子粒子說成既是粒子——一種凝結的東西——又是「波」，也就是在一大片時空區域中，量子粒子可能占據其中任一個位置。這就好比是用一個人來指稱他所住的那整條街。

他們的結論意味著，在最基本的層次，物質並不是固態和穩定的，甚至不是**任何東西**。次原子與古典物理學所描寫的固態和可靠狀態大異其趣，它更像飄忽不定的東西，充滿無限可能性。由於最細小粒子的行爲是如此善變，以致第一批量子物理學家不得不藉助比喻來作說明。

在量子層次，眞實就宛如是未凝結的果凍。

由波爾、海森堡與其他研究家發展出來的量子理論動搖了牛頓物質觀的根本基礎（事物是獨立、分離的）。他們主張，在最基本的層次，物質無法被分割爲獨立自存的單位，甚至是無法被充分描述的。獨立存在的事物是沒有意義的，它們只有彼此聯繫成動態的網狀關係才顯意義。

量子物理學的先驅還發現，量子粒子具有互相影響的驚人能力。舉個例來說，根據古典物理學，任一物體要影響另一物體，必須以有限速度進行力的交換始能發生。但量子粒子卻不是這樣。

兩顆粒子一旦接觸過，彼此就會保持聯繫。不管後來相隔多遠，其中一顆次原子粒子的活動〔如磁定向（magnetic orientation）〕都會即時影響到另一顆。

在次原子的層次，改變也可以是來自於能量的動態交換：透過「虛擬粒子」（virtual particles）作爲中介，那些小小的振動能量的訊息包會不斷來回傳遞能量，就像是籃球比賽中的往返傳球。而其結果，則是在宇宙中創造一片深不可測的基本能量層。❹

次原子物質看來是不斷互相交換信息的，因而持續精緻化和細微化。所以，宇宙不是一個包含著靜態而獨立的物體的倉庫，而是由不斷轉換且相互連結的不同能量場所形成的單一有機體。在其極細微的層次，我們的世界肖似一個巨大的量子信息網絡，其所有組成成分不斷以電話保持聯繫。

唯一可以讓小電子雲或然率固定下來和變成可測量的，是一個觀察者的介入。一旦科學家對次原子粒子進行更徹底的觀察測量，粒子就會從充滿各種可能性的狀態「垮陷」（collapse）爲特定狀態。

這些早期實驗的發現有一個深遠涵義：流動的意識是可以把可能轉變爲眞實的。看來，在我們對一顆電子進行觀察或測量的同時，**似乎也幫忙決定了它的最後形態**。換言之，創造我們宇宙的最基本材料乃是那觀察它的意識。量子物理學的好幾位核心人物都主張，宇宙是民主的和鼓勵參與的：是觀察者與被觀察者攜手合作的結果。[5]

量子實驗中的「觀察者效應」（observer effect）又催生出一個有違常理的見解：流動的意識在這個過程中可以把量子世界解構成爲類似日常世界的東西。易言之，不只是觀察者把被觀察者帶入具體的存在狀態，宇宙中也沒有實際的東西能獨立於我們對它的感官知覺之外。這意味著，是觀察者的觀察（換言之是意識的介入）把果凍給凝結下來的。

這意味著，「眞實」並非固定不變，而是流動或變動的，因此是可以被影響、形塑。

認爲意識可以創造、甚至可能影響物理宇宙的觀念，同樣與今日主流科學的意識觀相悖。現代科學家對意識的看法繼承自十七世紀哲學家笛卡爾（Rene Descartes），他認爲意識與物質是互不相干的，意識是腦子所產生，完全封閉於我們的頭顱骨裡面。

大部分普通的現代物理學家都懶得理會一個重要謎題：爲什麼「大東西」（big things）是

各自獨立，而構成它們的基本成分卻即時且不停地交換信息？有半個世紀的時間，物理學家總是理所當然地假定：當次原子粒子（例如電子）聚合成大東西時，其特性就會發生改變，開始遵守古典物理學的法則行事。

總的來說，科學家不再爲量子物理學帶來的難題煩惱，任由量子物理學先驅留下的問題懸而不決。對他們來說，量子理論只要在數學上行得通、能幫助我們理解次原子世界、有助於製造原子彈和雷射，而且能夠解構太陽輻射的本質就夠了，其他都不重要。今天的物理學家已遺忘了觀察者效應。他們自滿於各種精巧的公式，相信有朝一日自然會出現一個統一的理論，把各種矛盾消解於一夕。

三十年前，當其他科學社群仍繼續率由舊章時，全球一些有名望的大學中的一小批前衛科學家開始思考哥本哈根詮釋和觀察者效應的哲學意涵。❻如果物質是可變動的，而意識又可**讓**物質固定下來，那麼，說不定意識也可以把物質推向某個特定方向。

這些研究歸根究柢是在探索一個簡單的問題：如果說**被動的注意力**（attention）可以影響物質，那**主動的意念**（intention）的效應又是如何？以觀察者身分參與到量子世界的時候，我們說不定不只是個創造者，還可以是個影響者。❼

他們設計出一些實驗，去測試「引導性遠距意志作用」、「隔空移物」，或者簡單說，就是「意念」等現象。一本教科書這樣定義「意念」：「有計畫地採取某種行動，而這計畫會帶來渴望的結果。」[8]意念不同於渴望（desire）：渴望只聚焦在結果，沒有任何可以取得結果的計畫。而意念卻是指向意念者的行爲的，它需要某種推理，需要有付諸行動的決心。意念隱含著目的性，具有行動計畫以及預期的結果。思維科學研究所副所長施利茨是最早期研究遠距作用力的科學家之一，她把意念定義爲「覺察（awareness）的投射，帶有目的性和效率性，朝向某個對象或結果。」[9]他們相信，想要用意念影響物質，念頭必須非常專注，而且動機強烈。

在一系列不同凡響的實驗中，這些科學家找到證據，證明發想某些引導性意念，可以影響人體、無生物和各式各樣的生物（從單細胞生物到人類）。這一小群科學家中的兩個主要人物是普林斯頓大學「梨子實驗室」前院長楊恩（Robert Jahn）及其同事鄧恩（Brenda Dunne），他們共同設計了一些奠基於「硬科學」（hard science）基礎的精密學術研究計畫。有二十五年時間，兩人致力於研究他們所謂的「微型隔空移物」（micro-psychokinesis），透過「隨機事件產生器」（random-event generators, REGs）來量化實驗結果。

隨機事件產生器由隨機的正、負電脈衝控制，可以隨機顯示兩種畫面。由於它的活動完全隨機，所以每一次會出現甲畫面還是乙畫面，機率都是大約五成。隨機事件產生器最常見的配備是個會隨機出現兩種不同畫面的電腦螢幕。受測者被請到螢幕前，分三階段進行實驗：第一階段嘗試用意念增加甲畫面的出現次數，第二階段嘗試用意念增加乙畫面的出現次數，第三階段則不試圖影響機器。

在超過二百五十萬次這樣的實驗中，楊恩和鄧恩果斷堅決地證明了人類意念可以影響這些電子裝置。[10]他們的發現後來分別被六十八位研究者獨立印證。[11]

梨子實驗室的研究重心是心靈對無生物的影響，但有些科學家則設計實驗來研究心靈對生物的影響。許多不同的實驗者都證明了，人類意念能影響各式各樣的生物系統：細菌、酵母、海藻、虱子、小雞、沙鼠、老鼠、貓和狗。[12]也有實驗者以人爲對象，結果證明意念能影響他人身上許多生理過程，如心臟、眼睛、腦和呼吸系統等明顯可見的原始動能。

動物被證明一樣可以使用念力。其中一個匠心獨運的實驗由法國南特 ODIER 基金會的亨・里奧克（Ren Reoch）所設計。他把一部會移動的隨機事件產生器做成機械母雞，讓一群小雞一出生就把它認爲母雞，然後再把「母親」放在關小雞的籠子外，任其隨機行走，移動的路徑則被記錄下來。結果發現，機械母雞走近小雞的次數是平常的二・五倍。由此可推斷，機械母雞的活動受到了小雞意念的影響：牠們希望媽媽走近。有超過八十個類似實驗也得到相同結果。其中一個實驗在一部會移動的隨機事件產生器上放蠟燭，把一群小雞放置暗處。結果，機器走近雞籠的次數是正常情形的好幾倍。唯一的解釋是小雞怕黑，想要有光的慰藉。[13]

最大型、最有說服力的證據是由威廉・布勞德（William Braud）取得。他是心理學家，當過德州聖安東尼奧（San Antonio）「心靈科學基金會」（Mind Science Foundation）的研究主任，後來則是「超個人心理學研究所」（Institute of Transpersonal Psychology）的主任。他和同事證明人的意念可以影響魚的游動方向、其他動物（如沙鼠）的行走方向，也可以導致實驗室裡的細胞破裂。[14]

布勞德也設計出一些意念影響人體的最早期實驗。在一組實驗中，他證明了一個人的意念能影響他人的自律神經系統。[15]皮層電性活動（electrodermal activity, EDA）可以顯示出一個人的緊張狀態：當一個人覺得緊張或因爲什麼理由而不自在，他的皮層電性活動就會異於平常。[16]根據這原理，布勞德把受測者兩個兩個分爲一組，放在不同房間，要其中一個不時透過螢光幕瞪另一個。他反覆證明了，當人被瞪時，會下意識感到不安。[17]

而被人研究得最多的大概就是遠距治療。迄今，先後已約有一百五十個相關實驗，科學嚴謹度各不相同。[18]設計得最好的一個是由已故的伊麗莎白・塔格博士（Elisabeth Targ）所構思。在八〇年代愛滋病流行的高峰期，她找來四十個遠距治療師對分處美國各地的愛滋病末期病人進行治療。雖然治療師與他們的病人從未見過面或接觸過，但病人的健康狀況都大爲改善。[19]

就連最粗淺的以心控物實驗也顯示出讓人鼓舞的成果。早期這一類實驗是測試心靈能否影響擲骰子的結果。至今已有過七十三個相關實驗，共測試了二千五百人對二百五十萬次投擲骰

子的影響，結果令人印象深刻。如果說是巧合，會發生這種巧合的機率是十的七十六次方之一。⓴

折彎湯匙這種表演是由異能者蓋勒（Uri Geller）首開風氣的，而對這種現象進行的實驗也出現振奮人心的成果。倫敦大學教授約翰．哈斯特德（John Hasted）曾對兒童進行過一個巧妙的實驗。他把一些鑰匙懸掛在天花板，然後讓小孩站到三至十英尺之外，以防他們接觸到鑰匙，最後叫他們試著用意念折彎鑰匙。這些鑰匙都繫著力量感應測量器（strain gauge），只要有任何變化，都會被線圖紀錄器（strip chart recorder）偵測到和記錄下來。實驗期間，哈斯特德不只看到鑰匙輕微晃動甚至於激烈擺動，還發現鑰匙突然爆發出高達十伏特的電壓脈衝。猶有甚者，當哈斯特德要求小孩同時嘗試用意念折彎幾根分開掛著的鑰匙時，紀錄器錄得這些鑰匙的反應竟完全一致。㉑

更神奇的是，許多以心控物的實驗都顯示，不管意念發送者與其對象相隔多遙遠或在何時發出意念，一樣會產生效果。這反映出，念力的效果超越了時間或空間的限制。

這些研究表明，古典物理學教科書裡的法則不是放諸四海皆準的。心靈顯然是以某種方式與物質不可分地連結在一起，而且有能力改變物質。不必透過力的作用，物質一樣受到影響，甚至不可逆地被改變。

儘管如此，這些前衛科學家的實驗結果仍留下三個基本問題尚待回答。意念影響物質的物理機制何在？（在我寫作本書期間，一些測試禱告效力的大型實驗以失敗收場。）換句話說，是不是某些環境或心靈準備步驟會讓意念發生更大效力？此外，意念的力量有多強，是好的還是壞的？而意念改變我們生活的程度又有多大？

大部分有關意識的初步發現在三十多年前就已取得。稍微近期的發現（來自全球各地的前衛量子物理實驗室）爲上述三個問題提供了部分答案。它們顯示出，我們的世界是高度可塑的，允許持續不斷的細微影響。而更近期的研究者又證明了，生物體總是不斷在發送和接受測量得到的能量。意識的新理論模型將之描述爲能夠踰越各式各樣物理邊界的實體。**意念看來是一種類似於音叉的東西，可以引起宇宙其他物體的音叉以相同頻率共鳴**。

根據心靈力量的最新研究，我們知道，意念的效果頗受發念力者本人的心緒狀態、發送地點和發送時間所影響。目前，念力已經被應用在許多領域，包括醫治疾病、改變物理過程，以及影響事件。它不是一種特殊天賦，而是學來的技巧，因此是可以教的。其實，我們在日常生活許多方面已經不自覺地使用意念的力量了。

還有一批實驗顯示，如果許多人在同一時間發送同一個意念，意念的威力可以倍增。[22]

《念力的科學》分爲三大部分。主體部分（一至十二章）試圖把既有的實驗證據綜合在融會貫通的理論裡，指出念力是如何運作、怎樣把它用於生活，以及什麼樣的條件可讓它產生最佳效果。

第二部分（第十三章）是一幅藍圖，教導讀者如何有效使用念力，以及自我「充電」的祕訣。這部分同時也是一種前衛科學的練習。我不是人類潛能專家，所以本書並不是一本自助手冊，而是一趟我自己以及各位自身的發現之旅。我們絕對確定這些技巧都曾在受控制的實驗室環境裡成功產生效果；但至於它們能不能在各位的生活裡起作用，我們則不敢保證。事實上，練習念力、利用念力，你就等於是在進行一趟持續不斷的個人實驗。

本書的最後部分包含一系列個人與群體實驗。第十四章勾勒出一連串各位可以在生活中進行的念力實驗。這些迷你實驗將可作爲資料，以得出更大的結論。各位可以把結果貼到我們網站，與其他讀者分享。

除個人實驗外，我也設計了一系列大型群體實驗，供本書讀者參與（見第十五章）。在經驗豐富的科學團隊的協助下，「念力實驗網站」會定期舉行大型實驗，讓讀者測試自己的群體念力能否產生顯著效果。

各位需要做的只是讀這本書，消化它的內容，登入網站，然後根據本書後部指示的方式，放送意念。第一回合實驗將會由德國生物物理學國際研究所副所長波普主持，由亞歷桑納大學的心理學家史瓦慈、思維科學研究所的施利茨和雷丁共同協助主持。

網頁製作專家與我們的科學團隊協同設計了一份登入協議書，以便能夠知道參與者的特質，並加以分類，讓實驗獲得最大效果。每一次群體念力實驗都會選擇某一個或一群對象。我們從低等生物海藻開始（參考第十二章），再把難度增加，一次比一次選擇更複雜的生物作爲實驗對象。

我們的計畫規模宏大，最後將會選擇一些社會疾病作爲對象。其中一個人體目標是有傷口的病人。眾所周知，傷口的復原有固定時程和模式，㉓任何偏離正常値的情況皆可被精確測量出來。就這個例子而言，我們想知道群體念力是否可讓傷口復原得比一般情形更快。

當然，各位不是一定要參加我們的實驗。如果各位不想參與，也可以看看別人的念力實驗結果，利用一部分資訊來把念力應用在生活中。

由於不鼓勵玩票式的參與，「念力實驗網站」需要複雜的通關密語始能進入實驗網頁。通關密語都是由本書提到過的字眼或觀念構成（幾個月會略爲調整一次）。想要參與實驗，需要登入通關密語，而這表示，各位需要讀過本書和了解它。

我們的網站設有一個時鐘（根據美東時間與格林威治標準時間調定）。網站不時會發出通知，請各位在某一天的某一個時刻，用經過嚴格規定的字句，向某個對象發送念力。

一旦實驗完成，其資料將會由我們的科學團隊分析，再由中立的統計學家檢查，然後公布在網上和本書的後續版本。因此，該網站乃是各位手上拿著的這本書的續集。你只要定期上該網站，查看實驗的日期，就等於不斷參與本書的寫作。

已經有數百個實驗顯示群體意念可以產生顯著效果。不過，我們的實驗也許在一開始或者之後都無法獲得測量得到、可作爲論證的效果。但不管結果如何，身爲聲譽卓著的科學家和客觀的研究者，我們有責任報告所得到的數據。就像所有科學一樣，失敗也是有效益的，能幫助我們不斷修改實驗的設計以及它們所奠基的前提。

讀這書的時候，各位應該要記住，它是一部前衛科學的作品。而科學是一個無休止的自我糾正過程，許多當初被認定是事實的假設後來往往遭到丟棄。所以，本書許多（甚至大部分）結論日後必然會受到修正或補充。

透過讀這本書和參與它的實驗，各位將可爲人類知識帶來建樹，甚至可能進一步改變世人對世界是如何運作的理解。事實上，群體念力說不定能逆轉潮流，爲這個星球帶來修復和更新。個人的聲音是微弱而難以聽見的，但千萬個聲音匯流在一起，卻可以形成一首洶湧澎湃的交響樂。

我寫《念力的科學》的目的是展示意識的不凡性質與力量。說不定，它可以證明，想要改變世界，我們只需要同心合意就能辦到。

【第一部】

念力的科學

一個人是我們稱為「宇宙」的整體的一部分，
是一個被限制在時間和空間中的部分。
他體驗到自己的思想與感情，
體驗到自己的存在與宇宙的其餘部分不同——
但這只是他意識的一種錯覺。

愛因斯坦

1 變動不居的物質

銀河系中很少有地方比湯姆・羅森鮑姆（Tom Rosenbaum）實驗室裡那個氦稀釋致冷機更冷。那是一個房間大小的圓形裝置，有許多圓柱形管子，溫度可以降低到只比絕對零度（即近乎華氏零下四百五十九度）高幾千分之一度。換言之，比外太空的最遠處還要冷上三千倍。要達到這溫度，需要讓液態氮和液態氦先繞著致冷機流轉兩天，再用三個幫浦不停猛壓入氣態氦。由於幾乎沒有一絲熱度，原子在致冷機裡的前進速度慢如烏龜。在這麼冷的環境下，宇宙的運動趨近於停擺，猶如是科學家製造的極冷地獄。

絕對零度是羅森鮑姆這一類物理學家的最愛。羅森鮑姆四十七歲便是芝加哥大學物理系的傑出教授，並擔任過「佛蘭克研究所」（James Franck Institute）所長。他是實驗物理學家中的尖兵，喜歡探索「凝聚態物理」（condensed-matter physics）中無序現象的極限，透過打亂液體和固體的基本秩序，研究它們的內在運作。❶在物理學中，你若是想知道某物的行爲模式，最好的方法就是讓它不自在，看看會有什麼事發生。換言之是先打亂它的秩序（一般方法是加熱或施加磁場），再去觀察它是怎麼反應，以及原子會選擇哪一個自旋方位（又稱磁定向）。

大部分凝聚態物理學家都喜歡研究對稱的系統，比方說結晶固體，因爲它們的原子排列得整整齊齊，就像蛋盒裡的雞蛋。羅森鮑姆卻偏偏喜歡無序的奇怪系統（傳統的量子物理學家貶稱這種系統爲「髒污」）。羅森鮑姆相信，透過研究「髒污」，我們可以揭開量子宇宙未知的祕密。他樂於在這個沒有地圖的地域航行。正因爲這樣，他喜歡接受自旋玻璃的挑戰。自旋玻璃是一種帶有磁性的奇怪結晶體，近乎是一種流動緩慢的液體。與一般結晶體不同（一般結晶體的原子都是朝同一方向排列），自旋玻璃的原子皆我行我素，極端混亂無序。

使用極低溫去減緩這種奇怪結晶體的原子的運動速度，讓羅森鮑姆可以把它們看個仔細，逗引出它們的量子力學本質。當溫度接近絕對零度，自旋玻璃的原子會近乎靜止不動，開始表現出一些新的集體特質。他發現，一冷下來，這些原子就不會再像室溫中的樣子，即不會再各行其是，而是變得協調一致。

研究分子在不同環境中的群體行爲，對我們了解物質的本質至關重要。所以，對想展開發現之旅的我來說，羅森鮑姆的實驗室無疑是最適合不過的起點。在這裡，在超低的溫度下，一切都以慢動作上演，宇宙最基本成分的本質說不定會因而被披露。我想要找到證據，證明物理宇宙的基本成分（它們咸被認爲已經定型）是可以發生根本改變的。我也好奇，觀察者效應之類的量子行爲會不會發生在次原子的世界之外——即發生在日常生活的世界。古典物理學認爲，世界所有的物體與生物都是固定的實體，只有透過牛頓式的「蠻力」，才可予以改變。但羅森鮑姆在他致冷機裡取得的發現，說不定能提供重要線索，說明世界上所有的物體與生物是可以由意念的能量所影響，甚至改變。

根據熱力學第二定律，宇宙中的任何物理過程，必然是從較大的能量狀態漸減爲較小的能量狀態。例如，投擲一塊石頭到河裡會產生漣漪，但這漣漪會逐漸變小，最終停止。一杯熱咖啡擺久了必然變冷。任何事物無可避免都會分崩離析，換言之，任何事物的旅程只有一個方向：從有序走向無序。

但羅森鮑姆相信，事情未必絕對如此。根據他近年對無序系統的研究，某些物質在某些環境下會違背「熵法則」（the laws of entropy），也就是變得更加緊密而不是更分崩離析，亦即可以從無序走向有序。

有十年時間，羅森鮑姆和他在佛蘭克研究所的學生一直對一小塊氟化鋰鈥鹽（lithium holmium fluoride salt）進行實驗。在他的致冷機裡放著那樣一片玫瑰色結晶，它不比筆尖大，被包裹在兩層銅線圈裡。羅森鮑姆對自旋玻璃做過許多年實驗以後，被這種地球上最自然的磁性物質所吸引。因爲當它的內部結構被改變得面目全非，變成一種無序物質之後，最是適合用來研究無序狀態。

氟化鋰鈥鹽由鈥結合氟和鋰（週期表裡的第一種金屬元素）而成。結合出來的氟化鋰鈥鹽是種高度有秩序的物質，每一個原子就像微型羅盤一樣，全都指向北方。羅森鮑姆蓄意破壞鹽塊的結構，交代助手一次一點，挖掉裡頭許多的鈥原子，改放入釔（yttrium，一種不具天然磁力的銀色金屬元素），最後得出奇怪的合成物，稱爲「四氟化釔鋰鈥」（lithium holmium yttrium tetrafluoride）。

在除去合成物幾乎所有的磁性成分後，羅森鮑姆創造出一種類似自旋玻璃的混亂狀態，裡頭的原子全都各行其是。他透由非計畫性的方式，創造出詭異的新化合物，靈活地操作類似鈥這種元素所擁有的基本特性，這過程有點類似最終以物質來控制物質本身。靠著這種新的自旋玻璃合成物，羅森鮑姆幾乎可以全憑喜好改變合成物的特性：讓所有原子都指向同一個方向，或是以某種隨機模式冷凍它們。

然而，羅森鮑姆的無所不能卻碰到了限制：他無法使他的合成物遵守基本的熱力法則。不管他把致冷機溫度降得多冷，裡面的原子就是拒絕排列整齊，猶如一支不肯齊步走的軍隊。如果說羅森鮑姆對自旋玻璃來說是萬能的上帝，那合成物就是不聽話的亞當，倔強地拒絕遵守上帝設定的根本大法。

對這種奇怪現象同樣好奇不已的是羅森鮑姆的女學生莎亞坦尼．高希（Sayantani Ghosh）——一位有明日之星架勢的博士候選人。高希是印度裔，以一級榮譽學位畢業於劍橋大學，然後在一九九九年選擇了羅森鮑姆的實驗室進行博士研究。她幾乎馬上就得到了溫策爾獎（Gregor Wentzel Prize）——這獎項是芝加哥大學物理系每年一度頒給最優秀的第一年教學研究助理。高希年僅二十三歲，一頭濃密黑髮，乍看性格靦腆，但科學才華卻讓同儕與老師驚豔，有本領把複雜的物理學觀念講解得清楚明白，讓大學部的學生亦能理解。溫策爾獎設立二十五年來，她是第二位獲獎的女性。

根據古典物理學的定律，對一物質施加磁場，會打亂其原子的磁排列。而物質受磁場影響的程度被稱爲該物質的「磁化率」（magnetic susceptibility）。一般情形是，如果無序的物質受到磁場影響，通常會反應一段時間，激烈程度上升到一個水平後便穩定下來，再隨著溫度降低或磁場到達磁飽和而下降。這時，原子將無法再按照磁場的方向蹦跳，速度也會減緩。

在高希進行的第一輪實驗中，四氟化釔鋰鈥的原子一如預期，在受到磁場的影響下變得非常狂野。不過，隨著高希把磁場增強，奇怪的事情發生了：她把頻率調得愈高，原子蹦跳得愈快。猶有甚者，原本漫無秩序的原子竟開始指向同一個方向，就像是正在集體行動。然後，二百六十顆原子形成「擺盪」，同時朝一個方向或另一個方向旋轉。不管高希再怎樣加強磁場，原子彼此就是頑固地排成一線。這種自我組織持續了十秒。

起初，高希和羅森鮑姆猜想這種奇怪反應是剩下的鈥原子在作怪。眾所周知，鈥是世界上少數幾種長程內力磁力最強的物質之一，有些科學家甚至認爲，它的磁力在數學上是存在於另一個向度。❷羅森鮑姆雖然不清楚要怎麼解釋他們所觀察到的現象，還是把結果寫成報告，發

表於二〇〇二年的《科學》（*Science*）期刊。❸

然後，羅森鮑姆決定要做另一個實驗，以確定是結晶體裡的何種基本成分讓它無視外來影響。他放手讓自己的聰明女學生去設計實驗，只建議她建立三度空間的電腦模型模擬實驗結果。在對極微小物質進行實驗時，物理學家必須仰賴電腦模擬來印證他們在實驗中目睹到的結果。

高希花了幾個月撰寫電腦程式，建立模型。她計畫透過兩種擾亂方式——更高溫度和更強磁場——去多了解四氟化釓鋰鈥的磁化率。

她把四氟化釓鋰鈥放在一乘二英寸大的銅托盤裡，繞以兩個銅線圈，一個是梯度計（gradiometer），用以測量它的磁化率和個別原子的旋轉方向，另一個線圈則用來防阻任何外來磁力的穿透。

與個人電腦連線讓她可以改變電壓、磁場與溫度，電腦也會記錄下她更動各種變數所帶來的最微小變化。

她先是降低溫度，一次降幾分之一K（kelvin，絕對溫度單位），然後開始施加更強磁場。讓她驚訝的是，那些原子竟然排列得愈來愈整齊。於是她反過來調高溫度，卻發現原子繼續排列整齊。不管她做什麼，那些原子就是對外來干預置之不理。雖然她和羅森鮑姆已經除去結晶體的大部分磁性成分，但它就是不知道怎麼搞的磁性愈來愈強。

眞怪，她心想。高希決定收集更多數據，以確保結果正確無誤。

她反覆做了六個月的實驗，直到二〇〇二年早春完成電腦模擬才停止。一個晚上，她把模擬結果印成曲線圖，然後拿來與實驗數據的曲線圖加以對照。兩條曲線完全一模一樣。所以，她在結晶體裡看到的事情不是假象，而是眞實的，電腦模擬結果足以證明一切。她在圖表上標示原子群應該出現的位置，讓它們遵循基本物理定律。但是，卻發現它們排列成線，完全依循自己的規律。

當天晚上，她給羅森鮑姆寫了一封加密的電子郵件：「明天早上我有有趣的發現給你看。」第二天，他們檢查她的圖表。兩人知道，圖表上的數據只顯示一件事情，那就是原子沒理會高希的施壓，而是只受到鄰居活動的控制。不管她用多強磁場或多高溫度去轟擊原子，它們就是對來自外界的干擾視若無睹。

唯一解釋就是結晶體裡的原子有其內在組織性，行爲就像一顆單一的巨大原子。他們帶點驚訝地意識到，所有原子一定是糾纏在一起了。

量子物理學最奇特的觀念是「非局域性」（non-locality），詩意一點的稱呼是「量子糾纏」（quantum entanglement）。丹麥物理學家尼爾斯．波爾發現，只要兩顆次原子粒子（如電子或光子）接觸過，就會永遠保持連絡，而且不管相距多遠，仍會即時互相影響，用不著透過力或能的交換（古典物理學認為物體要能互相影響，這一類交換是不可少的）。當兩顆粒子發生「糾纏」，不管它們相隔多遠，其中一顆的行為（如磁定向）都會永遠影響另一顆。另一位量子理論的開創者厄文·薛定諤（Erwin Schrödinger）認為，非局域性現象的發現相當於量子理論的決定性時刻，是其主要資產和前提。

互相糾纏的兩顆粒子可以比作一對雙胞胎。任何雙胞胎哪怕一出生即被分開，仍然會發展出相同的性格，而且終生維持心靈感應。即使兩人一個住在科羅拉多，一個住在倫敦，素未謀面，仍然可能同樣喜愛藍色、同樣是當工程師、同樣喜歡滑雪。甚至其中一個在科羅拉多滑雪場摔斷右腿的瞬間，另一個也在四千英里外的咖啡廳裡摔斷右腿。❹愛因斯坦拒絕接受非局域性的觀念，不屑地稱之為「遠距離的幽靈活動」（spooky action at a distance）。他透過一個著名思想實驗主張，這類即時的信息傳遞必須快於光速才能達成，而這是違背他的特殊相對論的。❺根據愛因斯坦的理論，沒有速度可以快於光速（每秒 186,282,397 英里），所以一物要影響另一物，光速是其發揮影響力的最大速度極限。

然而，現代的物理學家卻證明了光速並不是次原子世界的速度極限。例如巴黎的艾倫·阿斯貝特（Alain Aspect）和同僚曾經做過一個實驗，從一顆原子中激射出兩顆光子，結果發現其中一顆光子的測量值會影響到另一顆光子的位置，❻致使兩者的自旋或位置變得相同或相反——IBM物理學家查爾斯·班尼特（Charles H. Bennett）稱之為「反運氣」（opposite luck）[7]。兩顆光子不斷持續對話，只要其中一顆發生變化，另一顆就會呈現完全相同或相反的變化。今天，即便是最保守的物理學家，也大多承認次原子世界具有非局域性的性格。[8]

大部分量子實驗包含著若干「貝爾不等式」（Bell 摋 Inequality）的測試。這個著名實驗最早由愛爾蘭物理學家約翰．貝爾（John Bell）作出，他發展出一種實用方法，讓人可以測試量子粒子如何運動。[9]這個簡單的實驗是讓兩顆量子粒子先接觸，再分開它們，然後對它們加以測量。這就好比讓一對叫特德和瑞香的夫妻先結婚再離婚。而根據一般的常識，瑞香離婚後做什麼事照理完全不受特德影響。

做這實驗時，貝爾本預期一顆粒子的測量值會大於另一顆，從而證明其爲「不等」。然而，得出的結果卻是兩個測量值完全相同，換言之，他的不等式被「違反」了。兩顆量子粒子雖然相隔遙遠，卻像是有根隱形電線連接著似的，讓它們彼此模仿。自此以後，物理學家明白，每當出現貝爾不等式被違反的情形，就意味著兩者之間發生了糾纏。

貝爾不等式對於我們理解宇宙有深遠含意。接受非局域性是自然界的一個事實，等於承認維繫我們世界觀的兩塊基石是錯誤的。這兩塊基石是：一、事物需要時間和空間作爲中介，才能互相影響；二、粒子（就像瑞香與特德）以及由粒子構成的事物彼此是獨立存在的。

雖然現代的物理學家承認非局域性是量子世界的特徵，卻又認定這種奇怪而反常識的性質不適用於大於光子或電子的任何東西。只要一到原子或分子的層次（對物理學界來說這屬於

「宏觀」的層次），宇宙就會開始守規矩，按照牛頓的三大定律運作，變成是可預測和可測量的。

不過，憑著指甲大小的結晶體，羅森鮑姆和他的女高足就粉碎了這種描述。他們證明了像原子這樣的「大東西」也是非局域性地彼此聯繫的。之前從未有這個規模的量子非局域性被證明過。雖然樣本只是一小片結晶體，但對次原子粒子而言，它卻像是一棟富麗堂皇的鄉間別墅，裡面住著一百萬兆（10^{18}）顆原子。羅森鮑姆平常不喜歡對他不能解釋的現象妄加猜測，卻仍然意識到，他們發現了某些極不尋常的事情。在我看來，他們事實上是發現了念力的一個機制：他們證明原子（即物質的基本成分）一樣可以受非局域性力量的影響，證明大如結晶體的東西一樣可以不遵守牛頓的遊戲規則，反而會像量子層次的物質那樣，不需要中介力量即保持著看不見的互相聯繫。

二〇〇二年，高希把發現寫成論文，由羅森鮑姆加以潤飾，然後投給《自然》（*Nature*）。這期刊一向以保守知名，對任何稿子都加以嚴格審查。高希花了四個月根據審閱者的意見修訂過論文後，終於能將之發表在這份世界最頂尖的科學期刊。這對一個才二十六歲的女研究生來說不啻是一大榮寵。⑩

文章的評論者之一是佛拉寇．韋德拉爾（Vlatko Vedral），他對實驗結果既感興奮又不是滋味。⑪這位南斯拉夫人在祖國內戰和分裂期間畢業於倫敦的帝國學院（Imperial College），後來成爲里茲大學（University of Leeds）量子資訊科學系的主任。他也隸屬維也納一個小團隊，該團隊致力於研究最前衛的量子物理現象（包括量子糾纏）。

早在羅森鮑姆和高希有所發現的三年前，韋德拉爾就從理論上推論過同一現象的存在。他首先把見解投給《自然》，但因爲這期刊喜好實驗多於理論，所以沒有接受。後來，韋德拉爾想盡辦法讓文章得以刊登在頂尖物理學期刊《物理評論快報》（*Physical Review Letters*）。[12] 等《自然》的編輯部收到高希的文章和準備刊登後，爲了修補與韋德拉爾的嫌隙，他們把他找來當審閱者之一，又讓他在同一期刊物上發表評論意見。

文章中，韋德拉爾作出了一些大膽猜測。他寫道，量子物理學是描述原子如何組成分子的最精確方法，而由於分子關係是所有化學的基礎，化學又是生物學的基礎，所以，「糾纏」這種魔法現象也大有可能是解開生命之謎的鑰匙。[13]

韋德拉爾和他圈子裡其他人並不相信類似現象僅見於鈥。糾纏現象之所以難於發現，根本原因是我們的科技太原始了，只能在超低溫下觀察到原子一些慢吞吞的反應。不過，有些物理學家卻曾在二百K（華氏零下一百度）的環境（地球最冷的一些地點）中觀察到過糾纏現象。

其他研究者也以數學方法證明了，幾乎在所有地方（包括人體內），原子間或分子間會持續且即時地互相傳遞信息。布魯塞爾大學的湯馬斯．杜特（Thomas Durt）以複雜的數學方程式證明不管內在環境或周遭環境如何，幾乎所有量子互動都會導致糾纏。甚至是來自遙遠星球的光子，亦會與在來到地球途中遇到的任何原子發生糾纏。⓮常溫中的糾纏現象顯然更是宇宙的自然狀態：就連我們身體內的每個電子的任何互動都會導致糾纏。據特拉維夫大學理論物理學家班尼．雷茲尼克（Benni Reznik）之見，即使我們四周空無一物的空間照樣是洶湧著互相糾纏的粒子。⓯

英國數學家保羅．狄拉克（Paul Dirac）是量子場理論的原創人之一，他第一個主張根本沒有所謂的空無（nothingness），也就是空無一物的空間。哪怕你把所有物質與能量掃出宇宙，仍然會在星體之間的空間發現一個充滿次原子活動的「陰間世界」（netherworld）。

在古典物理學的世界，一個場就是一個影響區，在其中，兩個或以上的點會被力（重力或電磁力之類）所連接。不過，在量子粒子的世界，場卻是由能量的交換所創造。根據維爾納．海森堡的「測不準原理」（uncertainty principle），我們之所以難窺量子粒子的全貌，主要理由在於它們的能量是以動態的形式再分配。雖然次原子粒子常常被比喻為小小顆的撞球，但其實它們更像是小小的波浪，不斷向前和向後來回推送能量，儼然像籃球比賽中的來回傳球。一般相信，所有基本粒子的能量傳遞是以「虛擬」量子粒子為中介。而這些「虛擬」量子粒子被認為是憑空蹦出來的，會即時出現又隨即消失，導致毫無原因可言的能量擺動。虛擬粒子（又稱「負能量狀態」）並不帶有物理形式，所以事實上是無法觀測的。其實，就連「真實」粒子也不過是些小小的能量包，浮現片刻便立即消失，回到基底的能量場。

能量不停來回傳遞會產生一個異常巨大的能量場域，總稱爲「零點能量場」。那能量場之所以稱爲「零點」，是因爲即便在絕對零度的低溫，一切物質理論上應停止運動時，仍然偵測得到細微的擺動。哪怕是在宇宙中最寒冷的地方，次原子物質仍然不會歇息，繼續跳著它們小小的探戈舞。⑯

這些粒子獨自發出的能量小得難以想像——大概只有半個光子的值。然而，如果把宇宙全部粒子交換的能量加起來，數字卻大得驚人，幾乎是一個不可窮竭的能量庫，遠超過所有物質包含的能量的10^{40}倍。⑰理查．費曼有一次說過，哪怕是一立方公尺空間的能量，也足以煮沸全世界的海洋。⑱

自海森堡發現零點能量以後，大部分傳統物理學家都把代表零點能量的數字從運算公式中抽走。他們相信，因爲零點能量場永遠存在於物質之中，不會增減什麼，略去不管亦無大礙。然而在一九七三年，美國物理學家霍爾．皮特霍夫（Hal Puthoff）卻另有發現。當時，因爲石油危機，皮特霍夫致力找出一種替代能源。受蘇聯科學家安德烈．薩哈羅夫（Andrei Sakharov）的啓發，他企圖從空間中「提煉」能源，以供地球上的交通或太空旅行之用。爲此，他花了三十多年時間研究零點能量場。在一些同事的協助下，他證明了次原子物質與零點能量場的不斷交換能量，乃是氫原子得以穩定的基礎，換言之是所有物質得以穩定的基礎。⑲

移去零點能量場，所有的物質將會垮陷。他還證明了零點能量場可以解釋兩種基本的質量性質：慣性和重力。[20]受洛克希德．馬丁（Lockheed Martin）和多家美國大學數百萬美元的資助，皮特霍夫也投入開發零點能量，以供太空旅行之用（這計畫在二〇〇六年對外公開）。

其實，量子世界的許多奇怪特性（如「測不準」和「糾纏」），都可以透過所有量子粒子與零點能量場的不停互動得到解釋。例如皮特霍夫就指出，互相糾纏的兩顆粒子就好比插在海邊而被海浪捲打倒下的兩根桿子。如果我們不知道有海浪來過，便會以爲桿子是受另一根桿子影響而倒下。量子粒子與零點能量場的不停互動，說不定就是粒子間非局域性效應的基底機制，讓粒子可以在任何時間與其他粒子保持連絡。[21]

雷茲尼克在以色列對「零點能量場」和「糾纏」的數學研究聚焦在以下的核心問題：假設有兩艘探測飛船與零點能量場發生互動，將會發生什麼後果？根據他的計算，一旦發生這樣的事，兩艘探測飛船就會開始對話，最終產生糾纏。[22]

如果宇宙所有物質都與零點能量場互動，那就表示，所有物質彼此牽連在一起，有著潛在的糾纏關係。[23]而如果我們與所有空無一物的空間互相糾纏，就表示我們必然也與遠方看不見的人事物有所關聯。零點能量場與糾纏現象提供了一個現成機制，讓我們可以解釋，爲什麼意念產生的信號可以被幾英里外的另一個人接收到。

高希已經證明非局域性存在於較大的物質體裡，另一些科學家則證明了宇宙裡的所有物質某個意義下都是一個大型中央能量場的衛星。但物質是怎樣透過這種關聯受影響的呢？根據古典物理學的基本假設，宇宙中的大型物體彼此獨立，都是既成產品。那麼，它們是怎麼能被改變呢？

當韋德拉爾獲邀與著名量子物理學家安東・柴林格（Anton Zeilinger）一起工作時，有了機會一窺這個問題的答案。柴林格主持維也納大學的實驗物理學研究所，對量子世界的特質作出了最前衛的研究。他非常不滿當前科學界對自然界的解釋，也把這種不滿和探索熱忱傳遞給學生。

柴林格的實驗相當壯觀：他的團隊用玻璃纖維在多瑙河河床上建了一條量子通道，讓一對光子在河底發生糾纏。柴林格喜歡給他的光子取名爲愛麗絲和鮑伯。如果用得著第三顆光子，則命名爲卡洛爾或查理。柴林格發現，即使在河床上相隔著六百公尺遠，互相看不見對方，愛麗絲和鮑伯也仍然保持著非局域性聯繫。[24]

柴林格對「重疊現象」和「哥本哈根詮釋」的意義（即次原子粒子只以潛態存在著）特別感興趣。他好奇，只有構成物體的次原子粒子是存在於「鏡廳」狀態嗎？還是說較大的物體一樣如此？爲了回答這問題，柴林格動用了一種稱爲「洛氏干涉計」（Talbot Lau interferometer）的儀器。這儀器由麻省理工學院的科學家研發，改良自十九世紀英國物理學家湯瑪士・楊格

（Thomas Young）在著名的「雙狹縫實驗」（double-slit experiment）中使用的類似器材。在該實驗中，楊格讓一道白光穿過厚紙板上的一個孔或一道縫隙，再穿過第二塊紙板的兩個孔眼，最後抵達第三片空白紙板。

在物理學術語裡，兩道「同相」的波（「同相」是指波峰和波谷的起伏時間一樣）碰撞在一起稱爲「干涉」（interference）。發生干涉現象的話，兩道波的強度會變得更強。這是一種交換信息的結果，稱爲「建設性干涉」。但如果是「反相」的兩道波碰撞在一起，則會傾向於互相抵消，這情形稱爲「破壞性干涉」。在建設性干涉的情況下，所有波都會同步擺動，發出的光更強。反之，破壞性干涉會讓光互相抵消，剩下一片漆黑。

在楊格的實驗中，光線通過第二片紙板的兩個孔眼後，會在第三片紙板上形成斑馬線狀黑白相間條紋。如果光只是由一連串粒子構成，那它通過第二片紙板之後，理應是在第三片紙板上形成兩個光點。不過，光最強的部分卻是在兩個孔眼的半路中途，顯然，這是由波的重疊產生的加成效果所導致。楊格由此意識到，光線是以重疊波的形式從兩個孔眼穿過、漫開。

同一個實驗的現代版本則是把一顆顆光子激射過兩條縫隙。它們一樣會在最後一面屏幕上形成黑白相間條紋。這證明了，即使是光的基本單位，一樣是以散開的波狀前進，而且影響範圍較大。

二十世紀的科學家還用其他的量子粒子來重做楊格的實驗，證明了**量子體是以波狀前進**，

會同時穿過兩條縫隙。向三重屏幕激射一串光子，結果會像光束一樣，在第三面屏幕形成明暗交替的干涉模式。由於需要至少兩道波才能形成這樣的模式，因此意味著，一顆光子不知怎地是同時穿過兩條縫隙，然後在重新會合時形成干涉現象的。

雙狹縫實驗具體而微反映出量子物理學的一個核心信念：次原子粒子不是一個觀眾座位，而是一整座棒球場。它也證明了：存在於量子態的電子是無法被一窺全豹的。想要鎖定一顆量子體，你就非讓粒子在行進中停下來不可，但一停下來，它又會垮陷成爲單一的點。

柴林格重做雙狹縫實驗時沒有使用次原子粒子，而是使用分子。他的干涉計的第一片屏幕有一排孔眼，第二片屏幕的孔眼與第一片平行，其作用是分散（或偏斜）通過的分子。第三片屏幕與分子束成直角，功用就像一道「柵欄」，能夠計算通過的所有分子波的大小，裝有極敏感的雷射探測器，可以鎖定分子的位置和它們的干涉模式。

做第一回合的實驗時，柴林格與他的人員精挑細選出富勒烯（fullerene）分子作爲實驗材料。富勒烯俗稱「巴克球」（buckyball），由六十顆碳原子構成，直徑一奈米，在分子世界裡算是龐然大物。他們會選擇富勒烯，不只是因爲它體積巨大，還在於它形狀整齊，就像一個形狀對稱的小足球。

這是個需要十分小心的實驗。柴林格團隊必須將溫度拿捏得恰恰好，只要稍有差池，就可能導致分子解體。他們把富勒烯加熱到九百K，製造出一道強烈的分子束，再激射過兩片屏幕，使其落在最後一片屏幕。結果毫不含糊。每顆分子都有能力形成干涉模式。由此可見，有些最大的物質單位並未「局域化」爲固定狀態。就像一顆次原子粒子一樣，這些「大顆」的分子還沒有凝結成具體的東西。

這個維也納團隊後來以雙倍大和形狀奇怪的分子試做同一實驗，以看看形狀不對稱的分子是否也會展現出同樣神奇特性。被選中的實驗對象是氟化碳的分子（由七十顆碳原子組成的足球形狀分子）和卟啉（tetraphenylporphyrin）的分子（由一百顆碳原子組成的蛋餅狀分子）。它們都是這地球上體積最大的分子之一。實驗結果再一次證明，它們也可以產生干涉模式。

柴林格團隊反覆證明，同一顆分子是可以同一時間存在於兩個地方的，可以維持一種重疊狀態。㉕他們證明了一件不可思議的事情：物質和生物的最大基本成分處於可塑狀態。㉖

高希並沒有多想她的發現所代表的意義，只是滿足於實驗的結果，滿足於寫出一篇精彩論文，滿足於自己對量子力學最有發展潛力的一個領域作出貢獻。偶而，她也會推想自己的結晶或許證明了關於宇宙本質的重要事情。不過，她畢竟還只是個博士班研究生，怎麼敢相信自己有能力洞悉宇宙的運作？

但在我看來，高希和柴林格的發現代表了現代物理學的兩大決定性時刻。高希的實驗顯示，物質最基本成分之間存在著看不見的聯繫，這聯繫常常強得足以無視加減溫度和施加磁場等古典的施壓方法。柴林格的工作則證明了更驚人的事：大型物質既不固定和穩定，也不必然會根據牛頓定律行事。分子需要一些其他影響力才會固定下來。

他們提供了第一批證據，證明量子物理學的一些奇怪現象不只見於次原子粒子的層次，也見於可見的物質世界。分子一樣是存在於潛態，不是已經定型的現實。在某些環境下，它們會擺脫牛頓力學定律，展現出量子的非局域性效應。連分子這麼大的東西都會出現糾纏現象，足以透露出，物理法則不是有兩套（分別適用於大世界和小世界），而是只有一套。

這兩個實驗也透露了念力科學的關鍵：思想是怎樣能影響固定的物質的。兩次實驗意味著觀察者效應不只存在於量子粒子的世界，也存在於日常生活的世界。事物不是獨立自存的，而是像量子粒子一樣，只存在於關係中。共同創造、彼此影響，說不定是生命的本質。我們對世上每件事物的觀察，說不定都有助於決定它們的最後形態，而這意味著我們是有可能影響我們周遭每一件大事物。每當我們進入擁擠的房間、與兒女交談或凝視天空時，不知不覺中也許就發生了影響力。不過，迄今我們還無法在常溫中證明這一點，我們的工具仍太粗糙。但我們已經有了初步證明，說明物質是有可塑性的，可以被外來力量所影響。

2 人類天線

一九五一年，才七歲的蓋瑞·史瓦慈有了一個不尋常的發現。他一直想讓家裡的電視機畫面變得更清晰。這台新買的黑白電視機讓史瓦慈著迷，但讓他著迷的不只是螢光幕上的畫面，更是這些畫面是怎樣來到他家的問題。電視是種頗新的發明，其機制即便對大部分大人來說也是個謎。這個早熟的孩子很想把電視拆開來，一看究竟，就像對待其他家電用品一樣。這種拆解熱情早早見於祖父給他的收音機。他祖父在長島開雜貨店，服務項目包括爲客人更換電視機和收音機的眞空管，碰到有不堪修理的收音機，他就會拿給孫子拆解。在史瓦慈的臥室角落，放著一個他向祖父借來的化妝品展示架，上面堆滿眞空管、電阻器和收音機的殘骸。這是他對電子學不渝熱情的最早徵兆。

小史瓦慈知道，微微調整兔耳朵天線的角度，能影響畫面的清晰度。他父親解釋過，畫面是某種看不見的東西（類似無線電波）透過空氣傳來的。史瓦慈甚至做過一些粗淺實驗，發現自己只要站在天線與電視之間，畫面就會消失；而以某種方式觸摸天線，畫面則更清晰。

有一天，史瓦慈突發奇想，把天線拆下來，手指放在用來固定天線的螺絲釘上。本來一片混亂的畫面刹那間清晰無比。即使史瓦慈年紀還很小，也已經知道人體有特殊之處：他的身體可以充當電視天線，接收看不見的信息。他對收音機做一樣的實驗，得到同樣結果。顯然，人體的構造與天線有某些相似之處，可以讓電視機產生影像。而他也是看不見信息的**接收器**，有能力收到時空遠處傳來的信號。

不過，十五歲之前，他完全無法想像這些信號是由什麼構成。他那時學會了彈電吉他，常常納悶是什麼原因讓他的樂器發出不同的聲音。即使彈的是同一個音符，但只要調整吉他的旋鈕，就可以讓音調變得更高或更低。同一個音符聽起來爲什麼會那麼不同？爲了一項科學研究計畫，他對吉他的彈奏聲進行多軌錄音，然後查到紐約州北部（離他家約兩、三百英里遠）有一家公司，有儀器可以分析聲音的頻率。他去到那裡，把錄音帶放入儀器。很快，他面前的螢幕就出現了一堆密密麻麻的線條：那是幾百個頻率的複合體，代表著一堆泛音的混和，它們會隨你轉動吉他旋鈕而出現幽微變化。他曉得，這些頻率就是波，它們在螢幕上的形狀有如偏斜的S或是正弦曲線，就像兩端固定的跳繩會週期性起伏、擺動，猶如長島海峽的波浪。而他自己說話的聲音也會產生相似的頻率。這讓他回想起兒時的電視機實驗。他好奇，在他身體裡面搏動的能量場是否與聲波有著某些相似之處。❶

史瓦慈兒時的實驗也許是粗淺的，卻無意中觸及到念力的一個核心機制，亦即我們的意念就像電視台的信號一樣，是靠著某種東西傳送出去的。

成年後的史瓦慈仍然充滿研究熱忱，而他為這熱忱找到的出口是心理生理學——在當時，這門研究心靈如何影響身體的學科仍處於起步階段。後來，他在以鼓勵自由研究知名的亞歷桑納大學覓得教職，開始對生物反饋療法以及心靈可控制血壓和許多疾病的現象著迷。❷

一九九四年一個週末，他去聽生物反饋研究先驅艾爾默・格林（Elmer Green）演講。就像史瓦慈一樣，格林對心靈可以傳送能量的現象興趣濃厚。為了進行更密切的研究，他曾經找來遠距治療師，測試他們在送出念力治療的過程中，是不是會比平常放出更多的電能。

格林在演講上指出，為了進行實驗，他蓋了一個天花板和牆壁都是銅的房間，又把它連接到一部微伏特腦電波放大器（microvolt electroencephalogram amplifier, EEG）——這儀器是用來測量腦部的電活動。一般來說，腦電波放大器連接著鑲嵌了電極片的帽子：讓受測者戴上帽子，不同位置的電極片可以感應到他腦部不同位置的放電情況。這種儀器極端敏感，可偵測到小至一百萬分之一伏特的電力。

在遠距治療中，格林懷疑信息是以電能的形式由治療師的手部發出。這正是他不使用腦電波帽而將放大器直接連接到銅房的原因。銅牆可以發揮巨型天線的作用，從五個方向接收到治療師發出的信號。

實驗結果發現，不管任何時候，只要治療師發送念力，腦電波放大器就能錄得巨量的靜電湧現，類似於我們拖著腳走過一片新地毯，然後碰觸到一個金屬門把時所發生的情形。[3]

在銅牆實驗初期，格林碰到一個棘手問題，那就是即使治療師只是屈一屈一根手指，腦電波放大器一樣會有反應。所以，他必須想出一個辦法，排除這一類靜電雜音。而他能有的唯一辦法，就是要求治療師在發出治療信息時，全身保持靜止不動。

史瓦慈愈聽愈入迷。他認爲，格林棄如敝屣的東西也許就是最有趣的東西。**對某人而言的「雜音」說不定就是他人的「信號」**。會不會，人類的身體活動（哪怕只是呼吸這麼微細的活動），都能產生出足以讓銅牆接收到的電磁波信號？會不會，人類並不只是信號的**接收者**，而且還是信號的**發送者**？

人類能發送信號是完全講得通的。大量證據業已證明，所有活的生理組織都帶有電能。把這電荷放在一個三度空間，會引起一個以光速行進的電磁場。這種能量的傳輸機制是一清二楚的，模糊的只是，單靠簡單的肢體動作能引起多強的電磁場，以及發出的能量是否可被其他生物接收到。

史瓦慈巴不得馬上把這個猜想付諸測試。會議後，他請教格林怎樣蓋一個銅牆實驗室，然後匆匆到家得寶建材中心（Home Depot），想買一些銅片，結果卻只找到鋁片。不過鋁片一樣可以充當簡陋的天線。他買了二英尺乘四英尺的鋁片，把它們放在玻璃磚上，以避免接觸地面，再組合爲「牆壁」。他把牆壁連接到一部腦電波放大器後，便來回揮動手臂。就像他預期

的，放大器感應到他的手部活動。換言之，他的手可以產生信號。❹

接下來，史瓦慈在自己辦公室向學生展示這種效應。爲了加強效果，他使用一尊愛因斯坦的胸像作爲道具。這一次他動用了一頂有幾十片電極片的腦電波帽：沒有腦電訊號的時候，帽子只會記錄靜電雜音。

實驗時，史瓦慈把帽子戴在愛因斯坦胸像頭上，只打開帽子頂端的一個電極片。然後他把手伸到愛因斯坦頭頂，左右移動。彷彿這位偉人得到什麼靈犀頓悟一樣，放大器突然動了起來，顯示出它接收到電磁波。史瓦慈告訴學生，讓腦電波放大器起反應的不是胸像的「腦波」，而是他手部活動產生的電磁場。看來無可置疑的是，他的手每動一下就會產生信號。

史瓦慈不斷變換實驗方式。他試過站到三英尺之外揮動手臂，結果發現信號減弱了。當他把胸像放在可以過濾電磁場的銅網「法拉第籠」（Faraday cage）時，所有效應都消失了。顯然，隨他手部擺動而出現的奇怪能量有著電力的各種典型標記：會隨距離增加而減弱，以及被電磁屏蔽阻隔。

有一次，他坐在胸像三英尺外，叫一個學生把左手舉在胸像上方，右手指向他。然後，史瓦慈上下擺動手臂。讓在場其他學生訝異的是，腦波波放大器竟清楚感應到史瓦慈的手臂活動。信號穿過史瓦慈身體，又穿過學生的身體，爲胸像接收到。發出信號的人雖然還是他，但這一次卻是由學生充當天線，接收信號後再發送給腦電波放大器。❺

史瓦慈意識到這是他一生所有研究中的最大發現。簡單的肢體動作即能產生電能，但更重要的是，它可以創造一種關係。我們的每一個動作看來似乎可以讓周遭的人感應到。這一點所指涉的意義相當驚人。例如，如果他責罵學生，到底會發生什麼事？當他搖著一根手指，喝令學生「別再這樣」時，會有什麼物理效應發生在學生身上？那學生也許感到自己被一道能量波射過。另外，有些人說不定有比平常人更強的正電荷或負電荷。例如，在格林爲著名治療師羅西林．布呂耶爾（Roslyn Bruyere）進行測試時，實驗室裡的所有儀器都忽然停擺。

史瓦慈發現了某些有關人類可發出能量很基本的事情。那麼，意念的能量是不是就像肢體動作的能量？意念是否也可以在我們與四周的人之間創造一種關係？說不定，我們對別人發出的每個意念都有物理成分，可以被對方以物理效應的方式接收到。

不過，我就像史瓦慈一樣，不太相信意念產生的能量與肢體動作產生的能量一樣。畢竟肢體動作所產生的訊號就像一般電力一樣，會隨距離而減弱。然而，在靈能治療裡，距離看來是不相干的。假使意念眞有能量，應該也是一種比尋常電磁力更根本的能量。那我要怎樣去測試意念的能量效應呢？靈能治療師看來是個理想的切入點，因爲他們在爲病人治療時，放出的能量看來要比平常多。

格林已經用實驗證明，進行靈能治療時，治療師會湧現大量靜電。一個人靜靜站著時，他的呼吸和心跳能產生十至十五毫伏特的靜電能，而在需要全神貫注的時候（例如禪修），靜電能會急升至三伏特。然而，在格林的實驗裡，治療師湧現的靜電卻是一百九十伏特，其中一個治療師身上更是出現十五次這樣的狀況，換言之是正常狀態的十萬倍，那些時刻四面銅牆都出現較小的一至五伏特脈衝。經過研究，格林又發現，電脈衝是來自治療師的小腹——中國武術稱之爲「丹田」，認爲那是身體能量的主引擎所在。❻

史丹佛大學物理學家威廉．蒂勒（William Tiller）設計了一部巧妙儀器，可以測量靈能治療師產生的能量。它會放出一道穩定的氣流，記錄下治療師在放電時所放出的電子數。任何電壓的增加都會被脈衝器感應到。

實驗中，蒂勒要求受測者雙手舉在離儀器約六英寸高處，然後集中意念，去影響儀器的讀數。在一千多次的實驗中，大多數情形下，脈衝數增加到五萬，而且維持五分鐘之久。即便受測者沒有接近儀器，只要能保持住意念，一樣會產生同樣效果。蒂勒認爲，這表示哪怕是隔著距離，引導性思維也可以產生物理能量。❼

另有兩個實驗測量了使用念力者的實際電頻率。其中一個測量靈能治療師發出的能量，另一個是測量氣功師父（「氣」一詞在中國指能量）。❽兩個實驗的結果一模一樣：受測者運功時發出的頻率介乎二到三十赫茲之間。

這能量似乎也可以改變物質的分子結構。麥基爾大學（McGill University）生物學系副教授柏納德．格拉德（Bernard Grad）曾請來一批靈能治療師，請他們對澆花用的水施放療力，然後用紅外線光譜術（infrared spectroscopy）分析水的化學成分。他發現，水分子裡的氫和氧的結合發生了根本改變，分子間的氫鍵變得鬆弛，就像是泡過磁鐵的水。❾許多科學家印證了格拉德的發現，例如一個俄國研究團隊證明，晶體微觀結構裡的水分子在接受過「療力」後，氫氧的結合形態會發生扭曲。❿

這種轉變光靠意念力就可引發。有個實驗，讓一些經驗老到的打坐者捧著水打坐，一面用意念去影響水樣本的分子結構。事後用紅外線光譜術分析水，發現水的許多特質（特別是「吸光率」）都大大改變了。⓫如此看來，當人向某個對象發送意念時，甚至是可以改變對象的分子結構的。

在史瓦慈的研究中，他懷疑意念力不只會表現爲靜電能。他猜想磁能說不定也扮演著重要角色。磁場當然是一種更強大的「推—拉」能量。磁力顯然是最有力也最普遍的能量：地球本身即受到自己微弱的地磁能量的起伏影響。史瓦慈記起蒂勒做過的一個實驗：有一次，蒂勒讓一批異能者分處在可以屏蔽不同種類能量的房間裡，接受測試。結果是，待在法拉第籠裡的異能者表現得比平常佳（法拉第籠只會過濾掉電能），而待在有磁力屏蔽房間裡的異能者，則表現得比平常差。⓬

從這些早期實驗，史瓦慈歸納出兩個重要意義：靈能治療或許可湧現出最初的電能，但傳送療力的眞正機制也許是磁力。事實上，蒂勒的實驗甚至反映出，特異能力會因屏蔽性質的不同而被弱化或強化：電信號會產生干涉效果，而磁信號則會產生擴大效果。

爲測試這個最新想法，史瓦慈找來女同事梅琳達．康納（Melinda Connor）合作。康納是博士後研究員，四十多歲，對靈能治療現象一向感興趣。他們第一件要做的事，是找出精確方法去接收磁信號。要測量細微、低頻的磁場極爲困難，需要用到稱爲「超導量子干涉儀」（superconducting quantum interference device）這種昂貴的高感度儀器。這東西的價格可高達四百萬美元，通常放在一個可以屏蔽磁力的房間，以消除周遭的輻射雜音。

因爲經費有限，史瓦慈和康納能用的只是一部窮人版的「超導量子干涉儀」：小型、手提、靠電池運轉和三軸的數位「高斯計」（gaussmeter）。這儀器原是爲偵測電磁污染而設計，可以感應到超低頻的磁場——低至一千分之一個高斯的磁場。史瓦慈相信，這種敏感度已經相當符合他的需要。

康納想到，若要測量低頻磁場的變化，就應該計算它在一段時間內的變動次數。若單是記錄周遭的穩定磁場，那讀數偏離的程度將會很低——少於十分之一個高斯。然而，在一個擺動很大的磁場，讀數會不斷改變，例如說從〇．六到〇．七再到〇．八，然後再回到〇．六。變化愈大、愈頻繁，愈有可能反映磁場受到一種定向的引導性能量的影響。

康納和史瓦慈找來一批「靈氣」（Reiki，一種日本人一世紀前發展出的療法）師父，反覆在他們「運功」期間和閉目休息的時間測量他們兩隻手的磁場。然後，兩人又找來一批靈能治療師，如法炮製。最後，他們把數據拿來與得自沒受過治療訓練的人的數據加以比較。

史瓦慈和康納分析數據發現，兩組治療師都有明顯的低頻磁場（發自兩隻手）波動。當治療師開始運作能量，磁場的擺動會巨幅增加。不過，大部分的能量增加來自他們主要使用的那隻手。沒受過治療訓練的對照組成員則沒有這現象。

在比較靈氣組與靈能組的數據時，史瓦慈又發現另一個重大差異。靈能治療師的每分鐘磁場變化，平均比靈氣治療師高出近三分之一。[13]

實驗結果看來是很清楚的。史瓦慈和康納證明了定向的引導性思維既表現為一種靜電能，又表現為一種磁能。但他們又發現，使用念力就像彈鋼琴：得先學習如何使用。而學習過的人又有些使用得好些，有些則差了一點。

在琢磨實驗結果的含意時，史瓦慈想到一句醫生急診時愛說的口頭禪：「**聽到奔蹄聲，先別猜想是斑馬**。」換言之，當你為人診斷病徵時，除非是排除了各種最可能的病因，否則別考慮可能性最小的病因。史瓦慈也喜歡用這種態度從事科學研究。所以他問自己：治療師的磁場擺動幅度增加，會不會只是受到周邊生物物理變化的影響？例如肌肉收縮就會產生磁場，血壓的改變也是如此。甚至電解質的流動、汗腺、溫度的變化和神經誘導，一樣可以產生磁場。史瓦慈猜測，治療的效力可能是由眾多生物過程產生的磁場總和所傳送。

但磁效應的可能性解釋不了遠距治療。有些治療師可以把療力傳送到幾千英里之外。在一個案例中，四十個在舊金山的治療師曾成功把療力發送到分散全美各地的愛滋病人身上，讓病人病情出現明顯改善。⓮然而就像電場一樣，磁場也會隨距離而減弱。所以，磁效應和電效應也許與念力的效果有關，卻不是主要機制。也許，這機制更接近是一種量子場，最有可能是光。

史瓦慈開始猜想，讓意念產生效力的機制也許是人體釋出的微量光。一九七〇年代中葉，德國物理學家弗立茲—艾伯特．波普發現，從最簡單的單細胞植物到最複雜的有機體（如人類）等一切生物體，會持續放射出微弱的光子流（光子是光的粒子）。⓯他稱這現象爲「生物光子放射」（biophoton emissions），又力主這是生物體用來跟自己身體各部分和外界通訊的工具。

三十多年來，波普主張人體所有細胞過程的眞正協調力量不是生化作用，而是上述的微弱光放射。光波是通訊的最佳形式，可以即時把信號傳達到人體的所有部分。用光波而不是化學物質來解釋生物體的通訊機制，將可解開一個基因學上的難題，亦即我們是怎樣從單細胞長成這最後形狀的。此外，它也解釋了身體的各部分是如何同時協調運作。波普推斷，這光就像是主音叉，能設定某些頻率，讓身體的所有分子追隨。⓰

更早前，包括德國生物物理學家赫伯特．弗勒利希（Herbert Fröhlich）在內的一些科學家即主張過，是某種集體振動讓蛋白質與細胞協調運作。不過，在波普提出他的發現之前，這些理論都沒有被當一回事，主要是因爲沒有夠敏感的儀器可以證明理論正確之故。

在一個學生的協助下，波普製造出第一部相關儀器：光子擴大器（photomultiplier）。它可以偵測到生物放射的光，計算裡面有多少顆光子。波普花了幾年時間，透過一些無懈可擊的實驗，證明了生物體的光子貯藏在細胞內的DNA中，並由那裡放射而出。生物體的放光強度是穩定的，每一秒每平方公分放射出幾顆到幾百顆光子不等。然而，當生物體生病或受到干擾，放射的光子數就會急升或急降。這種資訊非常寶貴，因爲它顯示出一個人的健康程度和任何療法的有效程度。例如，癌症病人放射的光子要少於正常人許多，他們的光彷彿行將熄滅似的。

波普的理論一開始招來詆毀，但最後卻受到德國政府乃至國際肯定。他創立了生物物理學國際研究所，其成員由世界十五個科學社群組成，其中包括瑞士的歐洲粒子物理實驗室（CERN）、美國的東北大學（Northeastern University）、中國科學院的生物物理所和莫斯科國立大學。在二十一世紀初期，生物物理學國際研究所至少囊括了全世界四十個知名科學家。

有沒有可能，治療念力的信息就是由生物光子送出的呢？史瓦慈知道，如果他想要完成生物光子放射的研究，首先必須想出看到這些微光的方法。波普當時在實驗室中裝設一台電腦儀器，連接到一個箱子上，箱子裡可以放入植物等生物。波普使用的光子擴大器是計算得到生物體放射的光子數，並將光放射的數量製成圖表，但它只有在絕對漆黑的環境下方能起作用。在那之前，科學家並無法看到生物體實際發光的樣子。

經過反覆思索，史瓦慈想到，最有可能讓他拍攝到非常微弱的生物光子的，是電荷耦合元件攝影機（charge-coupled device camera）。那是一種高感度的攝影機，專供天文望遠鏡拍攝太空深處星系的照片，無論光多微弱，也能捕捉到七成左右。如果電荷耦合元件攝影機可以捕捉到最遙遠星體的光，說不定也可以捕捉到生物體發出的微光。然而，這種攝影機價值幾十萬美元，而且只有在絕對零度以上一百度的超低溫始能運作。這種低溫可以消除室溫中的任何環境輻射，也有助於提升攝影機對微光的敏感度。但到底要到哪裡才弄得到這樣的高科技設備？

史瓦慈的同校同事凱西．克里思（Kathy Creath）想到了辦法。她是光學科學系教授，對生物光與它在醫療中扮演的角色同樣深感好奇。她知道土桑（Tucson）國家科學基金會放射科有一部電荷耦合元件攝影機，專門用來測量注射了磷光染料的老鼠的光放射。這台低噪音、高效能的攝影機被放在暗房的黑箱子裡，有個冷卻系統把溫度控制在華氏零下一百五十度。它拍得的影像可以顯示在電腦螢幕上。那正是史瓦慈夢寐以求的。經過克里思接洽，放射科主任慷慨答應讓他們在工餘時間使用。

在最初的實驗中，史瓦慈和克里思把一片天竺葵葉子放在一個黑色平台上。曝光五小時後，他們給葉子進行螢光攝影。最終出現的電腦影像讓人眩目：一幅發光葉子的完美照片，像是黑白反過來，但清晰無比，每一根最細小的葉脈都纖毫畢現。葉子四周有一些白色光點，宛若仙子金粉：這是高能量宇宙射線的證據。第二次曝光時，史瓦慈用某個軟體濾去葉子周遭的輻射，得到一幅完美的影像。

端詳電腦螢幕中的照片時，史瓦慈和克里思知道他們創造了歷史。這是有史以來科學家第一次親眼看見生物體發光的樣子。[17]

有了可以捕捉微光的儀器後，史瓦慈終於能測試治療念力是否也會產生光。克里思找來一批治療師，請他們把手放在攝影機下面十秒鐘。史瓦慈得到的第一批影像模模糊糊，無法分析。於是他改請治療師把手放在白色平台（白色可以反光），而不是黑色平台上（因爲黑色會吸光）。這次，拍攝出來的照片清晰得讓人屏息靜氣：一連串的光點從治療師的手流出，甚至幾乎就像是從他們的手指頭流出似的。史瓦慈現在有答案了：治療念力可以產生光波，而且這光波無疑是世界上最有條理的光波之一。

相對論並不是愛因斯坦的唯一偉大洞見。一九二四年，他在跟籍籍無名的印度物理學家玻色（Satyendra Nath Bose）通信後，得到了另一個驚人領悟。玻色當時正在研究光子，他發現在某些情況下，不同的光子在行爲上就像單一的粒子。當時沒有人信他——讀了玻色寄給他的運算式的愛因斯坦除外。

愛因斯坦欣賞玻色提出的證明，並運用影響力讓玻色的理論得以發表。另外，受玻色的啓發，愛因斯坦自己也開始研究氣體中的原子（它們一般以漫無秩序的方式振動）會不會在某些環境或溫度下開始同步化，就像玻色的光子一樣。經過一番計算，愛因斯坦得出了哪些條件也許可以產生這種現象的公式。但他以爲自己在計算中犯了錯誤。因爲如果他計算無誤，就表示在某些異常低的溫度下（例如絕對零度以上的幾K），發生了很怪異的事情：平常以多種不同速度運動的原子會慢下來，達到一模一樣的能量水平。這時，原子會失去個體性，外表上和行爲上就像是聚合成一顆巨大的原子。愛因斯坦的數學軍火庫中沒有一樣武器可以將它們分開。他意識到，如果這是眞的，他就是遇上了一種完全有別於宇宙任何已知特性的嶄新物質狀態。

愛因斯坦發表了他的發現⑱，又把自己的名字借給這種現象使用，稱之爲「玻色—愛因斯坦凝聚」（Bose-Einstein Condensate）。但愛因斯坦從不完全相信自己正確，而其他物理學家也要等到七十多年後才相信。一九九五年六月五日，「天文物理聯合研究室」（JILA）的艾瑞克・康奈爾（Eric Cornell）和卡爾・威曼（Carl Wieman）設法把一小批銣原子冷卻到絕對零度之上一千七百億分之一度（此項研究計畫由美國國家標準與技術研究院、科羅拉多大學鮑爾德分校贊助）。⑲這是一個壯舉，需要先用一個雷射光網把原子給捉住，再施以磁場。然後，到了某一點，原子群中有大約二千顆原子——其厚度相當於紙張的五十分之一——的行爲開始變得跟周遭的原子不一樣，變得就像一個單一實體。雖然它們還是氣體的一部分，但行爲卻更像是固體的原子。

四個月後，麻省理工學院的沃夫岡・克特勒（Wolfgang Ketterle）成功複製同一個實驗，但使用的材料是鈉。因爲這項成就，他連同康奈爾和威曼同獲二〇〇一年的諾貝爾獎。⑳幾年

後，克特勒與其他科學家又成功證明分子也可產生同一效應。㉑

科學家相信，愛因斯坦和玻色的理論可以解釋一些才剛開始在次原子世界被觀察到的奇怪特性：「超流性」（superfluidity）和「超導性」（superconduction）。超流性是一種液體可以不斷流動而不會喪失能量的狀態，有時甚至能自行從密封的容器中滲漏出；超導性則是見於電子的相似現象。在超流性或超導性狀態下，液體或電力理論上可以用不變的速度永遠流動下去。

克特勒發現了原子或分子在這種狀態下的另一個驚人特質：所有原子或分子完全和諧地擺盪，就像雷射光中的光子（這些光子表現得就像單一顆巨大光子，彼此以完全和諧的頻率振動）。這種組織性會讓能量變得異常高效率。普通的光只照得到三公尺遠，但雷射光束卻可以照到三億倍遠。

科學家本來相信，玻色—愛因斯坦凝聚只是原子和分子在超低溫、近乎靜止不動時才會有的狀態。不過，波普與他的科學團隊卻發現，生物體發出的弱光一樣有類似特性。這特性原是不被認爲存在於「沸騰」的生物體體內的。猶有甚者，波普在植物、動物和人體身上測量到的生物光子都是高度和諧的。它們就像是單一的超功率頻率——這現象又被稱爲「超輻射」（superradiance）。德國生物物理學家弗勒利希更早前就提出過一個模型，指出這種秩序性可以出現在生物系統中，而且扮演核心角色。他的模型顯示，在像人類這樣複雜的動態系統裡，內在的能量可以創造千絲萬縷的關係，讓各部分不會各唱各調。㉒流動的能量是可以組織成巨大的和諧狀態，構成自然界已知的最高量子秩序。當我們說次原子粒子是「和諧」或「有秩序」時，指的是它們受到共同電磁場的高度連結，猶如是對同一頻率共鳴的千百支音叉。這時，它們不會再各行其是，反而變得像是一支訓練有素的軍樂隊。

就像一個科學家所說的，想了解「和諧性」，可以比較一個六十瓦燈泡的光和太陽的光。一般燈光的效率都奇差無比。燈泡燈光每平方公分的強度大概只有一瓦，這是因爲光子放出的波列很多，產生破壞性干涉效果，互相抵消。太陽每平方公分產生的光卻是燈泡的六千倍左右。不過，如果你能夠讓一個小燈泡的所有光子都同調，彼此和諧共鳴，則燈泡的燈光強度將是太陽表面的光的幾千甚至幾百萬倍強。㉓

自波普證明生物體可放射出和諧的光以後，其他科學家開始假設心靈過程一樣可以產生玻色—愛因斯坦凝聚。英國物理學家羅傑．彭羅斯（Roger Penrose）和美國亞歷桑納大學的麻醉學家史都華．哈默洛夫（Stuart Hameroff）共同主張，細胞裡的微管（即細胞的基本結構）其實都是一些「光管」（light pipes），可以把無秩序的波訊號轉化爲高度條理化的光子，再傳送到身體其他部分。㉔

史瓦慈已經目睹過從治療師手上流出的光子流有多麼和諧一致。然後，讀過波普和哈默洛夫等科學家的研究後，他終於知道了治療念力何以產生效力：如果說意念是一種頻率，那治療念力就是一種高度有秩序的光。

史瓦慈的原創性實驗向我披露出意念的量子性質。他和同事揭示出人類既是量子信息的接收者也是發送者。引導性思維顯然可以產生電能和磁能，同時還會放射出一些只有敏感儀器才能測到的條理化光子流。也許，我們的意念同樣是高度和諧的，就像次原子世界的其他和諧形式一樣，可以改變分子的結構與物質的鍵接。明確的引導性思維也許就像雷射光，可以照明卻永遠不會減損能量。

我想起史瓦慈在溫哥華的一個奇妙經驗。那時，他落腳在城中區一家飯店的頂樓套房。有一天晚上，他一如往常在凌晨兩點起床。他走到陽台，想看看被群山環繞的城市西部的壯觀景象。讓他驚訝的是，許多人家還亮著燈。他忽然希望手上有一個望遠鏡，讓他可以看看人們這麼晚還在做些什麼。不過，如果有誰用望遠鏡向他這個方向張望，就會看到他是一絲不掛站在陽台上。想到這個，他沒由來感覺自己赤身露體的樣子已經映入家家戶戶的窗戶。這是個奇思怪想，但又也許不是那麼的荒誕不經。畢竟，他就像所有生物體一樣，是不斷放射出生物光子的，而這些光子全都是以光速前進，一秒鐘行進十八萬六千英里，兩秒後到達三十七萬二千英里外。

他身上的光和天上星星的光不無相似之處。許多星體的光都是旅行了幾百萬年才來到地球。一顆星星的光就是這顆星星的歷史。哪怕一顆星星在它的光到達地球以前就死去很久，它的信息也仍繼續留存，在天空上留下不可磨滅的足跡。

然後，史瓦慈突然想像到自己就像一個能量球、一顆發光了五十多年的小星星，挾帶著自兒時住在長島以來發出過的每一個信息。他人生曾有過的每一個最微不足道的意念，就像星星的光一樣，繼續存在於這個宇宙的某處。我想，念力正如同是星星，一旦發出，就會像星光一樣，影響到它路過的每件事物。

3 雙向道路

克里夫・巴克斯特（Cleve Backster）是最早主張人類意念可以影響植物的人之一。這個觀念聽起來是那麼荒誕不經，讓他被人取笑了四十年。不過，巴克斯特可是透過一系列實驗得到這結論的。這些實驗顯示，生物體讀得懂人類的心思意念，並會有所反應。

不過，對我而言，他發現植物具有心靈感應能力這一點，反不如他的另一個附帶發現重要，那就是：生物體不斷進行雙向的信息交流。每一種有機體，從細菌到人類，似乎一直處於不停歇的相互溝通狀態。這種不停歇的對話，提供了意念影響物質的現成機制。

這發現來自一九六六年一個小插曲。高瘦結實、理著個大平頭的巴克斯特有著小孩般的廣泛熱忱，任何看似不尋常的現象都會引起他的興趣。他常常在職員下班回家後猶留在辦公室工作，因爲他覺得，當夜深人靜、四層樓下面的時代廣場不再熙來攘往時，他最是能夠專心。❶

巴克斯特是美國最頂尖的測謊專家。二次世界大戰期間，他對說謊心理學、催眠術和反間諜偵訊使用的「吐眞藥」（truth serum）發生強烈興趣，進而把這些學生興趣提升爲一門測謊藝術。戰後幾年，他為中情局的反間諜部門做了一系列研究，然後創辦了「巴克斯特測謊學校」。雖然已開業五十多年，但這學校至今仍是教導測謊技巧的第一流學校。

二月一天早上七點，通宵工作的巴克斯特給自己倒了一杯咖啡，然後打算給辦公室裡的龍血樹與印度橡膠樹澆澆水。裝水時，他忽然想到，他說不定有辦法測量出水要花多少時間才能從植物根部到達葉子。他特別想測那棵龍血樹，因為這種植物的樹幹特別長。他想到的方法是把龍血樹連接到一部測謊機：一等水分沾到電極片，電路就會產生電阻，記錄在測謊機上。

測謊機對皮膚的電傳導極端敏感。皮膚的電傳導是因為汗腺活動增加所引發，而汗腺活動增加又是由交感神經系統決定。測謊機的皮膚直電流反應（galvanic skin response, GSR）可以測到皮膚電阻的程度，道理一如電阻表能錄下一個電路的電阻反應。測謊機還可以偵測到血壓、呼吸、脈搏強度與頻率的改變。如果一個受測者皮層電性活動的讀數較低，表示他心情較為平靜，相反的話，則意味著他的交感神經系統過載（交感神經系統對壓力和某些情緒狀態極其敏感）——人撒謊的時候就會有這種生理反應。測謊機甚至可以在受測者意識到自己緊張以前，就從他交感神經系統的狀態找到他緊張的證據。

在一九六六年，最先進的測謊機包含一對電極片，那是夾在受測者手指上用的，可以讓微量的電流通過。電阻最微量的減少或增加都會被電極片測到，再由針筆記錄在圖紙上，形成鋸齒狀線條。當一個人撒謊或情緒波動（如激動或恐懼），圖紙上的線條會急劇起伏，甚至會碰到圖紙的最上方。

巴克斯特把兩片電極片夾在龍血樹一片長而彎曲的葉子上，用橡皮圈圈緊。澆水之後，他本預期圖紙上的線條會慢慢上升，反映樹葉的電阻因爲溼氣增加而慢慢降低。然而，實際發生的事情卻是相反。圖紙上的線條起初往下走，繼而微微跳動，就跟一個害怕被測謊的人呈現出的狀況一樣。

巴克斯特認爲自己目睹了一種人類模式的反應，後來他才知道植物細胞間的蠟膜絕緣（waxy insulation）引起的放電現象，與人類出現在測謊機的壓力反應相似。他決定要用一個更大的刺激來測試龍血樹是不是眞有情緒反應。

當一個人接受測謊時，想知道他是不是撒謊，最好的方法是問他一個直接、尖銳的問題，只要是非眞正答案的回答，都會引起他交感神經系統立即又強烈的反應，例如問他：「是不是你把那兩顆子彈射進史密夫的身體!?」

巴克斯特知道，爲了引起龍血樹同樣程度的驚恐，必須讓它感到備受威脅。於是，他把龍血樹一片葉子浸到咖啡裡，卻沒有看到任何強烈反應：圖表上的線條呈現持續向下走的趨勢。如果受測者是個人，這反應意味的是他感到無聊乏味或是疲累。顯然他必須來個更狠的威脅才行，例如點根火柴去燒那片夾著電極的葉子。

然而，就在巴克斯特升起這念頭的同一刹那，測謊圖紙的線條開始激烈起伏，幾乎像是脫韁野馬。這時他都還沒有眞去燒葉子呢，只是想要這樣做罷了。但不知怎地，龍血樹就是感應到這意念，變得極端驚恐。巴克斯特連忙跑到隔壁房間，從祕書辦公桌上拿了一盒火柴。回來時，龍血樹仍然處於驚恐狀態。他點了一根火柴，在一片葉子下面晃了晃。針筆繼續上下亂跳。等巴克斯特把火柴盒放回原處後，圖表上的線條才緩和下來，最後變成一直線。

他不知道要怎麼看待這事情。他一向對催眠術、念力現象和意識的性質感興趣。在與陸軍反間諜部門和中情局共事期間，他甚至做過好些有關催眠術的實驗，目的是要對抗俄國間諜的催眠技術。

但他現在看到的事情卻要更加不可思議。看來，即使他不是個特別喜愛植物的人，龍血樹也讀得到他的心思。要做到這一點，龍血樹必須要有某種精密的超感覺感官，必須與環境同頻，才能接收到來自空氣和水以外的信息。

巴克斯特改裝他的測謊機，擴大電信號，讓他們對盆栽的電流變化變得極其敏感。他與搭檔鮑伯・亨森（Bob Henson）著手複製最初的實驗。接下來兩年半，巴克斯特和亨森頻繁測試辦公室裡其他植物對環境的反應。他們發現了一些規則：盆栽似乎對主要照顧它們的人最心有靈犀，而且維持某種「地盤性」，不會對實驗室以外其他辦公室裡發生的事情起反應——它們甚至對巴克斯特的杜賓狗（牠白天都待在辦公室裡）也有反應。

更神奇的是，盆栽似乎會與周遭環境的其他生物體不斷交換信息。有一天，巴克斯特燒水要煮咖啡，燒好後覺得水壺裡水太多，倒掉一點在水槽裡。就在這個時候，測謊機的針筆錄得了強烈反應。

巴克斯特反覆思考，認爲理由可能與水槽有關。那不是個太乾淨的水槽，事實上，他的員工已經幾個月沒清洗水槽。他從排水孔取來一些樣本，放在顯微鏡下檢視，看到一大群平常生活在排水管裡的細菌。這麼說，盆栽會發生強烈反應，是因爲接收到細菌被沸水燙死前發出的求救信號嗎？

巴克斯特知道，如果他把這個發現公諸科學界，一定會被取笑。於是他找到一批化學家、生物學家、精神病學家、心理學家和物理學家，幫他設計一個滴水不漏的實驗。在以前的實驗中，巴克斯特都是藉助人類意念與情緒來引發盆栽的反應。但他的一群科學顧問勸他改變方式，因爲那並不符合科學對嚴謹程序的要求。試問，人類意念要怎樣測量呢？正統科學團體很容易就在這個漏洞上找碴。所以，巴克斯特必須創造出一個除受測植物外沒有其他生物的環境，以免它們分心。

唯一可以達到這個目標的方法是讓實驗完全自動化。但他仍然需要一個強有力的刺激源。他要想出一個讓盆栽驚恐莫名的方法。顯然，只有一個方法可以達到這種效果：製造集體屠殺。但他怎樣才能做到集體屠殺而不引起反動物實驗人士的抗議或讓自己被捕呢？他顯然不可以殺人或殺任何大型動物。事實上，他甚至不願殺害老鼠或是天竺鼠之類的一般實驗用動物。

唯一剩下的選項就只有豐年蝦（brine shrimp）。就他所知，豐年蝦的唯一用處是當熱帶魚的飼料。只有最狂熱的反動物實驗人士會反對殺死這種生物。

巴克斯特與亨森設計了一部小玩意，可以在六個時間點隨機挑選一個時間，把一小個裝著豐年蝦的小杯子倒轉，讓豐年蝦倒入一鍋持續燒開的沸水中。這個隨機器放在辦公室最遠一間房間，另有三盆盆栽分別放在實驗室另一頭三個房間裡，各連接著測謊機。還有另一部測謊機是作爲對照用。

當時微電腦已經面世，而巴克斯特也早在六〇年代末期就在辦公室裡裝了一部。他用它來設定的實驗機器的開啓時間。巴克斯特和亨森在實驗開始前就先離開實驗室，以免自己的意念影響實驗結果。他們必須要防止植物把心思放在他們身上，而不是放在小型屠殺上。

巴克斯特和亨森把實驗做了許多次。結果毫不含糊：每次豐年蝦碰觸到沸水之際，測謊機就會錄得盆栽出現強烈反應。日後，在成爲電影《星際大戰》的大影迷之後，巴克斯特把這些植物的反應解釋爲接收到「原力」（Force）的表現，而他發現了測量它的方法。❷如果說植物可以接收到三扇門以外其他生物的死亡信息，就表示所有生命形式都是高度同頻率的。生物體一定都是每一刻（特別是受到威脅和死亡時）不停來回交換資訊。

巴克斯特在好幾本心靈研究期刊發表了他的實驗結果，又在超心理學會第十屆年會上做過簡報。❸超心理學家肯定他的貢獻，又成功在獨立的實驗室複製了他的實驗，其中最著名的一次是由俄國植物生理學專家亞歷山大・杜布羅韋（Alexander Dubrov）主持。❹他的見解又受到暢銷書《植物的祕密生活》（*The Secret Life of Plants*）❺的頌揚。然而，主流科學界對他的主張嗤之以鼻，譏之爲「巴克斯特效應」，而這主要是因爲他不是正統科學家。一九七五年，《君子》雜誌（Esquire）把他的發現選入「百大可疑成就獎」，稱他是「宣稱優酪乳會自言自語的科學家」。❻

儘管如此，在接下來的三十年，巴克斯特沒有理會批評，繼續堅持他的研究，最後累積出好幾個檔案櫃的實驗數據，證明生物有他所謂的「超感官知覺能力」（primacy perception）。他用各種不同植物做過實驗，發現它們都對人類的高低情緒（特別是威脅性意念和其他負面意念）有反應。草履蟲、霉菌培養液、雞蛋、優酪乳也是如此。❼他甚至證明了血液和精子樣本（取自他自己和同事）等體液一樣會對主人的情緒狀態產生反應。有一次，他一個年輕助手在打開《花花公子》的中間插頁，看到全裸的寶黛麗（Bo Derek）時，他的血細胞樣本馬上反應強烈。❽

而且這種反應不受距離影響：不管巴克斯特人在實驗室裡還是幾英里外，連接在測謊機的活物都會對他的心思意念起相似反應。就像寵物一樣，活物也會與「主人」心意相通。它們不但接收得到巴克斯特的思想，還會與周遭環境的所有生物體溝通。優酪乳裡的活菌對其他種類細菌的死亡有反應，而優酪乳本身甚至顯示出希望有更多益菌能被「餵」給它；一顆雞蛋被放入沸水時，其他雞蛋也會出現驚恐甚至絕望反應。植物似乎對其他生物體離開它們的環境有即時反應。有時，當人在外頭的照顧者決定回辦公室時，它們也會顯示反應。❾

巴克斯特遇到的最大困難在於如何科學地證明這種效應的存在。因爲即使他現在把實驗弄得完全自動化，但他離開辦公室之後，不管去到多遠，盆栽仍繼續鎖定他的心思。例如，即便實驗時巴克斯特和搭檔是在一條街外的酒吧，盆栽不會向豐年蝦做出反應，而是反應兩人談話的高低起伏。要把植物隔離於別的影響力之外變得困難重重，以致巴克斯特後來必須找別人在別的實驗室代他進行實驗。

巴克斯特無法克服的另一大難題是讓實驗結果保持一致。任何測試都需要發自眞誠，結果才能保持一致。這一點，是他在一九七一年十月當著名的遙視者（remote viewer）英格・斯旺（Ingo Swann）造訪他實驗室時發現的。根據巴克斯特的指示，斯旺假裝自己打算要拿火柴去燒龍血樹。一如所料，測謊機的針筆激烈擺動。他又試了一次，龍血樹的反應仍然激烈。但接下來龍血樹卻不再有反應。

「爲什麼會這樣？」斯旺問道。

巴克斯特聳聳肩回答說：「你來告訴我。」

浮現在斯旺腦子裡的事太超乎尋常，他不知道應不應該大聲說出來。「你是說，它已經學乖，知道我不是認眞的，所以不再驚慌？」

「是你說的，我可沒說啊。」巴克斯特回答。「換另一種傷害它的意念吧。」斯旺換成假裝想要在花盆裡灌酸。圖紙上的線條開始強烈呈鋸齒狀起伏。最後，龍血樹看來又明白了斯旺不是認眞的，圖紙上的線條於是恢復成一直線。斯旺是個愛植物的人，本來就願意相信植物有感情，但他對於龍血樹竟然能夠分辨人類意念的眞假性仍然驚訝不已：**植物是會學習的**。❿

雖然巴克斯特的非傳統實驗方法仍然有若干可議之處，但他得到的大量證據仍然強烈顯示，所有生物體，不管有多原始，即便不具有感情，仍然可以感應到人類意念。不過，在我看來，他的最大貢獻還是在於發現生物體會與環境不斷雙向溝通。不知怎地，信息流是不停放送、接收與應答的。

巴克斯特要能得知這種溝通的機制何在，還需要等一些年——等到物理學家波普發現生物光子之後。生物光子是生物體放射出的小小光粒子。⓫起初，波普相信生物體放射生物光子的唯一目的，是用它作爲身體一部分與另一部分溝通的手段，因爲光子的訊號是即時到達和非局域性的。然而，他慢慢發現，這東西還有更玄之處：光子似乎是生物體**之間**的溝通系統。⓬在以水蚤進行實驗時，波普發現母水蚤會互相吸收對方的光，然後再用干涉模式的波把光回傳給對方，彷彿牠們已經用接收來的光「更新」過自己的資訊。波普認爲，這也許就是水蚤能夠群居在一起的原因：無聲的溝通讓牠們就像被一張看不見的網相連在一塊。[13]

他決定再用腰鞭毛蟲來進行測試。腰鞭毛蟲是一種會在海水裡製造磷光的藻類。這種單細胞生物在演化的位階上介乎動物與植物之間，雖然被歸類爲植物，但其行爲更像動物。波普發現，每隻腰鞭毛蟲與鄰居的放光韻律一致，彷彿約定好時間一起舉起一個小小燈籠。[14]波普的中國同事曾經把兩個藻類樣本分放在遮窗的兩邊，讓它們可以互相「看到」對方。他們發現，兩群藻類的光放射最後變得同步化。研究者的結論是，兩群藻類毫無疑問有著高度有效的溝通方式，可以互相交換信息。[15]

這些生物體似乎也能接收到其他物種所發出的光。不過，最大的同步化仍然見於同一物種之間。[16]一旦一個生物體的光被另一生物體吸收，第一個生物體的光就會開始同步傳輸信息。[17]此外，生物體看來也會與周遭環境交換信息。細菌會從它們的培養液中吸收光：波普發現，細菌愈多，光的吸收便愈多。[18]就連蛋白和蛋黃看來都會與蛋殼互通信息。[19]

即使生物體被切爲幾片，溝通也持續進行。史瓦慈曾經把一些青豆切成片，隔著一公分的距離分開放，再用借來的電荷耦合元件攝影機拍了一系列照片。他利用軟體增加青豆之間的光後發現，這些斷片發出的光就跟青豆還是完整的時候一樣多。就算青豆被切開，它的各部分仍然繼續溝通。[20]這也許就是截肢者會有幻肢感覺的原因：身體的光始終與截去的肢體留下的能量「足跡」溝通。

就像巴克斯特一樣，波普發現到生物體透過光放射，變得對周遭環境非常敏感。波普的同事沃夫岡・克利梅克教授（Wolfgang Klimek）曾測試過藻類之類的生物體能否警覺到其環境曾經受到干擾。他準備了兩桶海水，然後搖晃其中一桶。十分鐘後，被搖晃過的那桶海水回復平靜。他再分別把腰鞭毛蟲放入兩個桶中。結果，身處被晃動過的海水中的腰鞭毛蟲，光子放射量突然大增——這是焦慮的反應。看來，海藻對環境的改變十分敏感，即使干擾已經過去，一樣會引起它們驚恐。㉑

波普的另一個同事，荷蘭心理學家艾德華・范維克（Eduard Van Wijk）則好奇這種影響力可以延伸多遠？生命體可以接收到整個環境發出的信息嗎？還是只會接收到另一生物體對其發送的信息？當治療師送出念力的時候，他的影響範圍有多大呢？只是影響到他的治療目標嗎？還是說這念力具有霰彈槍效應，效力可旁及周遭的生物體？

為了回答這問題，范維克把一瓶藻類放在治療師和病人附近，測量藻類在治療過程中和休息期間的光子放射量。分析數據後，他發現藻類的光子數量在這兩段不同時間有很大差異。在治療師治療病人期間，藻類的光子放射量顯著增加，彷彿受到了光的轟炸似的。而且光放射的頻率也增加了，簡直變得與一個更強烈的光源同頻。

波普曾經在初期的研究中發現，生物體對光會有一種奇特反應。每當他用強光照射一種生物體，再延遲一段時間之後，生物體都會發出比本來更強的光，好像拒絕被勝過似的。波普稱這種現象爲「延遲發光」（delayed luminescence），並猜測這是生物體保持自身均衡的一種方法。在范維克的實驗中，藻類的光放射顯得與平常大異其趣。他已經找到一些初步證據，顯示治療的光也許可以影響到它沿途上的任何東西。[22]

然後，史瓦慈的女同事康納證明，意念對這種光有直接影響力。她從天竺葵剪下一些葉子，根據大小、健康情況兩片兩片分組，請二十個能量治療師給每組其中一片葉子放送念力，先是試著增加它們的光放射量，然後再減少。在三十八次減少光放射的實驗中，有二十九次實驗組的光放射顯著減低；而在三十八次增加光放射的實驗中，有二十二次獲得顯著成果。[23]

有時，身體的劇烈震動可以帶給人重大領悟。以物理學家康斯坦汀·科羅特科夫（Konstantin Korotkov）爲例，他的洞見就是得自從屋頂摔下來之後。一九七六年一個冬日，二十四歲的科羅特科夫與朋友一起慶祝生日。他們在屋頂上喝伏特加，興起之際，科羅特科夫玩心大動，從屋頂往下跳。他原以爲地上一層厚厚積雪會發揮軟墊作用，沒想到雪下藏著一塊硬石頭。科羅特科夫左腿折斷，在醫院裡躺了幾個月。[24]

臥床期間，這位聖彼得堡國立科技大學的量子物理學教授鎮日思考他聽過的一場有關「克里安效應」（Kirlian effects）的演講，琢磨自己是不是可以把塞攸·大衛竇維奇·克里安（Semyon Davidovich Kirlian）做過的事做得更好：把人的生命能量捕捉在底片上。

克里安是個電機師，一九三九年發明一種照相方法，透過把生物體暴露在脈衝電磁場中，捕捉到他們身體四周的「光暈」。把任何導電的東西（如活的生理組織）放在用絕緣材料（如玻璃）製成的平板上，再對其施以高電壓、高頻率的電力，可以在底片上照出生物體放電時於身體四周形成的光暈。克里安主張，光暈的狀態可以反映一個人的健康狀況：光暈減少，意味著一個人生了病或精神失調。

有二十多年時間，蘇聯主流科學界完全不把克里安的主張當一回事。要到一九六〇年代，經過報界大肆報導，這種「生物電子攝影術」（bioelectrography）才引起廣泛注意，而克里安也被譽爲偉大發明家。克里安的照相法開始被廣泛應用，特別是太空研究方面，並受到許多西方科學家肯定。克里安發表於一九六四年的第一個研究報告進一步吸引了科學團體的注意。[25]

住院期間，科羅特科夫意識到，如果他想要深入研究克里安認爲對健康極爲重要的神祕光，就需要放棄日間的工作。他也知道，因爲有量子物理學家的身分，他的介入將可讓這方面的研究更有正當性，而他的科技知識也有助於改善相關技術。說不定，他還可以發明一種能即時看到那種光的儀器。

復原後，他花了幾個月時間，發展出一種結合尖端光學、數位電視矩陣和強大電腦的機器——他稱之爲「氣體放電可視器」（Gas Discharge Visualization, GDV）。一般情況下，生物體只會流出最微弱脈衝的光子，要靠最敏感的儀器在一片漆黑的環境下才感應得到。科羅特科夫了解，若想要拍到這些光子，較好的方法是刺激它們，使其發出比平常強數百萬倍的光。

科羅特科夫的儀器融合了好幾種科技：攝影術、光強度測量和電腦化模式辨識。他的照相機可以照出環繞十根手指的能量場（一次一根）。然後，透過電腦程式，從照片中推算出環繞生物體的「生物場」的即時影像，並依此根據，評估出該生物體的健康狀況。

科羅特科夫寫了五本論人類生物能量場的書。[26]他成功說服蘇聯衛生部他的發明對醫療技術、診斷和治療大有用處。起初，他的儀器只被用於某些臨床環境，例如監測手術後病人的復原進度。[27]不過，未幾即被廣泛運用，作爲診斷許多種疾病（包括癌症與焦慮症）的工具。[28]它甚至被用於評估運動員的潛力、他們參加奧運的得勝機率，以及有沒有因爲訓練過度而疲勞等等。[29]最後，全世界大約有三千個醫生和研究者使用這種技術。美國國家衛生院也對「生物場」發生興趣，撥款資助這方面的研究。[30]

科羅特科夫公開鼓吹氣體放電可視器有實際用途之餘，也私下進行一個他深感興趣的研究：生物場與意識的關係。[31]他曾經用氣體放電可視器來研究靈能治療師和氣功師父，發現他們在發功時，身體的生物場會發生強烈波動。然後，科羅特科夫又測試人的意念會不會對周遭的人發生影響。他找來一些夫妻，讓一方身處密閉環境，由另一方給他們發送意念。結果顯示，發送意念者的每一種強烈情緒（愛、恨、憤怒等），都會導致接受意念者的強烈光釋放。[32]

在巴克斯特使用簡陋測謊儀器發現意念可以影響植物的四十多年後，科羅特科夫第一個用尖端儀器證明了這發現無誤。他把盆栽連接到自己的氣體放電可視器，然後請參與實驗者發想各種情緒（憤怒、哀傷、歡樂等），再對盆栽發送正面和負面意念。每當參與實驗者用心念去恐嚇盆栽，它的能量場就會減弱；只要有人帶著愛心或為它澆水，盆栽就會有相反反應。

巴克斯特的貢獻之所以從未獲得肯定，主要是因為他沒有科學訓練背景。不過，他仍然是第一個發現生物體可以與環境雙向溝通，甚至於辨知人類思想細微差異的人。他的發現有賴波普和科羅特科夫更先進的科學知識去證成。兩人揭示出生物體與環境雙向溝通的眞實機制。他們對光放射的研究讓巴克斯特的主張突然完全說得通。因為如果說意念是一種光子流，那植物接收到信號並受其影響便一點都不奇怪。

巴克斯特、波普和科羅特科夫的研究全對意念的性質有深刻闡明。看來，每個最微不足道的意念都足以增強或減少其他事物的光。

4 心心相印

沒有一個參與「愛的實驗」（Love Study）的科學家記得這實驗名稱的由來。那說不定是來自伊麗莎白．塔格的一句玩笑話，因爲參加實驗的夫妻分處兩個房間，被一條走廊、三扇門、八道牆和幾英寸厚的不鏽鋼板所分隔。❶

其實，這實驗名稱原是爲了禮敬其研究經費的慷慨捐贈者：凱斯西儲大學（Casa Western Reserve University）的「無私愛研究中心」（Institute for Research on Unlimited Love）。不巧的是，愛的實驗也成了塔格的一項遺澤，因爲經費尚未到位，她就被診斷出患上致命的腦瘤。愛的實驗對塔格是一個恰如其分的禮讚，因爲她是第一個證明意念可以產生物理影響力的科學家。「愛」這名稱恰當地描述了整個實驗過程。當你發送意念時，身體的每一個重要生理過程都會反映在接受者的身體上。意念的效力是愛的完全展現，會讓兩個身體合而爲一。

塔格原是傳統的精神病理學家，不過，她在一九九九年爲「加州太平洋醫學中心」（California Pacific Medical Center）所做的兩項實驗（測試遠距治療是否可以幫助末期愛滋病人）卻讓她聲名鵲起。塔格花了幾個月時間設計實驗，並和搭檔弗列德・西歇爾（Fred Sicher）盡力找到了一群病情相近的末期愛滋病人參加實驗（他們有相同數量的T細胞和相同數量由愛滋病引起的疾病等）。因爲想測試的是遠距治療的效果而不是特定治療方法的效果，所以塔格和西歇爾也決定召募不同背景的治療師。

結果，他們從全美國找來一大批背景大異其趣的治療師（從正統基督徒到印第安薩滿巫師不等），向一群愛滋病人發送治療念力。所有治療都是隔著遠距離進行，好讓一些其他因素（如治療師的外貌或觸摸對病人產生的心理影響）不會左右實驗結果。實驗採取嚴格的「雙盲」（double-blinded）程序：每個治療師都會收到一個密封的資料袋，裡頭有病人的姓名、照片和T細胞數目。每隔一星期治療師會分配到一個新病人，接著按照研究者的指示，一連六天（每天一小時）給該病人發送治療念力，然後休息一星期。以這種方式，被治療組的病人可以輪流接受每一個治療師的治療。

在第一回合實驗結束時，對照組有百分之四十的病人死亡，但被治療組的十個病人不只全活著，而且各方面都比從前健康。

塔格和西歇爾在進行第二輪實驗時把受試人數加倍，但程序比上一次更嚴格。他們也擴大了測量項目的範圍。實驗結果仍然是受遠距治療的病人在各方面都要健康許多：愛滋病引發的疾病顯著較少、T細胞數目增加、不太需要住院、也較少看醫生、較少有新疾病、即使生病亦較不嚴重、心理狀態較佳。這些差異具有決定性作用，例如在被治療組，由愛滋病引發的疾病要比對照組少六倍，需要住院的人數也比對照組少四倍。❷

在兩回實驗中，負責治療的全是些經驗豐富、天賦異稟的治療師。實驗完成後，塔格想知道，普通人如果接受過使用念力的訓練，是不是也可以產生相似效果。

在進行愛的實驗時，塔格找到一個志同道合的夥伴：思維科學研究所的副所長瑪里琳・施利茨。施利茨是位精力充沛的金髮女士，做過一些設計縝密的超心理學實驗，成果豐碩，不只引起《紐約時報》的注意，也引起研究人類意識的資深權威注意。她又曾經與心理學家威廉・布勞德長期合作，進行過有關「指導式精神交感活體系統」（Direct Mental Interaction with Living Systems，即人類意念影響周遭世界的能力）的嚴謹實驗。❸在從事超心理學研究的生涯中，施利茨一直著迷於遠距離心靈影響力的現象。她是最先研究念力治療效用的人之一，進而為思維科學研究所的治療研究收集了一個巨大的數據庫。

為了進行愛的實驗，施利茨找來狄恩・雷丁襄助。後者是思維科學研究所的資深研究員，也是美國最知名的超心理學家之一。雷丁既負責設計實驗，也負責設計一些實驗所需的器材。由於兼具工程學與心理學背景，他的參與可以保證實驗程序與技術細節都天衣無縫。塔格又找來傑洛米・史東（Jerome Stone）負責訓練病人。史東是一位禪修的護士，曾在愛滋病實驗中幫助過塔格，負責設計訓練病人的課程。

二〇〇二年塔格過世後，施利茨等矢志繼承其遺志，並請來塔格在加州太平洋醫學中心的同事愛倫・萊文（Ellen Levine）接替其遺缺，與史東一道擔任主要研究員。

愛的實驗的基本設計與「遙瞪」（remote staring）實驗相似，後者測試的是人對被別人瞪會不會有直覺感應。那一直是意識研究者愛做的實驗。❹在這些實驗中，受測者兩兩一組，分處不同的房間，其中一方（稱爲「收訊者」）有攝影機對著，並連接上皮膚電導裝置（skin conductance equipment，這種儀器與測謊機相似，測得到受測者不自覺的自主神經系統活動）。至於身處另一房間的「發訊者」，則隨機間歇瞪視螢幕中的收訊者。稍後，研究人員只要對比數據，即可得知發訊者在瞪視收訊者時，後者的自主神經系統有沒有發生反應，從而知道他是否直覺感應到被別人瞪。

施利茨與布勞德做了十年這一類「遙瞪」實驗，累積出大量證明人能感應到「遙瞪」的證據。他們把結果寫成報告，刊登在一本重要的心理學期刊。文中指出，這種影響雖小但顯著。❺

愛的實驗也受到一九六三年以後進行的指導式精神交感活體系統實驗的啓發。實驗證明，在許多種情況下，兩個受測者的腦波會同步化❻，即兩人腦波的頻率、振幅和相位會愈來愈相似。雖然這些實驗的設計各有少許不同，但問的都是同一個問題：一個人的中樞神經系統是否能感應另一個人放送出的刺激？用雷丁的話來問則是：一方如果挨了拳，另一方會不會喊

痛？❼

在這些實驗中，受測者兩兩一組，各有一堆生理偵測儀器（如腦電波放大器）圍繞。其中一方會受到圖片、光或輕微電擊之類的刺激，然後研究人員再去檢視收訊者的腦波與發訊者受到刺激時產生的腦波是否相同。

最早期的指導式精神交感活體系統實驗是由心理學家暨意識研究者查爾斯・塔特（Charles Tart）所設計。他用了一連串殘忍設計，來測試一個人能不能感應到別人的疼痛。他使用的方法是電擊自己，而受測者則置身另一房間，身邊環繞一堆儀器，以偵測每當塔特自我電擊時，受測者的交感神經系統是不是會有反應。結果發現，塔特只要電擊自己，受測者就會出現血壓降低、心跳加快等不自覺的移情反應，好像他也受到了電擊一樣。❽另一個早期實驗是以同卵雙胞胎作爲測試對象。結果顯示，當其中一方閉上眼睛，腦電頻率降低到α波的時候，張大眼睛的另一方腦波也會出現同樣程度的放慢。❾

德國弗萊堡大學（University of Freiburg）的科學家赫拉德・瓦拉赫（Harald Walach）曾經使用一個方法擴大發訊者所受到的刺激，以使收訊者的反應也得以最大化。這方法是讓發訊者看一個黑白格子的棋盤。這種黑白相間的圖形被稱爲「圖形翻轉」（pattern reversal），已知必然可以讓觀看者產生高振幅的腦波。結果，就在發訊者看到棋盤的同一剎那，腦電波放大器錄得身處另一個房間裡的收訊者也出現同一種腦波模式。❿

墨西哥國立自治大學（National Autonomous University of Mexico）的神經生理學家亞克博・格林伯—濟爾布波姆（Jacobo Grinberg-Zylberbaum）早十年前也做過類似的實驗，不過其中有個不同設計：濟爾布波姆是用閃光而非圖形來作爲刺激源。實驗證明，兩個受測者雖然坐在分隔十四・五公尺的不同房間裡，但其中一方受閃光刺激後產生的腦波模式一樣會出現在另一方身上。不過，濟爾布波姆又發現，實驗成功與否，有一個重要先決條件。那就是，同步化只會出現在那些事前見過面並靜靜坐在一起二十分鐘的受測者，換言之是出現在已經建立某種心理聯繫的受測者身上。[11]

在濟爾布波姆更早期的研究中，他還發現腦波的同步化不只出現在兩個人之間，還出現在他們的兩個大腦半球之間。不同的是，腦波較有條理的受測者有時可以爲另一方的腦波定調。最有秩序的腦波模式常常是占上風的。[12]

在最近期（二〇〇五年）的一個指導式精神交感活體系統實驗裡，巴斯蒂爾大學（Bastyr University）和華盛頓大學的研究者找來三十對感情緊密又有長期禪修經驗的夫妻，讓他們分處相距十公尺的兩個房間，並將腦電波放大器連接到各個受測者的枕葉（視葉）上。每個發訊者看到閃光時，就要想辦法用意念把閃光傳送給伴侶。在六十個收訊者中，有五人（即百分之八）在伴侶給他們發送視覺意象時，枕葉的活動變得非常活躍。[13]

接著，華盛頓大學的研究者把五對實驗結果最顯著的夫妻挑出來，重做先前的實驗，但這一次他們把受測者連接到可偵測腦部關鍵功能細微反應的「功能性磁振造影儀」（functional MRI）。結果發現，發訊者只要發送意念，收訊者腦部視皮質一個部位的血氧量會有所增加。當發訊者沒有受到視覺刺激時，這種增加就不會發生。⓮巴斯蒂爾大學團隊複製這個實驗，但挑選的都是有豐富禪修經驗的志願者，其中一些配對志願者的關係還是迄今各個實驗最強的。

巴斯蒂爾大學團隊的實驗結果可說是心靈影響力研究的一個重大突破，他們證明了發訊者受刺激後產生的腦波模式會反映在收訊者腦部，而且是在腦部同一部位受到刺激。**收訊者的腦部反應就像是他也在發訊者看到閃光的同一時間看到同一閃光**。

最後一個重要實驗所研究的是情緒會不會產生遠距影響。愛丁堡大學的研究人員比較夫妻、被配對的陌生人，以及一些沒被配對的個人（但他們不知道自己沒被配對）的腦電波放大器產生的結果後發現，每一個有配對的受測者都顯示出彼此的腦波愈來愈同步化，不管他們認不認識另一方皆是如此。唯一沒有出現這種效應的是沒有配對的受測者。⓯

雷丁做過類似的實驗，但配對的受測者都是有親密關係的人：夫妻、朋友、親子。腦電波放大器顯示，有很大比例的發訊者和收訊者的腦波出現同步化現象。⓰

在設計愛的實驗時，施利茨和雷丁也受到另一些研究的影響。這些實驗顯示，治療師在發送念力治療病人那一刻，病人的腦波會與治療師的腦波同步化。⓱腦造影圖也顯示，某些類型的醫治（如生物能量法）會引起腦波的同步化。⓲在許多個案中，當一個受測者向另一個受測者發送念力時，他們的腦部會開始互相拽引。

拽引（Entrainment）是荷蘭數學家克里斯欽・惠更斯（Christiaan Huygens）創造的物理學名詞，表示兩個擺盪系統形成同步化的現象。一六六五年，他發現當兩個時鐘靠得很近，鐘擺的擺動就會同步一致。他試過讓兩個時鐘的鐘擺朝相反方向擺動，但它們最後還是同步一致。

當兩道波的波峰和波谷起伏時間相同，會被稱爲「同相」，反之則稱「反相」。物理學家相信，拽引現象是兩個反相系統交換微少能量的後果，這交換會讓一方慢下來而讓另一方加速，最後達到同相。它也與共鳴有關，也就是說，系統在特定頻率下吸收到的能量比平常更多。任何振動的東西（包括電磁波）有各自最偏好的頻率，稱爲「共振頻率」（resonant frequencies）。振動物「聽到」或接收到不同的振動頻率時，會對其他頻率相應不理，只對自己的共振頻率起反應。這有點像媽媽總是能在一大群學童裡立刻認出自己孩子的聲音一樣。行星也有軌道共振，而我們內耳膜的不同部分亦會對不同的聲音頻率起共振。甚至海洋也出現共振現象，如位於緬因灣（Gulf of Maine）東北端的芬迪灣（Bay of Fundy，新斯科細亞附近）便是如此。

一旦以相同韻律共振，互相拽引的事物就會發出比原來更強烈的信號。這種情形最常見於樂器：當各種樂器「同相」演奏時，聲音最爲洪亮。在芬迪灣，潮汐時從灣口捲向陸地再折回的每一道波浪都是同步起伏，從而形成世界上最高的海浪之一。

拽引現象一樣會出現在一個人發出強烈意念想要傷害另一個人的時候。東京日本醫學院的山本幹雄（Mikio Yamamoto）曾經做過一個有關氣功的實驗。如所周知，兩個氣功師父比試時，即使彼此沒有身體接觸，但只要其中一方發功，一樣可以將另一方震得後退幾碼。山本幹雄認爲值得問的一個問題是：這效果是心理性還是物理性的？到底，後退一方是因爲心理上被嚇著才後退，還是他真的被對方的氣逼得不得不後退？

在第一回合的實驗裡，他請一位氣功師父身處在有電磁屏蔽的房間裡，讓他的弟子坐在另一個房間。然後，他隨機指示氣功師父發功，一次八十秒。每次，他都會把氣功師父和弟子兩人的反應記錄下來。在四十九次的測試裡，超過三分之一次（這在統計學算是一個顯著數字）氣功師父發功時，身處另一個房間的弟子會感到身體振動。在第二回合的五十七次測試中，山本幹雄讓氣功師父和弟子雙方都連接上腦電波放大器，結果發現，每當氣功師父發功，他弟子右額葉的α腦波就會增加。這意味著，身體最先接收到念力「信息」的腦區是右額葉。

在最後一回合的測試，山本幹雄對比了氣功師父和弟子雙方的腦波。他發現，每當氣功師父發功，兩人的β腦波就會顯示出更高的一致性。⑲另一個由東京人員所做的更早實驗則顯示，收訊者和發訊者會在發功的一秒鐘內發生同步。⑳

指導式精神交感活體系統除了證明念力可以引起拽引，也顯示出另一與念力相關的現象：

收訊者在訊息發出**之前**即能感受到它的來臨。一九九七年，雷丁在他位於內華達大學的實驗室發現，人類可以接收到物理性的預兆。他使用的器材是一部可以隨機挑選照片的電腦。他讓受測者坐在電腦前面，身上連接著偵測皮膚電導、心跳和血壓的儀器，然後看著電腦隨機選出的彩色照片。這些照片有些讓人寧靜（如風景照片）、有些讓人感到噁心（如驗屍照片），有些則會引起性興奮（色情照片）。

雷丁發現，受測者在照片**出現**之前就會有生理反應。就好像爲了自我防衛一樣，他們的反應在看到色情照片或噁心照片的前一剎那最爲強烈。這是第一個來自實驗室的證據，顯示我們的身體對我們未來的情緒狀態有不自覺的預感，我們的神經系統不但對即將來臨的衝擊起反應，還能夠分辨這衝擊的情緒內涵。[21]

加州「心靈圓滿研究所」（Institute of HeartMath）的羅林．麥拉克蒂博士（Dr. Rollin McCraty）也對人體有預感能力的現象著迷，但他好奇是人體哪個部位最先感應到這種直覺資訊。他仿照雷丁的做法，同樣使用電腦隨機播放照片，不同之處是他讓受測者更多身體部位連接到偵測儀器。

麥拉克蒂發現，不管是好消息還是壞消息的預感，都會被心臟和腦部接收到，兩者的電磁波在看到噁心照片時加強，看到寧靜照片時則降低。另外，腦皮層的四個腦葉似乎也全都參與了這個直覺過程。最讓人驚訝的是，心臟竟比腦部更快接收到預感。這意味著，人體是有某些感知裝置，讓它能持續掃描和直觀未來，其中又以心臟爲最大的天線。心臟會先接收到信息，再把它傳到腦部。

麥拉克蒂的實驗還顯示出兩性之間有趣差異。男女兩性的心臟和腦部都會發生拽引，但女性要發生得更快和更頻繁。麥拉克蒂認爲，這印證了一個四海皆見的假設：女性的直覺能力天生比男性強，而且更常用「心」去決定事情。[22]

麥拉克蒂的結論（心臟是人體裡最大的「腦子」）後來得到蒙特婁大學的約翰・安德魯・阿穆爾博士（Dr. John Andrew Armour）的進一步印證。阿穆爾發現，心臟裡的神經遞質可以影響腦部的高等思維區。[23]麥拉克蒂發現，一個人即使只是摸著另一個人的胸口，或只是觀想著對方心臟，一樣會引起腦波的拽引。如果兩個人互摸對方胸口，以愛觀想著對方心臟，兩人的心跳韻律便會更加「協調」，腦部也會開始發生拽引。[24]

以這種新證據爲後盾，雷丁和施利茨決定要探索遠距心靈影響力是否可以延伸到人體的其他部分。一個顯然值得測試的部位當然是胃腸。一般人把直覺稱爲「胃腸直覺」（gut instinct），某些研究者甚至把胃腸稱爲「第二個腦」。[25]雷丁因此好奇，胃腸直覺是不是伴隨著實際的物理效應。

雷丁和施利茨找來二十六個志願者，兩兩配對，把胃電儀（electrogastrogram）接在他們身上：透過偵測那些與胃頻率和胃收縮緊密相連的皮膚，胃電儀可以測量出胃電的變化。雖然弗萊堡團隊先前已經證明過受測者彼此是否認識並不重要，但雷丁和施利茨仍然相信，某種程度的認識說不定可以擴大遠距心靈影響力的效應。爲了確保有些身體接觸是必要的，雷丁要求配對的受測者事先交換紀念物。

然後，受測的兩人各處一室，其中一個坐在黑暗房間，接上胃電儀，從螢幕看著另一個受測者的即時影像。畫面會定期閃過，伴隨著用來引起某種情緒（正面、負面或中性的情緒）的音樂。

實驗結果顯示出另一個拽引的例子：這一次互相拽引的是兩個受測者的胃。胃電儀的讀數再一次證明，發訊者的情緒狀態能被收訊者接收到。每當發訊者經歷正面或負面等強烈情緒時，收訊者的胃電就會顯著增加。由此可以證明，直覺的大本營果然是「胃腸」。[26]

這個最新證據進一步證明，我們的情緒反應能被周遭的人接收到，並引起迴響。[27]在上述每一個實驗中，每一對受測者的身體都發生了拽引（雷丁則稱之爲「糾纏」[28]）。收訊者彷如即時「看到」或感受到發訊者實際看到或感受到的東西。

如同實驗所示，在某些條件下，即使身處一段距離的兩個人，他們的心跳率、自主神經系統活動、腦波和指尖血流量一樣會發生拽引。不過，在大部分指導式精神交感活體系統實驗中，都是發訊者先受到簡單刺激後，才發送訊息，讓另一個人不自覺接收到刺激。（只有一次例外。在該實驗中，沒有人企圖影響任何人。）

現在，施利茨和雷丁想要知道，發訊者在發送治療念力時，是不是也可以產生拽引現象。在「愛的實驗」中，施利茨及同仁決定招募一些普通志願者，訓練他們念力治療的技巧。他們想知道的是，某些條件是不是比另一些條件更容易助長拽引的發生。許多對念力治療的研究顯示，當事人的動機是否強烈、醫治者與被醫治者雙方是否有某種感情聯繫以及分享相同的信念系統，對治療的成功至關重要。濟爾布波姆相信，拽引只會發生在一起禪修過，換言之是已經建立起某種心理聯繫的人之間。不過，在弗萊堡團隊的實驗中，大部分配對的受測者素未謀面，從未有機會建立聯繫。他們由此認爲，感情聯繫也許在拽引中有其影響，卻不是關鍵性要素。依施利茨的看法，動機是念力成功的關鍵要素。情況愈危急（例如對方是癌症病患），成功率愈高，因爲治療者有更強烈的動機想要治好對方。

施利茨及同仁決定要找些罹患乳癌婦女與她們丈夫進行實驗。爲此，他們在舊金山灣區大肆宣傳，徵求志願者。不過，他們很快發現必須放寬徵求門檻才行。舊金山灣區的婦女罹患乳癌比率高於全國平均值，所以一直有大量與乳癌相關的實驗在這地區進行。從愛的實驗得到的慘澹回應，反映出舊金山灣區的罹患乳癌婦女已經參加夠多實驗，不想再多參加任何實驗。於是，施利茨只好放寬標準，只要夫妻一方患有癌症即可，而且不限何種癌症。最後他們找來了三十一對夫妻，包括一些作爲對照組的健康夫妻。

史東爲參與實驗的夫妻寫了一份訓練手冊，內容綜合自他對各派別治療師的操作分析。㉙

訓練程序的第一部分是教導發訊者怎樣集中意念，進入一種高度的專注狀態。有科學證據顯示，禪修可以使腦波更加協調：至少有二十五個實驗證明，禪修能讓腦部四個區域同步化。[30]其他實驗則指出，禪修有助於讓生物光子的放射更有條理[31]，從而更有助於治療。

史東另外還相信，發訊者需要學習產生**悲心**，即學習對伴侶的身體苦痛感同身受。這方面，他使用的是一種主要奠基於佛教「自他交換」觀念的技巧。它可以讓受訓夫妻感受到伴侶的苦痛卻又不受其所縛，進而透過治療意念將之轉化。培養感受能力還可以消融發訊者和收訊者的自我邊界。正面意念也可以產生正面的生理效果。心靈圓滿研究所的麥拉克蒂曾經證明，正面意念（帶有愛心或利他之心的意念）往往能帶來協調的心跳，而這種協調性很快會被腦部感應到，隨之進入同步化[32]，認知表現於是大幅提高。[33]

教導過受測夫妻一些簡單的禪修技巧以後，史東進而教他們如何培養慈悲意念。訓練計畫的最後一部分是給發訊者和收訊者雙方灌注信心。史東從治療過程與超心理學文獻中找到證據，證明信心有助於人把意念傳送到一段距離之外。[34]

史東的訓練計畫原定八週，但由於經費有限，他不得不把課程壓縮為一天，不足部分由學員在家練習補足。

雷丁把參與實驗的夫妻分為三組：第一組（受訓組）由史東訓練，每日練習慈悲意念，為期三個月，然後進行測試。第二組（等待組）先進行測試，再接受訓練。第三組是對照組，由十八對健康夫妻組成，他們不接受訓練，直接接受測試。

實驗時，受測的夫妻有一方（在對照組是隨意指定，其他兩組是有癌症的一方）被請到「依特林室」（ETS-Lindgren Chamber），躺在一張黑色躺椅上。依特林室是一個一噸重、有厚鋼板和雙層牆屏蔽的密閉空間，它的兩層鋼板和一層實心硬木可以隔絕外界一切聲音和所有電磁波。空間內的電子信號全由一條光纖負責向外傳送，這樣，依特林室就成了一個電磁波上的密閉空間。

待在伊特林室的收訊者身上連接著一堆儀器，以偵測他們的腦波、心跳、呼吸、皮膚電導和指尖血流量。牆角處放著一部攝影機。

房間四壁掛著土色布幕，由一盞光線柔和的桌燈照明，裝飾品包括一株高及天花板的假無花果樹和奔流山泉的彩色大海報。有人在裡面的時候，會有背景音樂流淌整個房間。這些設計，全是為了讓受測者不會強烈意識到一旦四百磅重的鋼門卡搭一聲關上，他（她）就會與世隔絕，形同被關在一個「溫暖的肉品工廠冷凍庫裡」。

他（她）的伴侶坐在二十公尺開外另一個黑暗房間裡，面前放著一個小電視螢幕，身上也連接著同樣偵測儀器。根據指示，他們只要看到伴侶影像突然出現在螢幕，就要向伴侶發送一個持續十秒的慈悲意念。

史東、雷丁和其他同仁想要測試兩件事：訓練是否可以加強夫妻感情，以及發訊者和收訊者在實驗過程中能否產生生理上的拽引。雖然他們也想測試意念力是否可以改善病情，但有限經費不容他們這樣做。

史東和萊文負責分析實驗是否能夠增加受試夫妻之間感情。起初，他們認為那些受過訓練的夫妻並沒有因為受過訓練而加深感情。這發現並不讓人意外，因為他們既然願意一起參加一個需要接受三個月練習的實驗，就表示他們的感情非常深厚，要再增加並不容易。而且，當初徵求志願者時，施利茨本就盡量挑一些動機強烈的夫妻。稍後，一個更細緻的分析顯示，受過訓練的夫妻感情確有加深，不過雷丁相信，這只是受測夫妻的預期心理所做成。

負責彙整生理數據和分析結果的是雷丁。他發現，三組受測者各方面的生理反應都反映出拽引效果。例如，在皮膚電導方面，三組的發訊者在受到伴侶影像刺激後，皮膚電導反應全增加了兩秒鐘；收訊者則是在發訊者看到影像半秒後有同樣反應。不過，與早期的指導式精神交感活體系統實驗結果不同的是，收訊者的皮膚電導不是增加一下子就下降，而是持續了七秒鐘之久。收訊者明顯對發訊者發出的意念有所回應，而且幾乎是即時的。事實上，收訊者的反應至少比發訊者送出意念的時間快上一秒鐘。雷丁不確定這是否意味著收訊者對意念的來到有預感，因為這現象可以有別的解釋：人的中樞神經系統比意識要更快接收到刺激的訊息。因此，收訊者的皮膚電導反應可能是反映來自發訊者中樞神經系統的信息（中樞神經系統對影像的反應要比傳到指尖的電脈衝速度更快），不是發訊者的意念。儘管如此，也儘管發訊者和收訊者的皮膚電導反應有一點點反相，雷丁仍然認爲，既有的數據足以顯示兩者是對應的。

心跳也是類似情形。螢幕出現影像後，發訊者會有五秒鐘時間心跳加快，這情形與人體在從事某些心智努力時會出現的反應一致。然而，同樣程度的心跳加快也見於收訊者——而照常理，一個只是躺在躺椅上的人應該是不會這樣的。

血流量也是同樣情形。只要碰到刺激，我們指尖腳尖的血管就會微微收縮，以使進入心臟的血流量加大。在愛的實驗中，這現象出現在發訊者身上，隨之受到收訊者身體的模仿。

在呼吸方面，每當受到影像刺激，發訊者就會猛吸一口大氣，然後在十五秒鐘後吐出。這種呼吸反應類似於那些準備要去做某件事情的人。不過，收訊者的反應有所不同。在接收到意念的頭五秒，收訊者的呼吸會減弱，幾乎就像是停止了似的，然後會在最後五秒吸一大口氣。彷彿是收訊者爲了準備接收信息而屏息靜氣、側耳聆聽，然後在刺激過後如釋重負。

不過，最有趣的結果還是腦波方面的。當收訊者的影像出現在螢幕時，發訊者的腦波會微微上揚，然後強烈起伏三分之一秒鐘，繼而急劇下降，約一秒鐘後回復到正常水平。剛開始時微微上揚的波是 P300 波，它反應的是收訊者接收到訊號的一刻。腦波下降反映的是收訊者在專心消化刺激，以作出適當回應。

在這個實驗中，收訊者並沒有出現 P300 波，但腦波仍然像發訊者，出現幾乎直線下降現象。收訊者的腦部反應就跟睡覺和做夢時出現的一樣。收訊者雖然沒有受到有形的刺激，仍然出現情緒反應。

讓雷丁這些實驗結果更顯得不尋常的，是發訊者事先並未被告知刺激會維持多久。事實上，發訊者和收訊者雙方都不知道影像會在螢幕上停留多久，換言之，是不知道發訊者會多久後才送出意念。時間長短是由電腦程式隨機決定的，從五秒到四十秒不等。因此，夫妻雙方的預期心理並無法解釋實驗的結果。

然後雷丁比較了各組別的反應，三組全都出現念力效應。在每一組裡，收訊者的生理反應完全反映出發訊者的生理反應。然而，這種反應維持時間最長的，是那些接受過慈悲意念訓練的夫妻。受訓組的收訊者不只對刺激起反應，還會持續反應八到十秒。以量子的語言來說，這些夫妻已經合而爲一。

愛的實驗對念力的性質有許多深邃的揭示。送出一個引導性思維看來是能產生具體可觸的能量。在雷丁的實驗中，每當發訊者發出一個治療意念，收訊者身體的許多方面都會被活化，就像是受到了輕微電擊似的，彷彿**感受到了**或**聽到了**治療的訊號。

收訊者甚至有一種預感能力。有一些記錄到的生理反應顯示，收訊者可以在伴侶發送治療意念之前感覺到它的來臨。

接收到治療意念以後，這意念似乎能使收訊者的身體能量變得更爲和諧。在治療期間，健康者身上的「有秩序」能量看來可以拽引和「秩序化」病人的能量。

爲了使意念更有效力，靈能治療師或發訊者需要讓自己在心靈和情緒上更「有秩序」。愛的實驗證明了，某些環境和某些心理狀態會讓我們的念力變得更有秩序，也更有力，而這些狀態可以透過訓練得到。雷丁、施利茨和史東取得的成功顯示，注意力、信念、動機和悲心都是念力有效運作的重要前提。不過，除此以外，應該還有其他加強念力效果的條件。

例如，我還需要找出該用什麼方法才能鬆開我們的心靈邊界。無論如何，漸漸清楚的是，發送念力時，我們在某個意義下必須使自己「變成」對方。[35]

【第二部】

熱　機

屬於我的每一顆原子，也同樣屬於你。

惠特曼（Walt Whiteman）
〈自我之歌〉（*Song of Myself*）

5 進入超空間

一九八五年冬天，在北印度喜馬拉雅山上一座透著冷風的寺廟裡，五個西藏喇嘛靜靜坐著，處於深定中。雖然衣服單薄，他們卻似乎不把冷颼颼的室內溫度當一回事。過了一會兒，一個侍僧給他們輪流披上泡過冰水的溼被單。這樣的刺激一般會帶給身體極大震撼，讓體溫垂直下降。一個人只要體溫一下子下降個華氏十二度，幾分鐘內就會休克，失去所有生命跡象。

不過，那五個喇嘛不只沒有發抖，反而開始流汗。蒸汽從溼被單上冒出，一個小時後被單就乾透。侍僧把乾被單再換成溼冷被單。這時候，五個喇嘛的身體已經熱如火爐，溼被單迅速變乾。第三批溼被單也是如此。

由哈佛醫學院心臟病專家赫伯特．本森（Herbert Benson）領導的團隊就站在旁邊，檢視連接在五個喇嘛身上的各種儀器。他們很想知道，讓身體產生這樣高溫的生理機制何在。多年來，本森持續探索禪修對腦部和身體的影響。他展開了一個雄心勃勃的計畫，到世界各偏遠地區研究修行多年的佛教喇嘛。在一次喜馬拉雅山旅途中，他拍攝到一個喇嘛只穿少許衣服，卻在海拔一萬五千英尺高山上露宿戶外。那是二月天晚上，溫度低得嚇人，但喇嘛照樣呼呼大睡。

到處旅行做研究期間，本森目睹了許多奇人奇事，包括一些新陳代謝率低得像是在冬眠的人。以那五個喇嘛爲例，他們能把指尖溫度提高到華氏十七度，又把新陳代謝率降到比正常低六〇%。❶本森知道，這是新陳代謝率的最低紀錄。一般人即使在睡覺，新陳代謝率也只會下降一〇%至一五%。即使是有經驗的禪修者亦只能降低一七%。不過那一天，本森卻目睹了意念最不可思議的表現。那些喇嘛單憑意念，就可以把結冰的水燒開。❷

本森持續不竭的熱忱引發了美國各大學的禪修研究興趣。到了二十一世紀，喇嘛已經成爲神經科學實驗室最喜歡的白老鼠。普林斯頓大學、哈佛大學、威斯康辛大學和加州大學大衛斯分校的科學家都仿效本森的研究，給喇嘛接上最先進的偵測儀器，以研究強烈坐禪的效果。也有專爲探討禪修與大腦關係而舉行的學術研討會。❸

科學家深感興趣的不是修行方法，而是它們對人體（特別是腦部）的影響。他們希望透過詳細研究禪修的生物學效應，了解人在強烈聚精會神時會發生什麼樣的神經傳導過程，一如那些喜馬拉雅山上喇嘛所顯示的。

喇嘛也提供科學家一個契機，以了解長年的專注可否突破腦部的一般限制。喇嘛的腦子會像奧林匹克運動員的身體那樣，憑鍛鍊和經驗就能加以轉化嗎？修行是不是可以讓人成爲更大、更佳的念力發送器？這些問題的答案又將有助於解決一個神經科學聚訟多年的問題：人的腦結構是年輕時就大致固定下來？或者它是有彈性的，會受到人一生的心思意念所影響、改變？

對我來說，這些研究最引人入迷之處，在於它們可以顯示西藏喇嘛是憑什麼方法把自己轉變爲一個熱水器，以及他們的方法與其他古老傳統使用的技巧有何異同。就像本森一樣，我對各門類的念力大師充滿好奇，不管他們是佛教僧人、氣功師父、薩滿巫師還是其他地方傳統的治療師。我希望可以找出他們的公分母。氣功師父發功的步驟與佛教僧人的坐禪步驟相似嗎？是哪一種心靈鍛鍊讓治療師可以修理好別人的身體？念力大師全都是天賦異稟、神經結構強於常人的人嗎？還是說他們只是學習了一種一般人都學習得來的技巧？修行可以使人成爲更大和更好的念力發送器嗎？

我對各門各派的治療方法進行了科學研究，然後自己設計出問卷，訪談了許多位念力大師與治療師。❹我的研究工作得到塞布洛克研究所（Saybrook Graduate School）心理學家史坦利・克里普納（Stanley Krippner）及其學生亞倫・庫珀斯坦（Allan Cooperstein）的協助。庫珀斯坦現在是臨床與法律心理學家，撰寫博士論文時曾徹底研究過不同種類的遠距治療方法。❺

我發現，不管是哪一個傳統文化的念力大師，發送意念的最重要第一步驟都是進入一種**高度專注**狀態。

據熟悉薩滿教和其他印第安療法的克里普納指出，都能藉由另一種意識狀態來行使遠距治療，而他們會使用各色各樣的方法來進入這種狀態。[6]雖然使用死藤水之類致幻藥物的情況很普遍，但也有許多原住民文化是使用強烈的重覆節奏或鼓聲。以奧吉布瓦印第安人（Ojibwa）爲例，他們使用的是鼓聲、嘎嘎聲、念咒聲、裸舞和踩過燒紅的炭。[7]鼓聲對於達到高度專心狀態特別有效：許多研究顯示，鼓聲可以讓人的腦部慢下來，進入一種類似恍惚的狀態。[8]而美洲印第安人發現，即使是強烈熱力也可催使人進入恍惚狀態——他們的「發汗茅屋」（sweat lodge）就是爲此而設。

我曾經訪談過的一位念力大師是當今西方最有名的氣功師父布魯斯·弗蘭齊斯（Bruce Frantzis）。他除了是武術比賽冠軍、柔道黑帶五段，還跟隨中國師父學習過多年的氣功療法。他的念力力量相當驚人：從錄影帶上可以看到，他光是運氣，就能讓人在房間裡飛來飛去。在好勇鬥狠的歲月，弗蘭齊斯曾把許多人打成殘廢，得坐輪椅。不過，如今他已知道，應該把自己的殊異本領保留作治療用途。在接受我的訪談時，弗蘭齊斯簡短示範了一下如何運氣。他凝神專注一陣子後，頭頂幾塊顱骨便開始起伏，就像是滑衝浪板似的。[9]

弗蘭齊斯教導弟子怎樣透過關注呼吸逐漸培養高度專注狀態。他們一開始呼吸時的間歇並不長，但之後卻能慢慢拉長，最終達到連續不斷的專注狀態。弗蘭齊斯也教導弟子怎樣清晰地覺察各種生理感覺。[10]

我訪談過的治療師以各色各樣的方法讓自己進入專注狀態：禪修、禱告、神祕符號、凝神看著病人或想像自己想取得的結果。即使是自我暗示，一樣可以作爲治療前的熱身運動。

薩滿治療師珍內・皮耶迪拉托（Janet Piedilato）用的方法是「輕輕哼唱或念咒」。靈氣派治療師康斯坦・約翰遜（Constance Johnson）可隨時隨地進入專注狀態。其他人則沒有這種本領，而需要花上好些工夫。例如，靈能治療師法蘭茲・格迪斯（Francis Geddes）在治病以前，需要用小石頭、樹葉或小樹枝作爲焦點，聚精會神冥想十分鐘。

還有些治療師以病人作爲冥想對象。身心派治療師茱蒂斯・斯韋克（Judith Swack）表示：「我直接看著病人，將所有五官感受集中在他身上，然後進入一種接收狀態，像雷達一樣準備好接收任何細微的信息。」另外有些治療師則是專注「聆聽病人的一切」。而皮耶迪拉托則說：「光是想到有人需要我幫助，就會讓我血管裡的血流減緩。」

許多治療師在治療剛開始會感覺到自己的認知歷程變得極清晰，不過沒多久，他們的感覺卻逐漸模糊，只剩下一些純粹影像，而且自我邊界也被消解。接著，他們會突然感受到病人身體的內部運作，最後還出現被病人吞沒似的感覺。

我非常感興趣的一個問題是，高度的專注狀態會對腦部產生哪些影響？是讓腦部活動慢下來或者快起來？一般人都以爲，禪修時腦部活動會減慢。有大量研究顯示，禪修會讓兩種腦波的其中一種起主導作用：一種是α波（一種慢速、高振幅的腦波，頻率爲八至十三赫茲，它也會在淺夢中出現），一種是更慢速的θ波（四至七赫茲），它是熟睡時的典型意識狀態。⓫ 一般人醒著的時候，腦子使用的是速度較快的β波（十三至四十赫茲）。所以有幾十年時間，主流意見一直認爲放送念力的最理想狀態是α波的腦部狀態。

威斯康辛大學的神經科學家理察．大衛森（Richard Davidson）最近把這主張付諸測試。大衛森是「情緒處理過程」的專家，而所謂的「情緒處理過程」，是指腦部對情緒的處理，以及腦與身體爲此而作的溝通。他的研究曾引起達賴喇嘛注意，一九九二年受邀前往印度的達蘭莎拉（Dharamsala）參訪。之後，達賴喇嘛座下八個修爲最高的寧瑪派喇嘛（Nyingmapa）與噶舉派喇嘛（Kagyupa）飛往威斯康辛，接受大衛森的實驗。他在喇嘛頭顱上連接二百五十六個腦電波放大器，以偵測他們腦部不同區域的電活動。實驗過程中，五個喇嘛進行慈心禪，祈願一切眾生解脫痛苦。就像史東安排的念力課程一樣，這種禪定方法可以讓人進入一種準備好幫助他人的心緒。大衛森找來一群大學生充當對照組。這些大學生從未修習禪定，大衛森爲他們安排一星期的禪修課程，實驗時也是連上相同數目的腦電波放大器。

經過十五秒後，腦電波放大器的讀數顯示，五個喇嘛腦部的活動並沒有慢下來，反而開始加速。事實上，其活躍的程度是大衛森或其他科學家前所未見。喇嘛的腦波迅速從β轉變爲

α波，然後又回到β，最後升至γ波。γ波是最高頻率的腦波（二十五至七十赫兆），只有腦部從事最困難的工作時才會出現。就像大衛森發現的，當腦部以這種極快的頻率運作時，整個腦部的腦波的相位全都會開始同步。這種同步被認爲是要達到開悟所不可少的。⓬γ波狀態也被相信可以導致腦部突觸的改變（突觸是電子脈衝向神經元、肌肉或腺體傳遞信息的交接點）⓭。

五個喇嘛可以如此快速到達γ狀態，顯示他們的神經過程已經爲經年累月的禪修所永久改變。雖然是中年人，但五個喇嘛的腦波卻比對照組的年輕人還要和諧、有條理。就連休息的時候，他們γ波的出現頻率還是比那些年輕人高。

大衛森的發現與一些更早的初步研究如出一轍，證明禪修可以讓腦部以極高的速度運作。⓮針對瑜伽修行者的研究顯示，在深定中，他們的腦部爆發出高頻率的β或γ波，而它們的出現又會常常伴隨著陣陣狂喜或高度專注。⓯看來，能夠從外在刺激抽身、向內專注，讓人更容易到達γ波的「超空間」（hyperspace）。處在高峰的專注狀態，心跳率也會加快。⓰禱告亦有類似效果。研究者在六個新教教徒禱告得最全神貫注時，錄得他們的腦波加速。

不同的禪修方式會產生截然不同的腦波。例如，修習「無上的愛欲」（anuraga）的瑜伽修行者，其腦波就與佛教禪師有所不同。前者追求的是不斷對外在世界有敏銳的感官覺知，換言之是加強外在覺察能力；相反的，佛教禪師追求的卻是加強內在覺察能力。⓲對禪修的研究大多著重在那種專注於一種刺激（如呼吸或佛咒）的禪修，但在大衛森的實驗中，五個喇嘛觀想的是普渡眾生的慈悲心。說不定，慈悲心（或其他類似的「大」意念）可以讓腦部躍升到一種充滿能量的高度感官覺知狀態。

大衛森和同事安東尼·露茲（Antoine Lutz）在撰寫實驗報告時，意識到他們所錄得的，是除瘋子以外人類最高值的γ波活動。[19]他們在結論裡指出，能不能維持極高的腦波活動，顯然與經驗多寡有關：五個喇嘛中，修行愈久者其γ波就愈強。這種狀態又可帶來永久的情緒改善，因為它可以活化與快樂感最密切相關的腦左前部。換言之，喇嘛已經把腦的大部分時間都調得與快樂同頻。

大衛森在後來的實驗中又證明了禪修改變腦波的形態—即使對新手亦有同樣效果。一些新手只花了八星期練習，就讓腦部的「快樂區」得到活化，免疫機能也變強了。[20]

過去，神經科學家相信，人腦就像一部複雜電腦，而這電腦在人的少年時期就全部建構完成。大衛森的實驗則顯示，這種理論是錯的。腦顯然是不斷在修改中，端視你有哪些心思意念而定。某些意念會帶來可測量的物理變化，導致腦的變化。形式是由功能決定，而意識則有助於形塑腦。

在禪修或施行治療期間，腦波除了加速以外，還會同步化。在對五大洲的土著治療師和靈能治療師進行過田野調查以後，克里普納猜想，治療師在進行治療以前，腦部會經歷「放電模式」，讓大腦的兩個半球和諧化和同步化，以及讓周邊腦區（主管情緒的區域）整合於皮層系統（主管推理的區域）。[21]至少有二十五個實驗顯示，禪修可以讓腦四個區域的腦波活動同步化。[22]禱告也有同樣效果。一個在義大利帕維亞大學（University of Pavia）和英國拉德克利夫醫院（John Radcliffe Hospital）同時進行的實驗顯示，念誦《玫瑰經》會對人體產生如同持咒的一樣影響。兩者一分鐘復誦六次，可以讓心血管韻律產生「驚人、有力和同步性的增加」。[23]

高度專注的另一個重要效果是讓腦子的左右半球整合起來。及至最近，科學家還相信，腦子的兩邊多少是獨立運作的。左半球被比喻為「會計師」，專司邏輯、分析性和線性思考；右半球則被比喻為「藝術家」，提供方向感以及音樂、藝術和直覺能力。不過，牛津拉德克利夫醫院的神經精神病學家彼德・芬威克（Peter Fenwick）卻搜集到許多證據，證明語言能力和許多其他功能是兩個腦半球同時作用的結果，而腦子在一體化時運作得最佳。禪修則特別能讓腦的左右半球和衷共濟。[24]

專致的心念顯然可以擴大感官知覺能力的機制，又能過濾掉某些「雜音」。《EQ》（Emotional Intelligence）[25]的作者丹尼爾・高曼（Daniel Goleman）做過一些實驗，顯示禪修既可讓腦皮層「加速運作」，又能切斷它與邊緣情緒中樞（limbic emotional center）的聯繫。高曼認為，任何人都可做到這種「關閉」步驟，讓腦部進入單一模式，讓感官知覺因為沒有摻進情緒或意義而變得高度清明。[26]在這個過程中，腦所有力量皆用於同一件事情上：清楚覺知當下的一切。

禪修也可以永久強化腦子的接收力。許多實驗讓禪修者接受閃光或滴答聲的反覆刺激。一般人聽久了滴答聲會習慣，腦子某個意義下會「關閉」，變得聽而不見。但禪修者卻不是這樣，他們的腦子繼續對刺激起反應，顯示出他們的感官知覺能力無時無刻不在敏銳運作。[27]

有一個實驗曾經以專注於一的禪定冥想（mindfulness meditation, 一種不帶價值判斷直觀當下的修行法）的修習者爲研究對象，測量他們的視覺敏感度在參加禪修會之前和之後有沒有變化（該禪修會爲期三個月，每天禪修十六小時）。沒參加禪修的禪修會工作人員則作爲對照組。研究者想要知道，受測者是不是可以看出一次閃光的持續時間和兩次閃光之間的間歇長度。沒有受過專注力訓練的人，很容易把這些快速閃光看成連續的光。結果證實，受測者在參加過禪修會以後，有能力看清楚每一次閃光。由此顯示，專注於一的禪定冥想可以讓修習者的感官變得清明，對外來刺激保持高度敏銳。[28]就像這些實驗顯示的，某些類型的專注力鍛鍊法（如禪修），能擴大我們接收資訊的機制，讓我們變成更大、更敏銳的無線電收報機。

二〇〇〇年，麻省綜合醫院神經科學家暨「功能性磁振造影」（fMRI）專家莎拉・拉扎爾（Sara Lazar）證實，這個過程可以導致實質的生理改變。傳統的「磁振造影」（MRI）使用無線電頻率的電波和強力磁場去拍攝人體的軟組織（包括腦），但功能性磁振造影則不同，它測量的是腦部關鍵功能的微小改變。它透過測量動脈和腦血管的血流量，判別出刺激和語言是在腦的「哪裡」和「何時」處理。在拉扎爾這一類科學家看來，功能性磁振造影乃是最接近於可以即時觀察到腦部運作的科學。

先前，本森找了拉扎爾去爲禪修時活躍的腦部區域造影。拉扎爾並沒有選擇喇嘛或熱中禪修的人作爲實驗對象，而是選擇一些普通禪修者：一天只做二十到六〇分鐘禪修的一般美國人。她和本森找來五位志願者，每個都是修習過軍荼利禪修法（kundalini meditation）至少四年的人。這種禪修法藉助兩種不同聲音讓禪修者的心靜定下來，過程中也需要念想呼吸。拉扎爾要求受測者輪流禪修與默想一些動物，後者是作爲對照狀態。整個實驗過程中，拉扎爾持續偵測受測者的各種生理活動，包括心跳率、呼吸、氧飽和程度、呼出的二氧化碳水平和腦電波水平。

拉扎爾發現，在禪修期間，受測者腦部與專注力相關的區位腦訊號顯著增加，這包括了額葉皮層（腦部進行高等認知活動的部分），以及杏仁核（amygdala）和下視丘（hypothalamus）這兩個主管勃起控制與自主神經調節的部位。

這發現與另一個常識抵觸。一般以爲，禪修都是一種靜默狀態，但拉扎爾卻證明了，在某些類型的禪修中，腦子會進入一種專注但活躍的狀態。

拉扎爾還發現，腦部某些區域的訊號和神經活動會隨著禪修時間和經驗而增加。她的實驗

對象自己也感覺到，隨著禪修經驗的增加，他們禪修時的心靈狀態就愈加活躍。㉙

在拉扎爾看來，這些結果意味著，經年累月的高度專注狀態也許可以擴大腦的某些部分。爲了測試這個假設，她找來二十位長期修習專注於一的禪定冥想的人，其中有五個是禪修老師，全部人的平均禪修經驗是九年。十五個非禪修者充當對照組。受測者輪流在一個普通的磁振造影掃描機中進行禪修，由拉扎爾仔細製作他們的腦結構影像。

拉扎爾發現，禪修組腦部那些主司專注力、感知力和認知處理的部位要比對照組厚。而禪修的效果毫無疑問是由「劑量」多寡決定，也就是說，年資愈高的禪修者，腦皮層的厚度就愈厚。

這發現進一步證明了，禪修可以導致腦結構的永久改變。在這之前，科學家都認爲，腦皮層的增厚只能來自一些需要高度專注力的機械性活動的反覆鍛鍊：如彈奏樂器或同時拋接幾個球。拉扎爾第一次證明了，專注在某些思想上，一樣可以鍛鍊腦子的「專注」部分，讓它增大。事實上，在年紀較大的參與者中，這些區域皮層的厚度要更厚。一般來說，皮層厚度會隨人的老化而減少，而固定的禪修可以減緩甚至逆反這個過程。

除了加強認知處理過程以外，禪修似乎還可以整合認知過程和情緒過程。從功能性磁振造影所取得的資料中，拉扎爾找到了「邊緣腦區」（limbic brain）因禪修而活化的證據（「邊緣腦區」主司原始情緒，被稱爲腦的「本能」部分）。禪修看來不只可以影響腦部的「高等」能力（分析和推理能力），還可以影響「低等」能力（潛意識和直覺能力）。這證明了，禪修不但能促進我們接收資訊的能力，還可以增強我們有意識的察覺能力。

僧侶們藉由禪定冥想專注於慈悲，試圖慈愛眾生，從他們身上，大衛森說明了進入大腦範圍的「路徑」——一個想要幫助人的部位。那些僧侶擴張了大腦「我能幫您嗎？」這個部位的範圍。而拉扎爾的禪修者，進行專注於一的修行技巧，一種達到高峰的專注力，進而擴大了負責專注力的大腦部位。大腦的觀察力一旦增加，便可獲取更多的訊息，甚至是能以直覺的方式接收到訊息。

有些人天生就有一根比較大的「天線」，接受信息的能力優於常人。異能者斯旺看來就是這樣：他有遙視的能力，看得到平常人視力所不及的物體或事件。他曾爲美國政府發展一個遙視計畫，廣被認爲是世界最厲害的遙視者之一。有一次，斯旺讓加拿大勞倫森大學（Laurentian University）的心理學教授麥可．佩辛格（Michael Persinger）偵測和分析他腦部的特殊運作。佩辛格把腦電波放大器連上斯旺，請他用遙視能力辨認遠方一個房間裡放著什麼東西。在斯旺「看到」那東西的同一刻，他腦子高速活動，爆出大量的β波與γ波，類似本森在西藏喇嘛身上所看見的。這種爆發現象主要見於右枕骨區，而那是一個和視力密切關聯的腦區。腦波偵測顯示，斯旺進入了一種超意識狀態，所以接收得到一般清醒意識所無法接收的資訊。

磁振造影機檢查的結果，斯旺的右頂枕葉（腦子接收視覺資訊的部位）異常發達。佩辛格在另一個異能者西恩．哈里貝斯（Sean Harribance）身上有相似發現。[30]腦電波放大器和單光子電腦斷層掃描儀（single photon emission computed tomography）顯示，在哈里貝斯施展特異功能時，他右頂枕葉的活動量激烈增加。顯然，正是這種天賦異稟，讓他與斯旺可以超越時間、空間和五官的限制，「看到」平常人看不到的東西。

科學已經證明，專注鍛鍊某些意念有可能改變或擴大我們腦子某些部位，使之成爲更大、更有力的**接收器**。但它也有可能脫胎成爲更大的**發送器**嗎？爲了找到一些傳輸意念的更佳方法，我必須研究天賦異稟的念力大師是怎樣傳輸他們的意念。而最容易找到這些人的地方就在有靈能治療師之間。

癌症專家暨心理學家勞倫斯．李山醫生（Dr. Lawrence LeShan）研究過靈能治療師怎樣工作。他發現，他們除了進入高度專注狀態外，還有兩項共有的特徵。一是他們想像自己與病人連結在一起，二是想像自己與病人一起被連結到所謂的「絕對」（absolute）。[31]

庫珀斯坦研究過的治療師形容自己會「關閉」自我，失去人我的分離感。他們感覺自己進入了病人的身體，站在一個制高點。一位治療師甚至具體感受到自己的身體發生改變，出現了不同的能量模式和分布。雖然治療師不會得到病人的病痛，卻可以感受到病痛的存在。在這種連結中，治療師的感官知覺模式顯著改變，活動能力愈來愈弱。他們被一種純粹的當下感所充滿，對時間的流逝愈來愈不知不覺。他們失去了對自己身體邊界的意識，感覺自己變得更高、更亮，被一種無條件的愛所吞沒，最後「只剩下一個核心」：

> 我意識到一個**不為我所控制**的過程……**我的意識控制權完全是旁落的**，我就像是站在一旁的旁觀者。然後某種其他東西接手我的治療工作……我不認為我除了坐著以外，還有什麼好做的。㉜

其他治療師甚至經驗到更強烈的自我式微。爲了完成任務，治療師必須與被治療者合一：**成爲對方**，占有對方的生理史和情緒史。他們的自我意識和記憶會消退，進入某種連結意識的空間，在其中，一個「非人格性的自我」（impersonal self）取而代之，執行實際的治療工作。部分治療師會與守護神（guardian spirits）神秘合體，而且精神產生變化，自我意識被接管。

依克里普納之見，具有某些人格特質的人會比一般人更容易與別人發生認同。這類人在心理學測試裡被歸類爲「薄邊界」（thin boundaries）。「哈特曼邊界問卷」是塔夫斯大學（Tufts University）精神病學家恩尼斯特・哈特曼（Ernest Hartmann）所設計，用以測試人們的心理防衛性。「厚邊界」（thick boundaries）的人有堅固的自我感，防衛性強，會在自己四周豎起厚牆。薄邊界的人則較敞開，沒有防衛心理[33]。他們敏感、脆弱而有創造性，很快就能與別人建立關係，也容易遊走於想像與現實之間，有時甚至分不開想像和現實。[34]他們不會壓抑不愉快的思想，也不會把思想和感情分開。他們也比厚邊界的人更擅於用念力去改變或影響四周的事物。據施利茨的一項研究顯示，音樂家和藝術家這些有創造天分的人都屬於薄邊界類型，心靈影響力也比較強。[35]

薄邊界與意念的關係也從克里普納對華盛頓的藍慕沙啓蒙學校（Ramtha's School of Enlightenment）學生所做的測試獲得證實。該學校許多教育方法（如蒙住學生眼睛讓他們在迷宮裡找出路）都是設計來讓學生放鬆邊界的。校方鼓勵學生從事天馬行空的想像，聲稱這樣可以打開他們腦部未使用的區域。[36]克里普納和幾個同事對六個善於使用念力的高年級學生進行了心理測試。

心理學家伊恩・維克勒馬塞克拉（Ian Wickramasekera）參與了部分在啓蒙學校進行的研究。更早前，他曾以「威脅知覺的高危險模式」（High Risk Model of Threat Perception）爲基礎，發展出一組心理測試[37]，以判別一個人是不是容易有靈異經驗和易於被催眠。雖然這測試原是爲了辨識有心理問題的高危險群，但克里普納相信也可用它來評估哪些人最容易當上靈媒和靈能治療師。克里普納與他的合作伙伴發現，他們很容易便可透過實驗去識別哪些人擁有對現實狀態毫無彈性的感官意識，那種意識阻絕了他們去感知或去獲知「直覺性」的訊息。維克勒馬塞克拉的模型預測，那些能夠關閉威脅感和放開獨立自我感的人最能勝任靈能治療的工作。

六個學生的得分顯示，他們都是些邊界極薄的人。哈特曼從八百六十六個受測者得到的平均分是二七三分，但啓蒙學校學生的得分是三四三分。在哈特曼研究過的人中間，邊界這麼薄的只有另外兩類人：學音樂的學生和經常做惡夢的人。啓蒙學校的學生還表現出一種心理學家稱爲「分裂」（dissociation）的特質——在需要專注的時候突然恍神——以及一種高度的吸收能力：意指於活動中進入無我狀態的傾向，就好比催眠過程放鬆自己，以及願意接受其他眞實面向的心態。[38]

在我自己研究治療師的過程中，碰過兩種類型的治療師。他們有些自認爲是水（治療的源頭），另一些則自認爲是水管（讓治療能量得以穿過的管道）。第一類人相信，治療力量來自他們的天賦異稟。但占大多數的是第二類人，他們認爲自己只是一種更大力量的載體。

塔格的愛滋病實驗曾招募到四十個不同派別的治療師，[39]其中大約一五％是傳統基督教徒，使用《玫瑰經》或禱告作爲治療手段。其他是非傳統的治療師，包括布倫南療光派（Barbara Brennan School of Healing Light），或是喬伊斯．古德里奇（Joyce Goodrich）或李山的學生。有些治療師透過改變色彩、振動，或者病患的能量場，去更動複雜的能量場。有一半以上的治療師專注於醫治病人的脈輪（chakras，人體的能量中心），其他人則透過聽得見的振動去重新調整病人的「頻率」。一個中國氣功師父把氣傳輸給病人；另一個治療師則採取傳統印第安療法，在峽谷裡伴著鼓聲跳舞，進入恍惚狀態，並聲稱自己爲了治好病人而與大祖靈接觸過。許多治療師在說明自己的治療方式時，都提到放鬆、釋放，讓靈或光或愛進入自己身體。在一些治療師看來，靈就是耶穌；在另一些看來，靈則是星母（Starwoman，印第安人的祖靈）。

我在塔格去世前訪談過她。她告訴我，她在各色各樣的治療方法之間找到了一些共通點，[40]亦即帶著愛心或悲心行使念力，會更有治療效果。而不管使用的是什麼方法，大部分治療師都同意一點：**他們需要放空自己，把醫治過程交托給醫治力量**。他們基本上以意念提出請求（**請讓這病人得醫治**），然後就充當旁觀者。塔格研究那些病情獲得最大改善的病人時，發現他們的治療師都是將「中介者」角色扮演得最好的人：即懂得站到一邊去，讓更高的力量接手。他們沒有一個認爲自己「擁有」治病的力量。[41]

精神病學家丹尼爾·貝諾爾（Daniel Benor）在他四大冊的著作[42]和網站上[43]幾乎把所有對治療法的研究網羅窮盡。他也研究過一些最著名靈能治療師的自述與著作，其中一位是哈利·愛德華茲（Harry Edwards）。身爲極著名和受過許多研究的治療師，愛德華茲指出，治療師必須把自己的意志與請求交付給一種更高的力量：

也許可以將這個改變（不適當地）描述爲治療師感到有什麼落了下來，就像一片窗簾突然遮蔽了他平常警覺的心靈。在他的身體裡，他感受到一種嶄新的人格，而這新人格讓他被自信與力量所充滿。

……

〔進行治療時，〕治療師也許只會模模糊糊意識到四周的動靜。如果你問他一個有關病人病況的問題，他不費吹灰之力就可以回答，換言之，那答案是他那更智多識廣的新人格提供給他的。治療師只是「收聽者」，他已經讓自己的「肉體自我」臣服於「靈魂自我」，而後者在當時成爲了指導者控制下的更高自我。[44]

在愛德華茲看來，治療師最重要的一步就是**站到一邊**，去除個人自我，**努力不介入治療**。庫珀斯坦研究過的治療師形容這經驗是把自己交托給更高的存有（being），或是交托給治療過程本身。他們相信自己屬於一個更大整體的一部分，亦即達到天人合一的狀態。他們必須撇下自我的局限性邊界，融入更高的實體中。隨著這種意識的轉變和膨脹，治療師感到自己進入一個更大的資訊場，其中閃爍著各種資訊、符號和意象。一些不知從何處而來的話傳入他們耳中，讓他們作出診斷。實際的治療則是由非他們意識控制的力量執行。

所以，雖然治療需要以自覺的引導性思維發端，實際的治療過程卻不需要這樣的意念。例如，在一趟歷時兩分鐘的治療中，也許只有一分半鐘是涉及理性思維，「然後有五秒鐘是非理性的，它是整個高峰，是治療的關鍵。」[45] 治療過程中最重要的，無疑是治療師的交托：願意放棄自己對事情的掌控，任憑自己變成純粹的能量。

但這種**站到一邊**的能力對各種念力的行使來說都同樣重要嗎？我從針對腦部受損病人的研究中找到有趣答案。多倫多大學的研究人員曾經複製梨子實驗室的隨機事件產生器實驗，但有一個重要變動：他們找來受測的是一些額葉受損的病人。結果，除了一個左額葉受傷的病人外，其餘病人（全是右額葉受傷）都無法影響隨機事件產生器。研究者猜測，會有這種結果，是因爲右額葉受傷會減低人的專注力，而左額葉受傷則只會減低人的自我感，不會破壞專注能力。由於少了些自我意識（這是一般人難於做到的），那位左額葉受傷的病人遂能對機器發揮更大影響力。[46]

克里普納猜測，在一些高度專注的意識狀態中，身體會自然「關掉」某些神經連接，包括「關掉」後腦的一個區域。該區域的功能是提供方向感，以及讓人意識到自己身體與外部世界的界線。一些靈魂出竅或超感經驗就是該區域的不活躍所導致，這種不活躍會讓自我與他人的界線變模糊，讓你不知道你與別人的起訖點何在。賓州大學的尤金．達基里（Eugene d'Aquili）和安德魯．紐伯格（Andrew Newberg）用實驗證明過這一點。他們發現，西藏喇嘛禪修了一會兒以後，腦額葉變得活躍，而枕葉則變得較不活躍。[47]禪修和其他種類的專注狀態也可以影響顳葉。顳葉是杏仁核的所在地，而所謂的杏仁核是一叢細胞，主管「自我」意識和我們對世界的情緒反應（讓我們對眼前所見產生喜歡或不喜歡的反應）。刺激顳葉或顳葉失調會讓人產生熟悉感或陌生感，而這兩者都是超感經驗的共同特徵。以強烈意念聚焦在他人身上，顯然可以「關閉」杏仁體，移除神經意義下的「自我」。

大衛森、克里普納和拉扎爾都證明了，我們能夠重塑腦部的某些部位，至於是哪些部位，則要看你進行什麼樣的心靈鍛鍊。在我看來，明顯的是，某些種類的禪修可以讓人進入超空間的門廊與高度覺知狀態，把禪修者帶入一個不同的次元。說不定，激烈的禪修修習比平靜的修習更有力，可以讓腦部線路獲得不同連接，增強我們**接收**與**發送**的念力的能力。我曾經假設，念力就像是一種推力，透過把對方推一把而獲得你想達到的效果。然而，靈能治療師的描述卻顯示那是一個大不相同的過程：行使念力起初需要專注，但繼而就得「交托」出去，放下自己和結果。

6 對的心緒

米契·克魯科夫（Mitch Krucoff）一九九四年回到美國時，滿腦子想著他從印度學來的各種醫療新觀念。他是杜克大學醫學中心的心臟專家，先前與他的護理師蘇珊·克拉特（Suzanne Crater）一道接受邀請，前往布達巴底（Puttaparthi）的「聖諦醫院」（Sri Sathya Sai Institute of Higher Medicine）參訪指導。聖諦醫院開幕才一年，是印度教導師賽巴巴（Sathya Sai Baba）爲了讓窮人得到現代西方醫療照料而創建，費用全免。院方邀請克魯科夫當心臟科顧問，看看需要添入哪些最先進的設備。

克魯科夫和克拉特對他們看到的一切大吃一驚。整家醫院無論是特殊的聲響與光線都充滿濃濃的宗教味，與各種先進的醫療設備顯得很不協調。牆壁上到處是印度教神祇的畫像。宗教味甚至就表現在醫院的建築本身。距離賽巴巴的修行處五英里，整座醫院看起來彷如一座泰姬瑪哈陵，兩棟側翼大樓彎成弧形，像是要給前來的人一個歡迎擁抱。一進大門是一個圓形大廳，造型肖似倒過來的心臟，尖端指向天空。

逗留期間，克魯科夫和克拉特注意到這種宗教氣氛對病人產生的奇特效果。許多病人來自極偏僻的鄉下地區，以前從未見過自來水。然而，雖然被診斷出得了威脅生命的重症，得去面對模樣嚇人的二十一世紀數位心臟儀器，他們卻無一流露出害怕表情。這與克魯科夫在美國習慣看到的病人大爲不同：後者都是驚恐而絕望。

克魯科夫想要把這種設計引入美國的醫院。但要說服心臟科的同僚，他必須有堅強證據證明宗教氣氛有助於心臟手術，證明宗教信仰可以產生測量得到的生理效果。回美國的十八小時飛航途中，他與克拉特構思一個實驗計畫。他們知道，想要說服得了別人，就得把禱告的效果付諸測試，進行一場有史以來最大規模的禱告實驗。❶

回到美國以後，克魯科夫開始翻查科學文獻，看看是否已有證明禱告具備療效的證據。他發現有十四個設計良好的實驗顯示禱告有正面效果。最著名實驗是一九八八年由藍竇夫・伯德（Randolph Byrd）進行，他找來一群基督徒，在冠狀動脈加護病房外爲病人禱告。得到代禱的病人症狀明顯減輕，需要的用藥量和醫療介入都變少。❷「美國中部心臟研究院」（Mid-America Heart Institute）的一項實驗則顯示，各宗派基督徒的代禱可減少心臟病人一〇%的症狀，復發現象也更少（這實驗差不多與塔格的愛滋病實驗發表於同一時間，被認爲可以佐證塔格得到的結果）。❸

禱告被視爲一種超級念力、一種攜手合作的努力：由人發出，由上帝執行治療。而在某些圈子，念力則被視爲禱告的同義詞，而禱告又被視爲治療的同義詞：由你發出意念，由上帝付諸實行。事實上，許多意識研究者把早期的禱告實驗視爲一種念力實驗，而且是種群體念力實驗，因爲它們全都企圖用一群人在同一時間去影響同一事物。

不管這些早期實驗的結果多麼鼓舞人心，克魯科夫知道，他還需要更大規模和程序更緊密的實驗。爲此，他發起了一個小型前導研究。他從鄰近的「德罕退伍軍人醫療中心」（Durham Veterans Affairs Medical Center）招募了一百五十個志願者，全是準備接受血管重建術和冠狀動脈支架手術的心臟病人。除了想知道禱告的效力以外，克魯科夫還想看看遠距治療等另類療法是否有效。他把病人分爲五組，其中四組除接受標準醫藥治療以外，還各接受一種另類療法：緊張放鬆法、療癒性接觸、心靈想像法和代禱。第五組病人只接受一般醫藥治療。每個病人的腦波、心跳、血壓都受到持續監測，以了解他們每一刻受影響的程度。

克魯科夫決定把禱告的「聲量」開到最大。在徵求志願的禱告團體時，他的護理師克拉特向全世界發出呼籲。她寫信給尼泊爾和法國的佛寺，又寫信到 VirtualJerusalem.com 網站，請對方安排一些人到哭牆禱告。她還打電話給巴爾的摩的加爾默羅會修女，請她們在晚禱時爲病人禱告。到最後，她共徵到七個禱告團體，包括基要派信徒、摩拉維亞派信徒、猶太教徒、佛教徒、天主教徒、浸信會信徒和聯合教會信徒。

每個禱告團體分配到幾個病人，他們只知道病人的姓名、年齡和病症。雖然克魯科夫讓各禱告團體自行決定禱告內容，卻規定禱告時必須說出病人的名字，以及祈求病人得到治療和康復。病人與參加研究的人員都不知道誰將被代禱。而在血管修復術進行後一個小時，將再進行身心療法。

實驗結果讓人印象深刻。接受另類療法的組別住院期間健康情況得到三〇至五〇％的改善，與對照組相比要少些併發症和血管硬化。但也有二五到三〇％的病人情況變糟：死亡、心臟病發、心臟衰竭或血管硬化，或需要再做一次氣球擴張術。但在各種另類療法中，代禱是效果最顯著的一種。

不過，這個實驗還是太小了，不足以提供決定性結論，畢竟只有三十個病人得到代禱。儘管如此，實驗結果還是讓克魯科夫深受鼓舞。他把這實驗命名為「智思訓練的監測與落實」〔Monitor and Actualization of Noetic TRAinings，簡稱 MANTRA（咒語）〕，將結果發表在美國心臟協會。[4]就連最保守的心臟科醫師現在也開始半信半疑遠距治療也許是有效的，而禱告又尤其對心臟病有幫助。[5]

克魯科夫知道，他的實驗要更有影響力，必須擴大規模加以複製。於是，他發起了第二次實驗，取名「咒語二號」（MANTRA II），從杜克大學醫學中心和其他九家美國醫院招募來七百五十個病人，又找來十二個禱告團體。這一次禱告團體的人數更多，宗派背景也更紛紜，包括了英國的基督徒、尼泊爾的佛教徒、美國的伊斯蘭教徒和以色列的猶太教徒。受到前一個實驗的成功鼓舞，克魯科夫和杜克大學這一回大肆宣傳，號稱那是遠距禱告效力的一次超級實驗。

在「咒語二號」中，克魯科夫把病人分爲四組。一組得到代禱；第二組接受經過特別設計的MIT療法（MIT therapy，包括音樂（Music）、想像（Imagery）和觸療（Touch）三部分）；第三組則是「MIT療法」加上代禱；第四組爲對照組，只得到標準的醫學治療。接受「MIT療法」的病人在動血管重建手術之前被教導放鬆呼吸、想像自己身處最喜歡的地點，並聆聽自己選擇的安靜心神的音樂。之後，他們從專業治療師那裡接受十五分鐘療癒性接觸。這些病人動手術時也可以帶著播放音樂的耳機。

這個新實驗的目的，是想看看代禱或「MIT療法」是否可以防止或減少病人住院時發生事故的機率。所謂的「事故」，是指死亡、再度心臟病發、需要動額外手術、再次住進加護病房，以及顯示心臟受到傷害的肌酸磷激酶竄升等。這一次，克魯科夫還想測試禱告的長程效果：包括是否可以緩和病人情緒，是否可以減少病人出院後六個月內的死亡率和再入院率等。

克魯科夫的實驗恰恰進行於九一一恐怖攻擊和其餘波蕩漾期間。有三個月時間，死亡的病人相當多，讓克魯科夫不得不修改實驗的設計。他發展出一個兩梯隊的代禱策略，招募來十二個第二梯隊的禱告團體。一有新病人加入實驗，第一梯隊的禱告團體將為病人代禱，而第二梯隊的禱告團體則為第一梯隊的團體代禱。克魯科夫希望，這可以讓新加入的病人得到較多的禱告「劑量」，以期能與早已加入實驗的病人獲得相同「劑量」的禱告。

正因為宣傳做得很大，實驗得到的結果也加倍讓人失望。五個組別的病人住院期間的病情沒有任何差異。只有在動手術前接受過「MIT療法」的病人稍微減輕一點沮喪感。不管怎樣，大規模的「咒語二號」實驗仍然算以失敗收場。代禱看來並沒有讓任何病人的情況好一些。❻

在長程效果方面，代禱的確顯示出一些效力（例如病人的情緒較舒緩、再住院的比例減少，以及手術後六個月內的死亡率降低等），但這些效力在統計學上並不顯著，而且也不是實驗當初的焦點。

為了從巨大失敗中扳回一城，克魯科夫設法讓實驗結果刊登在英國知名醫學雜誌《柳葉刀》（*The Lancet*）。文中，他宣稱實驗結果讓他感到「振奮」，又認為人們對這些結果的解讀有誤。儘管如此，在懷疑論者眼裡，克魯科夫的實驗結果所傳遞的信息再簡單不過：生了病找人代禱是不管用的。

差不多同一時間，在一九九七年，梅約醫學中心（Mayo Clinic）展開了一項為期兩年的禱告效力實驗，對象是一些最近才離開加護病房的心臟血管疾病患者。近八百個病人被分為兩組：一組是高危險群（帶有一個或以上危險因素的，如糖尿病、心臟病發過等），一組是低危險群（除既有的症狀外沒有危險因素）。兩組病人又再各分爲兩組。其中各有一組除接受一般醫藥照料外，還會由五個人一週代禱一次，爲期二十六週。另兩組則只是繼續接受標準醫藥治療。

研究者在實驗後得出的結論是，禱告對死亡率、再發率、需要再接受治療或再住院的機率，都毫無影響。雖然「被代禱組」和「未被代禱組」的表現是有一些小差異，這些差異並不被視爲是顯著的。❼

爲了一勞永逸解決禱告是否有效的疑問，本森想出一個雄心勃勃的計畫。本森是主流醫學與另類醫學這兩個敵對陣營理想的和事佬人選：他一方面是哈佛醫學院的教授，另一方面又對另類療法的研究深感興趣，還爲此創立了「身心醫學研究院」（Mind/Body Medical Institute），以研究身心療法的效果，甚至創造了一個新詞來描述身心療法的效果：「放鬆反應」（the relaxation response）。❽有他的名字背書，禱告實驗的結果將可望獲得保守陣營認可。爲了這個實驗，本森找來另五個美國醫學重鎮參與，其中包括梅約醫學中心。他把實驗取名「代禱治療效應研究」（Study of Therapeutic Effects of Intercessory Prayer, STEP），預期它將是歷史上最大規模和最嚴謹的禱告實驗。

這實驗招募來一千八百名準備接受冠狀動脈繞道手術的病人，分爲三組。其中兩組一組有人代禱、一組沒有，但他們並不知道自己有沒有人代禱。另一組有人代禱且被告知。本森之所以如此設計，是爲了分離開兩個可能產生作用的因素：一是禱告本身效力，二是病人的預期心理。這樣子，他就可以對照出預期心理的效力。❾

禱告團體方面，本森招募來天主教修士和另外三個基督教派的成員：密蘇里州的聖保羅修道院（St. Paul Monastery）、麻塞諸塞州一個加爾默羅會修女團體，以及堪薩斯城外的「寧靜合一」（Silent Unity）傳道會。禱告團隊裡沒有伊斯蘭教徒或猶太教徒，是因爲本森找不到願意配合他實驗設計的非基督徒團體。禱告團體會被告知病人的名字和姓氏首字母。禱告內容並無特殊規定，但必須包含以下字句：「手術成功，復原迅速，無併發症。」禱告團體持續禱告三十天，這期間病人若發生任何重大事故（如出現併發症或死亡），禱告團體都會接獲通知。

研究結果震驚世界，卻讓研究者感到困惑。最困惑的人是本森，因爲一直以來他投入許多時間鼓吹心靈的治病能力。研究團隊本來預期，獲益最大的應是「有人代禱又被告知」的組別，其次是「有人代禱但未被告知」的組別，至於「沒人代禱又沒被告知」的組別則受益最少。但實驗結果卻顯示，有沒有人代禱或有沒有被告知的組別，表現沒有多大分別。不只這樣，實驗結果還跟研究團隊的預期恰恰相反。「有人代禱又被告知」的組別表現最差：有五九％的病人出現非手術引起的併發症，而未被代禱的組別只有五二％病人是這樣。就連「有人代禱但未被告知」的組別，心臟病發或中風的比例也微微高於沒人代禱的組別。在「有人代禱但未被告知」的病人中間，有一〇%出現嚴重的手術併發症，沒人代禱的病人是一三%。[10]

本森和他的團隊不知道該如何解釋這種結果。他們甚至懷疑病人是不是得了「表現焦慮症」（performance anxiety），即因爲太期望禱告有效力而增加了心理壓力。許多評論者認爲，這實驗證明了禱告不只無益，甚至可能有害——至少是證明了禱告的效力是無法透過科學實驗測試。克魯科夫也受邀爲這實驗撰寫了一篇評論，而他指出，這實驗確實顯示出禱告有效果——但卻是負面效果。他建議人們應該摒棄一種普遍想法，不要以爲禱告一定會帶來好結果，因爲「在某些環境下，好意、充滿愛心和發自眞誠的禱告說不定反而造成反效果，會傷害甚至殺死脆弱的病人。」[11]

《美國心臟期刊》（*American Heart Journal*）把實驗結果公布在線上，而本森團隊也舉行了記者招待會。本森提醒媒體，代禱治療效應研究並不能作爲禱告效力的最後結論。不過它確實引發了一個疑問，那就是應不應該讓病人知道有人爲他們禱告；這個疑問應該是未來禱告實驗最重要的研究課題。然而，其他人卻懷疑禱告實驗應不應該繼續下去，或能不能繼續下去。要知道，約翰．坦伯頓基金會（John Templeton Foundation）曾提供本森二百四十萬美元實驗經費，但卻得到這樣的負面結果，很可能沒有人願意再資助同類研究。

代禱治療效應研究的結果看來足以動搖我的大型念力實驗計畫。然而，經過細細琢磨，我懷疑之所以有如此結果，說不定是實驗設計不良所導致。雖然該實驗力求嚴謹，卻在許多方面違反最基本的科學規範。

例如，上述所有實驗並沒有清楚規定禱告的內容，任由禱告者自行發揮。本森雖然要求禱告者說出「手術成功，復原迅速，無併發症」，但其他部分仍然一無規定。最成功的念力實驗都把意念規定得高度明確。例如，在塔格的實驗中，治療師接到的不是模模糊糊或泛泛的指示，而是被要求致力於增加愛滋病患的T細胞數目。因此，本森其實應該指示禱告團體，針對某些特定的心臟病症進行代禱，或者在研究期間減少心臟支架的置入，或是其他高度明確的要求，而非含糊請求改善病情的泛泛之言。

上述兩個失敗的實驗也無一嚴格控制禱告團體的人數，或控制禱告的頻率和時間長度。這一點也許會引起群體念力的混淆。由於實驗使用的是高度分歧的禱告團體，這些團隊的禱告效力並非等值。在本森的實驗裡，禱告團體被要求一星期禱告四次，但時間長短則容許從一次三十秒到幾小時不等。他的助手也從未記錄每個禱告者禱告時間是多長。反觀塔格雖然也使用背景大異其趣的治療師，但他們輪流交換病人醫治，所以每一個病人每一次只會接收到一種治療訊息。

就像「禱告研究辦公室」（Office of Prayer Research）的主任鮑伯．巴思（Bob Barth）所說的：「你要怎樣量度禱告的劑量呢？例如，一個和尚五分鐘的禱告就一定不如十個修女禱告一小時有效嗎？一天禱告二十次一定比一次更有效嗎？」

在評論克魯科夫的實驗設計時，《柳葉刀》期刊亦語帶保留：「不同宗派的禱告者少一點，會不會導致不同結果呢？」⑫

本森企圖標準化禱告方法的做法也有違各個禱告團體慣用的代禱方法。在一般情況下，禱告團體被要求為某個人代禱時，需要知道病人較詳細的資料，包括全名、年齡、病狀等，也會想定期了解病情進展。他們還常常要求與病人和家屬見面。有了這種個人資訊，他們才能真正知道病人的需要。

本森的實驗設計卻反其道而行，只讓禱告者知道病人的名字和姓氏首字母。有限的資訊讓禱告團體無法與病人發生有意義的連結（施利茨和雷丁相信這種連結是心靈能發生影響力的重要條件）。許多參與實驗的禱告團體反對本森這種設計。正如一個評論者所說的：「情況就好比你想打電話給朋友，卻只有她電話號碼的前三碼，這樣你又怎能指望她會接電話？」⑬

就像代禱治療效應研究實驗一樣，克魯科夫的實驗也不披露任何病人的細節，讓代禱者無法與病人建立有意義的連結。而在塔格的實驗裡，治療師卻能得到病人的照片、名字和病情資料。上述的禱告實驗並沒有測試根據詳細資料進行的代禱與只根據名字與姓氏首字母進行的代禱效力有無不同。

克魯科夫和本森挑選禱告團體的方法同樣不科學。他們既沒有挑選標準，也不過問團體的大小或有多少禱告經驗。而塔格只挑選經驗豐富和紀錄卓著的治療師。雖然施利茨的愛的實驗使用了一些業餘者進行實驗，卻先幫他們事前訓練，以保證結果均質化。

各個禱告實驗的另一個問題是沒有貨眞價實的對照組。任何實驗要夠得上科學，必須做到「隨機化」，即隨機選取實驗組和對照組的成員，再把兩者的表現加以比較。然而，當一個人生了重病，家人通常都會爲他祈禱。上述幾個失敗的禱告實驗卻完全枉顧「未被代禱組別」會有家人代禱的可能性。「咒語二號」中，不管是對照組還是實驗組，皆有八九%病人承認家人爲他們代禱。這些病人都是生活在宗教活躍的「美國聖經地帶」（American Bible Belt）。

缺乏貨眞價實的對照組當然會讓實驗結果混淆。早期研究「荷爾蒙補充療法」（hormone replacement therapy）致癌風險的實驗就有這個問題。這一類實驗大多不可靠，因爲幾乎找不到一生中從未服用過荷爾蒙的女性受測者（避孕藥和事後避孕藥皆含荷爾蒙）。結果就是，他們根本沒有眞正的對照組可資對照實驗結果，只是把正在服用荷爾蒙的女性比較於過去服用荷爾蒙的女性，而兩者皆存在著致癌危險。同樣「瑕疵」也見於前述的大型禱告實驗，在實驗中只是把有禱告團體代禱的病人比較於有家人代禱的病人。

這些實驗還有其他毛病。在本森和克魯科夫的實驗中，代禱者都不認識病人，以致他們並沒有強烈動機要去治好病人，反觀在愛的實驗中，發訊者卻有強烈動機要治好收訊者。正如克魯科夫指出的，本森的代禱治療效應研究應該設立一個「安慰劑」對照組（裡頭的病人全都知道自己不會有人代禱），再把這一組對比於其他所有成員全被代禱的組別。沒有任何的分析可以比對那些被代禱的病人與有特定宗教信仰的病人之間的效果差異，如果有的話，或許對安慰劑效應可能扮演的角色有進一步的了解。研究者也沒有考慮到，他們要求病人向醫院醫生隱瞞自己參與實驗，說不定會讓病人產生焦慮。⓮

克魯科夫的實驗會違反基本的科學規範，則主要是一些超出他控制的事件使然。受到九一一事件的影響，他讓新加入的病人接受兩梯隊禱告團隊的禱告（即爲病人代禱的團體又有另一個團體爲其禱告），而先前的病人卻仍只由一個團體代禱。因此，在這個實驗裡，不同病人得到的代禱並不是等量的。這有違科學實驗的最基本原則。

塔格曾經批評伯德所主導的第一個大型禱告實驗（由普通基督徒爲心臟病人禱告），指出他們根本不知道那些病人誰吃過降血壓藥物、誰沒吃過，所以無從斷定實驗效果是來自藥物還是禱告。實驗過程中也沒有判別過病人的心理狀態，難保不會剛好有許多心態樂觀的病人都落到了被治療組。有時候，病人預期自己得到治癒的心理也會產生安慰劑效應，讓病情大有改善。曾經有一個另類治療的實驗發現，包括對照組在內的所有病人的病情全獲得改善——這顯然是病人預期得到醫治的心理產生的效果。⓯

但在本森的實驗中，病人期望得到代禱的心理卻產生了反效果。寫過多部談論禱告著作⓰的內科醫生賴利．多西（Larry Dossey）指出，代禱治療效應研究就像是在弔重症病人胃口，讓他們懸著一顆心，不知道自己是不是夠幸運，可以得到代禱。

「天底下沒有這樣幫人禱告的，」多西表示，「在眞實生活中，我們不會擔心摯愛親人有沒有爲我們禱告。我們很清楚他們的禱告充滿愛心，而且毫不含糊。天曉得那三組病人會因爲自己受到的對待有多忿恨？」[17]

他又指出，知道自己被代禱的病人身上不但沒有出現安慰劑效應，併發症的比例反而比其他組別更高，這一點意味著「有非常奇怪的反作用力存在於哈佛醫學院的這個禱告實驗裡。」[18]

美國中部心臟研究院所做的實驗（讓各宗派的基督徒爲心臟病人禱告，使他們的症狀減少十分之一）也受到批評：畢竟它測量的項目太多，會得到正面結果是一定的。[19]

這些大型禱告實驗之所以失敗，有可能是代禱本身就沒效，或者是禱告效力無法用科學方法測試，但也有可能是這些實驗本身問了錯誤的問題。不管怎樣，就像禱告研究辦公室主任巴思指出的，這些失敗實驗在所有的禱告實驗中只占少數。[20] 禱告研究辦公室是聯合教會爲搜集禱告效力的科學證據而設立，在該辦公室所進行的二百二十七個實驗中，有七五%顯示正面效果。

儘管如此，要測試遠距念力的效果，也許不要從禱告著手爲佳，因爲它包含太多的情緒牽扯。塔格讓自己只測試治療念力的效果，而治療念力是不同於禱告的。念力的效果來自於人，禱告的效力則是來自上帝。治療念力比較容易控制，研究者想讓一群治療師發出信息一模一樣的意念一點都不難。因此，我自己的念力實驗計畫將著重於治療或改善些什麼，那可以避開禱告實驗常見的困難。不像禱告，遠距治療的效力已經得到可信證明：一共有一百五十個實驗可以爲證。[21]這些科學實驗全受過透徹檢視，被認爲效應顯著。即使是吹毛求疵的英國埃克塞特大學（Exeter University）教授艾札特・厄恩斯特（Edzard Ernst）亦承認，在他檢驗過的二十三個實驗中，有五七％顯示正面效果。[22]在最嚴謹的念力實驗（即採取雙盲程序的實驗）中，數據的效應值（effect size）是〇・四〇，比兩種被認爲預防心臟病最有效的藥物阿斯匹靈和恩特來錠的效應值要高上十倍。

上述大型禱告實驗的缺失不只可以作爲同類型實驗的殷鑑，還揭示出有哪些元素使得念力的效力最大化。行使念力想要取得成功，除了需要高度專注、站到一邊、且對一種更高力量提出懇求以外，說不定還有別的決定因素。正如史瓦慈從他對另類療法的研究所了解到的，治療師和病人雙方的態度對醫治的效果亦攸關要緊。

史瓦慈的實驗是從測試靈氣派治療師的念力開始。他找來費城天普大學（Temple University）「前衛科學中心」（Center for Frontier Sciences）所長貝佛利・魯比克（Beverly Rubik）幫忙。魯比克是生物物理學家，一向對細微能量（subtle energy）感興趣，擅長使用細菌來做實驗。他們決定以大腸桿菌作爲實驗對象，第一步是先以高溫對大腸桿菌施壓。史瓦慈、魯比克和他們的同事安德魯・布魯克斯（Audrey Brooks）謹慎控制溫度，以確保大腸桿菌受到壓力又不致全部被殺死。然後請來十四位靈氣派治療師治療活下來的細菌，對它們施行十五分鐘的標準靈氣療程。每個治療師以三天時間治療三個不同樣本，儀器則不斷計算著存活細菌的數目。

實驗結果乍看之下讓史瓦慈他們很驚訝，整體來說，靈氣派治療師並沒有增加大腸桿菌的存活率。但經過更仔細的檢視，他們又發現治療師其實是有時成功，有時失敗。這種不規則性讓三位研究者感到困惑。史瓦慈後來想到，若能讓治療師與被治療者建立某種感情聯繫，說不定較有效果。但要怎樣讓靈氣派治療師與平常住在我們肚子裡的大腸桿菌發生感情聯繫呢？

在下一回合的實驗中，史瓦慈請治療師每次先花三十分鐘治療一個有疼痛症狀的病人，然後再回頭去治療細菌樣本。這一次，他們對細菌的治療要成功許多：被治療的大腸桿菌的存活率明顯高於對照組。看來，治療師在他們的「治療幫浦」發動起來後，成功率更高。[23]

儘管如此，治療仍然也持續出現了反效果。這讓史瓦慈想到，治療師本身的健康狀態說不定也是一個變數。他們決定使用「亞歷桑納綜合評量表」（Arizona Integrative Outcomes Scale）去測試這一點。綜合評量表是史瓦慈的大學同事心理學家艾瑞絲．貝爾（Iris Bell）所設計，可以評量出受測者過去二十四小時的精神、交際、心靈、情緒與生理等健康狀態。[24]受測者填寫評量表時，被要求先反省自己過去二十四小時各方面狀態，再於一條線上（線的最右邊代表「有史以來最佳狀態」，最左邊代表「有史以來最差狀態」）標出一點，以表示他認為自己在這

段時間內的整體健康程度。許多實驗證明，此綜合評量表是有用的工具，可以精確判別受測者的情緒和心靈健康程度。㉕

在下一輪實驗中，史瓦慈等人請靈氣派治療師在施行治療前後都用綜合評量表來評量自己。根據這些資料，三位科學家發現一種重要模式，那就是，當治療師感覺神清氣爽時，就能帶給細菌有益療效，使其存活率高於對照組；相反的，每當綜合評量得分不高，他們的治療只會殺死更多大腸桿菌。顯然，治療師本身的整體健康乃是決定他們治療能力的基本因素。

接著，史瓦慈用綜合評量表來測試另一種療法：淨靈療法（Johrei）。他們找來二百三十六個治療師和志願者，請他們填寫綜合評量表，外加一份用來判斷他們進行醫治前後情緒狀態的問卷。比對這些資料，史瓦慈和布魯克斯發現另一個有趣效應：不只是病人在治療以後覺得自己更健康，連治療師也有同樣感覺。

對這些施予者而言，施與受一樣有福。另一個實驗也顯示類似結果。㉖看來，治療行爲與治療脈絡本身也是有治療性的。**治療別人也可以給治療者本人帶來治療**。㉗

史瓦慈等人進而研究淨靈療法對心臟病人的醫治效果。這一次採用的是雙盲步驟，只有統計者知道哪一組病人受到治療。㉘測量的主要項目是病人的疼痛、焦慮、憂鬱和整體健康程度。三天後，研究者詢問病人是否感覺到或相信自己受到淨靈療法的治療。而不管是對照組和非對照組，都有病人強烈相信自己受到治療，但也同樣有病人強烈相信自己被排除在外。

當史瓦慈和布魯克斯把實驗數據表列出來的時候，一幅引人入勝的畫面出現了。得到最佳效果的，是那些眞有受到治療又相信自己受到治療的病人；得到最糟效果的，則是沒有受到治療又相信自己被排除在外的病人。另兩類病人（受到治療卻以爲自己沒有受到治療，以及沒有受到治療卻相信自己受到治療）的情況則介乎兩者之間。

這結果顯示，正面效果並不是安慰劑效應使然，因爲那些誤以爲自己受到治療的病人情況，並沒有比確切相信自己受到治療的病人好。

不過，史瓦慈的實驗也披露出，治療的成敗除了繫於治療師的念力與能量外，還繫於病人是否相信自己受到治療。另外，對某種療法是否有信心，毫無疑問也是一個重要變數。在愛的實驗中，施利茨和史東曾經強調共同信仰的重要性，而史瓦慈的實驗再次證明這一點。

在失敗的大型禱告實驗裡，禱告的發送者和收受者並未分享對上帝的同樣信仰。大部分病人的代禱團隊都包含信仰分歧的人。就連本森的實驗也包含許多不同派別的基督徒，他們的信仰並不完全一致。如此一來，有些病人難免因爲受到不同信仰背景的人代禱而感到不自在。

就像施利茨指出的，這些禱告實驗沒一個符合科學家所說的「生態效度」（ecological validity）。換言之，這些實驗並不是依據現實生活的模型設計的。例如，在哈佛大學的實驗中，代禱團體被要求以非一般的方式禱告。沒有一個大型禱告實驗曾測試過代禱團體本身認爲最可行的禱告方式。㉙誠如多西所說：「那些實驗所測試的禱告都不是貨眞價實的禱告，而是稀釋過的貨色。」[30]禱告的內容和脈絡都被兒戲以對，彷彿禱告只是另一種新藥物。另外，本森規定禱告內容要包含「沒有併發症」這一項，更是違反最基本的禱告常識，因爲一般禱告都應該只包含正面內容，不包含反面內容。

施利茨指出過，代禱要有效力，一般都需要代禱者與代禱對象有一定程度的認識。心理學家同時也是心身關係研究者的珍妮·阿赫特貝格（Jeanne Achterberg），證明過這一點。她是加州「超個人心理學研究中心」（Institute for Transpersonal Psychology）的研究人員，曾利用經驗豐富的遠距治療師進行實驗。她讓治療師自己選擇病人，並先與病人有所接觸。然後，治療師與病人被隔開，病人被放在磁振造影掃描機裡。治療師以自己原本的治療技巧隨機向病人傳輸能量，每次兩分鐘。阿赫特貝格發現，每逢治療師送出治療能量，病人的同一些腦部區域（主要是額葉）就會出現明顯活動反應。不過，如果治療師的對象是他們不認識的病人，卻不會出現同樣效果。換言之，禱告與治療念力要能發揮效果，禱告者或治療師與病人之間或許應該有著某種情感聯繫。[31]

大型禱告實驗之所以失敗，也可能是研究者找錯了地方。一個即將出版的愛滋病實驗報告最後也是沒有發現效果。不過，在該實驗中，被治療組有許多病人正確猜到自己受到治療，而對照組並沒有。施利茨因此指出：「被治療組的病人似乎感覺到了些什麼，只是與被測量的臨床結果沒有直接關聯罷了。」[32]所以，這實驗失敗的原因或許在於只是問錯了問題。

另一個重要變數也許是病人感受到的意念種類。有研究者發現，負面意念對身體有強烈的負面影響，就彷彿負面心緒是有傳染性的，會表現爲生理形式。例如，賓州「高等傷口護理中心」（Center for Advanced Wound Care）的研究人員發現，習慣負面思考的病人或是有罪惡感、易怒和缺乏自信的病人，傷口癒合得比較慢。[33]

同一種效果同樣也出現在負面人際關係上。俄亥俄州立大學醫學院一個近期實驗證明，夫妻吵架引起的壓力會讓傷口的癒合至少晚上一天。研究者找來四十二對夫妻，各在每對夫妻其中一方用小器具製造小傷口，然後讓他們愉快交談，事後仔細追蹤傷口的復原進度。幾個月後，研究者重做一遍實驗，這一次卻想辦法挑起夫妻不和，讓他們發生口角。結果發現，傷口要多一天的時間才癒合。猶有甚者，爭吵激烈的夫妻，傷口癒合速度要比爭吵較不激烈的夫妻慢上四〇%。研究人員檢查他們傷口上的液體時，發現裡頭的「白細胞介素—6」（interleukin-6，一種細胞激素，是免疫系統中的關鍵化學物質）濃度並不相同。吵得兇的夫妻起初「白細胞介素—6」的量都太低，而爭吵後則變得太高，這意味著他們的免疫系統變化起伏甚劇。[34]

發送意念的人說不定本身也需要別人的正面意念。克魯科夫的實驗雖然失敗，但一般人都忽略了他的一個重要發現：那些獲得兩梯隊禱告團體代禱的病人，他們出院後六個月內死亡與再入院的比率都比其他組別低三〇%。另外，同時接受代禱和ＭＩＴ療法的病人死亡率最低。

這些結果雖被認爲只是「具有參考性的趨勢」，卻說不定正是重點中的重點：**代禱要能有效，代禱者本身必須也受到代禱**。[35]

其實，這種現象只是生物體總是處於不斷雙向溝通現象的一個面向。接受治療的一方如果對治療方法有信心，心態積極，說不定可以擴大治療的效力。波普曾經證明，生物體光放射的和諧程度反映出該生物體的整體健康。治療師身體健康、心態積極正面時，放出的「光」看來也會更亮。治療功效最好的治療師說不定正是那些先治療過自己的人。

7 對的時間

麥可・佩辛格（Michael Persinger）在加拿大勞倫森大學校園裡的地下室辦公室被人戲稱爲「天堂與地獄工作室」。這空間原是個音響室，建於一九七〇年代，如今內部陳設仍與最初一模一樣：巨大的音響喇叭、深橘色的粗毛地毯，以及一把褪色的棕色扶手椅。有超過二千人坐過這椅子。這些人身處漆黑中，頭戴改裝過的黃色摩托車安全帽，任憑隔在一面玻璃牆外面的科學家擺布半小時。神經科學家佩辛格儼如是工作室裡的上帝。他是操縱腦波的專家，靠著把幾個簡單指令鍵入電腦，就可以指示安全帽輸出低強度的磁場，穿過受測者的顳葉，引發他們的超覺經驗（有時則是恐怖經驗）。❶

坐在棕色扶手椅上的受測者看到過的人物有耶穌、聖母馬利亞、穆罕默德、穿兜帽長袍的僧侶、穿閃光盔甲的武士，以及印第安人的神祇「天靈」（Sky Spirit）。黃色安全帽既製造過出竅經驗，也製造過瀕死體驗。一個記者在接受實驗時曾被送回到他人生中最悸動的時刻——第一次看到高中女朋友完美胸部那一刻。

並不是所有受測者都會看到上帝，也還可能目睹各種光怪陸離的恐怖景象，甚至看到撒旦。一個受測者看到一雙瞪著他的巨大眼睛，伴隨著燃燒的硫磺氣味。他嚇壞了，連忙扯下安全帽、眼罩、耳塞，等五百磅重的鋼門一鬆開，馬上奪門而出，拔腿便跑。

佩辛格解釋說，受測者會產生哪種經驗，純粹是生理機運使然：視乎一個人是左腦的杏仁核比較敏感，還是右腦的杏仁核比較敏感。如果左杏仁核比較敏感，電磁波穿過之際，你就會被帶到仙境；如果你不夠幸運，天生是右杏仁核比較敏感，就會被打入地獄。❷

佩辛格有一種持續不衰的激情，讓他投入研究地質學和氣象學對人類生物學的微妙影響，尤其是對腦部電流的影響。佩辛格生長於美國南方，在一九六〇年代爲了逃避兵役（基於道德理由反對越戰）而往北遷移。一九七一年，他在勞倫森大學取得教授職位，從此留在加拿大。此後四十年，他外表修飾得一絲不苟，總是穿著三件式西裝，口袋裡掛著懷錶，怎麼看都不像是個逃避兵役者。從這種保守的外表，你很難看出他有一顆大膽的好奇心。他總是喜歡研究別人覺得怪異的東西，如生物系統的韻律、外太空的爆炸性能量、癲癇病的本質，以及神祕體驗的來源等。這些都是大相逕庭的領域，然而，經過一次頓悟後，他發現這些領域全都可以匯聚在一起。佩辛格所領悟到的是，生物不只會彼此共鳴，還會對地球磁能量的持續擺動產生共鳴。他這個驚人領悟是以法蘭茲・哈爾貝格（Franz Halberg）的發現爲基礎，它讓我深信，如果行使念力的時間能夠準確搭配這些能量的話，說不定會大大增加念力的效力。

一九四八年，哈爾貝格拿著短期簽證，從滿目瘡痍的奧地利前往美國，進入哈佛醫學院當實習醫生。他被分派到一個不可能的任務：協助找出一種可以醫治百病的藥物。❸當時人們相信，這種藥物的線索可以在腎上腺分泌的類固醇中找到。類固醇能讓身體承受更大的壓力，但人體分泌的類固醇數量很少，若能以人工方式合成類固醇，說不定可以醫治百病。

哈爾貝格先是以老鼠來做實驗。他切除老鼠的腎上腺，然後給牠們注入腎上腺素，再觀察牠們的嗜伊紅細胞（eosinophils，白血球的一種）會有什麼反應。在一般情況下，腎上腺素會產生一種翹翹板效應：刺激人體分泌更多的類固醇，而壓抑嗜伊紅細胞的數目。沒有了腎上腺的動物或人類，嗜伊紅細胞的數目理應保持靜態。然而，哈爾貝格卻發現老鼠在摘除腎上腺後，嗜伊紅細胞的數目繼續擺動，有時升高，有時降低。後來，哈爾貝格轉到明尼蘇達大學教學，繼續以老鼠做研究，結果還是一樣。即使他有時候比較少拿那些老鼠做實驗（這些時候老鼠承受的壓力較少），仍然發現嗜伊紅細胞有較大變化。

哈爾貝格對這個現象大惑不解，直至他有天看出一種規律性才茅塞頓開：老鼠的嗜伊紅細胞數目總是早上多而晚上少，完全是按照二十四小時的循環起伏變化。哈爾貝格研究了其他生物過程，發現很多也是按照其內建的時鐘運作。生物體對於同一個二十四小時循環皆有所反應，換言之是與地球的自轉同步。於是，哈爾貝格創造了「時間生物學」（chronobiology）一詞，用來指稱對生物的時間韻律性的研究。他在明尼蘇達大學建立了「時間生物學實驗室」，而後被人稱爲「時間生物學之父」。他的實驗室逐漸發現，時鐘般的韻律性不是生物體學來或後天得到的結果，而是一種與生俱來的特質。

除了以二十四小時爲週期的韻律外，哈爾貝格還發現生物體與許多其他週期同步：半週性、一週性、一月性和一年性的循環幾乎控制著生物體生理運作的每個面向。例如，人的脈搏、血壓、體溫、淋巴細胞的循環、荷爾蒙週期，全都跟著某種固定的、循環的時間表起伏。這種韻律性不是人獨有的，而是遍見於自然界——即使是在幾百萬年前單細胞生物的化石裡，一樣找得到這種韻律性的證據。

起初，哈爾貝格相信，控制這種生物韻律的主開關位於腦部的某些細胞或是腎上腺。然而他發現，即使把老鼠的腎上腺甚至整個腦部摘除，某些循環照樣發生。八十多歲時，哈爾貝格得出他最後一個突破性發現：生物體的同步器不是藏在體內，而是藏在天上的星體中——特別是太陽。[4]

太陽是一個狂暴的星球。這個由氣體構成的巨大球體，表面溫度在華氏一萬一千度左右，被位於太陽大氣層的強烈磁場所覆蓋。隨著太陽表面氣體的積聚和磁場的推擠，太陽大氣層會定期發生爆炸。人們過去都以爲，太陽與地球之間的地帶是眞空的，無風又無浪。但科學家現在已經知道，太空裡有「天氣變化」，而且非常極端，如果讓這變化搬到地球上演，地球將在一瞬間爆炸。太陽風（solar wind，一種不斷激烈吹送的帶電氣體）統治著星體間的空間，不斷以二百萬英里的時速捲向地球。雖然一般來說地球磁場可以偏轉此風，但在太陽活動異常激烈時，太陽風還是能穿透地球磁場。

太陽黑子（一些漩渦狀氣流，從地球望去，像是太陽表面的黑斑點）的積聚和消失都是依據頗爲規律的週期，這讓科學家能夠大概預測到太陽什麼時候會出現劇烈變動。太陽活動的盛衰平均是十一年一循環。太陽黑子一旦積聚，就表示太陽的侵略性開始增加。然後，在無法預測的剎那，太陽表面將發生大爆炸（大概是由強烈磁場的撕裂和重新接合所引起），向四面八方迸射出相當於四百億顆核子彈的能量。在太陽風的助長下，無數帶電的高能質子就像子彈一樣，以超過五百萬英里的時速射向地球。而太陽的日冕也會規律噴發出重可達十億噸的團塊（由氣體和磁場構成），這些團塊照樣也以幾百萬英里的時速奔向地球，在太空上引起極端猛烈的地磁風暴。

科學家很早就知道，地球事實上是一顆有兩個磁極（北磁極和南磁極）的巨大磁石，受到一層不斷起伏變化的磁場包覆。這磁場位於太空中所謂的「磁層」區域，像甜甜圈一樣環繞地球。它被太陽風固定在原地，磁力大約是〇．五「高斯」（或五千「奈米特斯拉」（nanoteslas）。編注：特斯拉（tesla）爲磁通量的密度單位，奈米特斯拉爲其十億分之一大小）——這強度比一般馬蹄鐵形狀的磁鐵弱大約一千倍。

地磁場的強弱因地區和時間而有所不同。太陽系中的任何變動（包括太陽活動、行星運動和地球自轉）或地球的地質變動（如地下水的分布或地球內核的變化）都足以改變地磁場的強度。太空中的風暴把太陽風的部分能量轉移到地球的磁層，引起地球磁場的粒子在方向和速度上的激烈擺動。負責監測太空天氣的「國家海洋暨大氣管理局」（National Oceanic and Atmospheric Administration, NOAA）指出，在任一太陽週期內，約會有三分之一時間出現地磁風暴，而其中將近一半非常激烈，足以影響現代科技。最強烈規模的地磁風暴（在管理局的量表裡屬於G5級）足以擾亂電力的傳輸、高科技通訊系統和衛星導航系統。一九八九年三月，一場激烈的地磁風暴讓蒙特婁的六百萬市民無電可用了九小時。

在哈爾貝格得到他那些發現的時代，科學家已經知道，地磁風暴強烈影響著鴿子和海豚之類動物的移動方向，擾亂牠們的方向感，因爲牠們都是靠地球的磁場來導航。生物學家本來相信，地磁場因爲磁力微弱，所以不會對基本生理過程產生多大影響，何況人和其他動物早已每日暴露在現代科技所製造的更強烈電磁場和磁場之中。不過，蘇聯科學家在研究太空飛行對健康的影響時，卻有證據顯示，自然的地磁場，特別是頻率極低（低於一百赫茲）的地磁場，幾乎對生物體的所有細胞過程和化學過程影響顯著。

蘇聯科學院太空研究所的科學家探索太空天氣對太空人的影響時發現，地磁場的變化深深影響著細菌細胞和人體內微生物的蛋白質合成。[5]地磁變化也影響了植物的微量營養素合成，就連單細胞的海藻一樣對太陽活動的起伏產生反應。[6]由於植物和微生物對地磁擾動如此敏感，蘇聯科學家甚至利用它們作爲預測地磁變動的工具。[7]

蘇聯科學家還發現，太空人如果心跳驟停，通常是發生在出現磁風暴期間。[8]而地球上的疾病似乎也跟太空上的地磁活動有關：每逢發生地磁風暴，生病和死亡的人數就會增加。[9]不過，在各種生理系統中，受地磁變化影響最大的，仍然是心跳的韻律。

太空研究所的科學家曾經做過一個研究，記錄一批志願者在整個太陽週期時的心跳，然後比較於同一時期的太陽黑子數量和其他地磁活動。我們知道，最健康的心跳率是變化幅度最大的心跳率。太空研究所的實驗進而發現，受測者心跳率變化幅度最大的時候是太陽活動最少之際[10]，而「心律變異性」（Heart Rate Variability）則在地磁風暴的日子降低。當心律變異性受到干擾，受影響最大的是自主神經系統（這是不需要任何意識介入就能自行保持身體運作的系統）。心律變異性偏低的人有冠狀動脈疾病與心臟病發的風險。在地磁活動增加的日子，血液的黏度也會急劇增加（有時甚至增加一倍），導致血流減緩。[11]

心血管疾病病人的猝死似乎也與地磁活動有關。[12]心臟病發率的高低與太陽週期活動相一致：[13]心臟病人猝死的最大數目就出現在地磁風暴來臨的日子。[14]哈爾貝格自己就發現到，在明尼蘇達州，每逢太陽活動最激烈的日子，心臟病發的人數就比平常高五％。[15]

其實，生物系統（如人類）對地磁擾動這一類外來刺激敏感，一點也不讓人驚訝。磁場是由電子流和帶電荷的原子（稱爲離子）所引起，每當磁力發生變化，原子和其他粒子的流動方向就會受到影響。生物體歸根究柢是由電子之類的粒子構成，所以，任何磁方向的激烈改變，理應深深影響他們的生理過程。

了解地磁場對生物體的作用之後，哈爾貝格把他的畢生研究重新命名爲「星體時間生物學」（chronoastrobiology）——即星體如何影響生物韻律的學問。太陽是一個超巨大節拍器，設定了所有生物體的步調。

佩辛格最想知道的是，地磁場變動會對腦部產生哪些影響？蘇聯科學家早已發現，太空天氣同樣可以影響神經過程。亞塞拜然位於巴庫（Baku）的國家科學院裡的科學家曾經用一種特殊儀器，持續偵測一小批志願者的心臟和腦部的電活動，然後把結果對比於地磁場的韻律。他們發現地磁活動對腦部的運作有著強烈影響。在磁風暴期間，腦電波放大器的讀數會變得不穩定。⑯地磁擾動還會干擾腦部某些區域的均衡，嚴重打亂神經系統的內部溝通，讓自主神經系統的某些部分變得過分活躍，又讓另一些部分變得太不活躍。⑰

太陽活動亦可影響到心靈的均衡。佩辛格發現，太空天氣愈不穩定，因爲神經失調而住院和企圖自殺的人就愈多。⑱地磁擾動看來也與一般精神失調的增加有正相關。⑲本來就患有精神疾病的人，在磁風暴的期間會更加激動不安。

佩辛格也好奇於地磁波動與癲癇發作之間的可能關係。事情的緣起是，他的同事——神經科學家泰德．墨菲（Todd Murphy）向他披露，自己從小有顳葉癲癇症，碰到癲癇發作，常常會有靈魂出竅體驗。有些數據業已顯示地磁活動的增加與癲癇的發作有相關性。[20]癲癇的發作有可能是地磁擾動所引起的嗎？佩辛格決定在動物身上研究這種可能性。他給一批白老鼠注入氯化鋰－匹羅卡品（lithium-pilocarpine，一種可以引發類似癲癇症狀的藥物），然後以人工方式模擬地磁活動，並漸次升高激烈的程度，以看看老鼠的反應。[21]結果發現，高於某個門檻的地磁活動，很容易引發老鼠的癲癇。每當地磁活動超過二十奈米特斯拉，癲癇發作頻率會更高。[22]

然後，佩辛格又發現，癲癇猝死症和嬰兒猝死症都與高地磁活動有關。[23]這下子，所有看似不可解釋的死亡有了全然理性的解釋，那就是體格較弱的人容易成為太陽無休止活動的犧牲品。

強烈地磁場似乎也深深影響著學習，不過往往是好的影響。增強的地磁活動可以強化記憶，例如暴露在地磁場的老鼠學會走迷宮的速度會更快。[24]太陽活動的大幅波動對人類行為與表現還另有微妙影響。[25]心理學家狄恩．雷丁曾研究地磁場對打保齡球的影響。他記錄下經驗豐富的保齡球手在一段時間內的比賽表現，然後與同一時期的地磁活動相互對照。他發現，如果保齡球賽的前一天發生大幅地磁波動，球手的成績比之平常會較不穩定，平均得分比正常時候的差距甚至可達四一%。[26]另一個研究也證明了，地磁變動愈大的日子，交通事故與工業意外也愈多。[27]這其中最重要的變數顯然是地磁活動的大幅變動：不管是從激烈轉爲平靜，還是從平靜轉爲激烈，都一樣。

雖然會有週期性的不穩定，生物體每天暴露在地磁活動的起伏下也許仍屬必要。位於索非亞的保加利亞科學院「日地影響力實驗室」（Solar Terrestrial Influences Laboratory）曾經在蘇聯和平號（Mir）太空站上進行過一個實驗，研究接觸不到地磁場對太空人會有什麼影響。研究者用一個直徑六公尺的不鏽鋼減壓艙製造出「地磁眞空狀態」，讓七個健康的年輕太空人住進艙內，嚴密監測他們的生理反應。結果發現，他們的腦波活動明顯變得紊亂，睡覺也較不安穩，進入熟睡的時間比較少。[28]

與地磁場保持接觸也許是神經系統維持均衡所不可少的。事實上，地球的微幅磁場擺動可以深深影響到身體的兩大引擎：心臟和腦部。

佩辛格繼而發現其他對人類產生影響的地球物理效應。各種電磁和地磁現象（不管是因爲地球板塊移動、地震或異常高的降雨量造成），全都可以刺激腦部的某些區域，使之產生幻覺。在一九六八年與一九七一年間，埃及有超過十萬人聲稱他們在蔡敦（Zeitoun）一家教堂目睹聖母馬利亞顯靈。當佩辛格檢視同一時期該區域的地震活動時，發現地震頻率異常地高。

[29]有時，電磁效應是人爲的。有一次，佩辛格碰到一個有初期腦瘤的天主教女信徒，對方聲稱自己每晚都會看到聖靈降臨。經過一番研究，佩辛格發現了神蹟的源頭，原來是女信徒放在床頭的電子鬧鐘作怪，因爲有腦瘤，她比平常人更容易受鬧鐘的電磁波影響。[30]

佩辛格開始想辦法在實驗室裡複製地磁擾動的效應。他的同事史坦·科倫（Stan Koren）幫他改裝了一頂摩托車安全帽（故稱之爲「科倫帽」），安全帽可以向著精確方向放射出非常低頻的複合磁場（輻射量大約相當於一部手機）。受測者被請到那個地下音響室（經過改裝以隔絕電磁「雜音」），戴上安全帽。一打開安全帽的開關，受測者的腦部就形同暴露在強化後的地磁活動中，會發生神經模式的轉換。

經過一段時間的實驗後，佩辛格發現了一種模式。受測者的腦波會與複合磁場產生共鳴，即使關掉開關，這種同步性仍會持續十秒以上。[31]經過一番摸索後，佩辛格得知腦部最易受電磁和地磁影響的部位是右邊的顳葉。如果向著右腦半球放出一個低強度〔一「微特斯拉」（microtesla）〕的脈衝磁場，腦波就會放緩至α頻率。但只有右腦會這樣。[32]

我們的「自我感」和「他人感」同時存放在兩邊的顳葉，但以左腦的顳葉爲主，那裡也是語言中樞。若要運作正常，左右顳葉必須和衷共濟。這種和諧一旦被打亂，腦子就會產生幻覺，感應到另一個「自我」。正如佩辛格的實驗顯示的，刺激右顳葉能讓人產生神秘體驗。如果在同一時間用磁場去刺激杏仁核，就會在體驗中加入強烈情緒，就像人在降靈體驗時感受到的一樣。佩辛格又發現，如果先刺激一邊的杏仁核後再去刺激另一邊的，將會讓情緒高度複雜化。

透過刺激顳葉，受測者看得到神明現身或感受到靈魂出竅，甚至會產生撒旦的幻覺。至於產生什麼樣的體驗，很大程度與受測者的個人背景有關：童年生活不愉快的人右顳葉通常比較敏感，容易看到恐怖場面，有負面體驗。較快樂和左顳葉較敏感的人，則比較容易看到神靈和仙境。33

這讓佩辛格很想下一個結論：所有降靈體驗不過是地磁活動引發的幻覺。但有一個事實他卻未能解釋：超感官知覺能力和其他特異能力似乎因特定類型的地磁活動而加強。當地球處於「平靜」狀態，即地磁活動較少時，心靈感應和超感官知覺的事例就會增加。34 即使微量的環境因素改變（從天氣到太陽系統的小幅變化），似乎都可大大影響超感官知覺能力或遙視能力。隔空移物的能力則相反。而地球能量激烈變動時，意念的力量便有所增強。35

一九七〇年代，佩辛格與知名超心理學家史坦利．克里普納合作（後者當時是紐約邁蒙尼德（Maimonides）醫學中心「睡夢實驗室」主任），研究地磁活動對睡眠時心靈感應能力的影響。當時，克里普納已經把一個測試熟睡夢境中遙感、遙視、預知能力的實驗打磨完備。他們把志願者分爲兩兩一組。當一個睡覺時，另一個在其他房間裡全神貫注看一幅圖畫，並努力用意念把圖畫內容「傳送」到睡眠者的夢境。睡覺一方醒來後，將詳細描述自己做過哪些夢，讓研究者判斷有沒有與被傳送的圖畫相似之處。[36]

佩辛格和克里普納發現，受測者的表現在某些日子比較好。對照同一時間的地磁活動紀錄，他們發現受測者在地磁活動相對平靜的日子最能夢見圖畫。[37]

地磁活動也能強化人在夢中的預知能力。著名的預知大師亞倫・沃恩（Alan Vaughan）能極爲詳細地在夢中預見未來。他每天把夢境寫在日記，以便日後驗證。沃恩有一次夢見甘迺迪總統遇刺，時間就在事發兩天前。[38]研究人員對照了沃恩的六十一個預知夢和做夢那些晚上的地磁活動，發現在地磁活動明顯比較平靜的日子，沃恩做的預知夢最精確。[39]

在地磁平靜的日子，自發性的心靈感應事例更多，[40]遙視的精確性也會加強。[41]佩辛格用一群夫妻做過一個超感知覺實驗。他讓夫妻分處兩個房間，要他們看一張被磁場籠罩的圖片，再要求他們回憶一件以前分享給對方的往事。比較結果之後，佩辛格發現地磁活動最平靜的時候，夫妻雙方的描述最接近；反之地磁活動愈強，兩方的回憶就愈不相似。[42]

儘管如此，兩性對地磁活動的反應似乎大不相同。他發現，男性在地磁活動較高（高於二十奈米特斯拉）時預感能力比較強，而女性則出現在地磁活動低（低於二十奈米特斯拉）的時候。另外，男性在地磁活動高的時候記憶比較精確，女性則在地磁活動低時比較精確。而就像克里普納所發現的，薄邊界的人特別容易有超感官體驗。[43]

一段時間之後，佩辛格發現他可以用「科倫帽」的人工磁場來加強人的超感知覺能力。他的一個學生就是因爲受過這種低頻率磁場的洗禮，遙視能力大爲提高。[44]

一九九八年，佩辛格決定用他的「科倫帽」做一個終極測試：試著用它來干擾一位知名遙視者英格・斯旺（Ingo Swann）的能力。他把斯旺邀來地下實驗室。六十八歲的斯旺鉅細靡遺描述出幾張放在另一個房間的照片，三兩下就證明了安全帽對他完全不管用。不過，當佩辛格用複合磁場籠罩住那些照片時，斯旺的精確度瞬時驟降。這意味著，斯旺是以波的形式接收資訊（磁場可以輕易干擾波信號）。[45]就像史瓦慈也曾發現的，人類所發送或接收的資訊都必然包含強烈的磁成分。

佩辛格提出的證據讓我相信，地磁活動會影響我們接收量子信息的清晰度。但地磁活動也會影響我們發送信息的強度嗎？這方面，克里普納所作的研究提供了我們一些線索。他想要測試「隔空移物現象最容易發生在地球『雜音』最強的日子」的假設。爲此，他和他的團隊前往巴西，請異能者阿米頓（Amyr Amiden）每天爲他們表現隔空移物奇技，然後再對比他的表現與巴西利亞地區的地磁波動有沒有相關性。實驗過程中他們也偵測和記錄阿米頓的脈搏和血壓。

克里普納團隊發現，阿米頓的隔空移物奇技與南半球的每日地磁指數有明顯相關性。他大部分的神奇表演出現在三月十日至三月十五日之間，而那是三月地磁活動最頻繁的幾天。在三月二十日那天，他什麼也沒有隔空取成，而那是當月地磁活動最平靜的一天。[46]

每次阿米頓發功之前，血壓的舒張壓與地磁「雜音」就會上升。這說不定反映出一個人的心臟需要先受地磁活動的影響，才能發送出可影響外物的信息。

有趣的是，就像愛的實驗裡的夫妻那樣，阿米頓的隔空移物能力有時會**預示**著強烈的輸入（input）。有一次，阿米頓和研究人員在房間裡，兩面宗教雕飾突然憑空出現，彷彿從天而降一樣。事後，研究人員發現，雕飾後出現不久，該地區的地磁場強度陡然升高。難道人類有能力預知地磁強度的上升嗎？如果可以，這種預知是否可以加強一個人隔空移物的能力？

心理學家威廉．布勞德做過一些關於地磁影響念力的有趣實驗。他找來遠距治療師，對人體細胞和其他人發送念力，然後把結果對比於同期間的地磁活動。就像克里普納一樣，他發現念力的成功往往是太陽引起高強度的地磁活動之時。[47]

我們選擇發送念力的時間時，除了考慮太陽活動，也應該考慮其他環境因素。包括佩辛格在內的科學家發現，在某些日子或一天裡的某些時間，異能者的超感官知覺能力或隔空移物能力特別強。[48]發送念力的最佳時間是「地方恆星時」（local sidereal time）的中午一點左右。「地球恆星時」是根據地球與太陽以外其他恆星的關係測量而得。如果從天空上觀測，地方恆星時是一個地方的子午圈與春分點之間的時角（hour angle），因此地球上每個地方的恆星時都與它的經度有關。另外，隔空移物能力在太陽風轉強的時候也比較強，而太陽風的強弱大約每三十天循環一次。[49]

能見度低與刮強風的時候都不是傳送念力的理想時刻，因爲空氣中含有高比例的帶電離子。當分子碰到足以讓它釋出一個電子的能量，就會產生離子。降雨、氣壓和瀑布釋出的力量會產生離子，大量空氣迅速摩擦過陸地的時候也是如此——南加州的聖塔安娜風（Santa Ana wind）就是這樣的風。不管是正離子還是負離子，帶電量都等於一個靜電脈衝，而我們呼吸的空氣是由數十億的微細電荷構成。

「乾淨」空氣每立方公分包含一千五百到四千顆離子不等，通常都是負離子略多於正離子（1.2：1）。不過，離子極度不穩定。在我們工業化和高度居家化的生活裡，空氣中充滿著污染和人工物品所帶來電磁波，讓理想的離子數量激烈減少，也讓正負離子的理想比例被擾亂。現在，除非是到戶外活動，否則我們吸入的只是太低濃度的離子以及太高比例的正離子。生活在這樣的環境對我們的健康並不好，也不利於我們接收或發送念力。在加州和以色列進行的實驗顯示，不管是正離子還是負離子太少，都會減少人腦α波的出現，而兩者任一的濃度如果突然增加，則會導致急速、鮮明的腦波變動。[50]

佩辛格的研究提供了大量證據，證明磁頻率影響我們傳輸信息的能力，也影響腦部接收信息的區域。地球磁場的細微轉變對心臟和腦部的影響最明顯。許多指導式精神交感活體系統實驗和施利茨的愛的實驗都證明過，這兩個部位是人類傳輸信息的主要管道。檢視過佩辛格的研究後，我開始把念力看成一種巨大的能量關係，其中牽涉著太陽、大氣、地球和生理的韻律。要有效傳輸念力，就得把這些能量考慮進來。佩辛格不但查出了傳輸念力的最佳「管道」，也查出了打開這管道的最佳時間。

8 對的地點

一九九七年，蒂勒應加州一家公司邀請，幫忙發展一種可以消除電磁污染的產品。這儀器包含一個石英晶體，那正是蒂勒派得上用場的地方。他是史丹佛大學榮譽教授、材料科學的專家，在結晶科學界享有大名，寫過三本相關教科書和超過二百五十篇科學論文。❶

儀器的外形像一個簡單的黑色盒子，差不多是電視遙控器大小。裡面裝著三個頻率在一兆赫至十兆赫之間的震盪器，開著的時候相當於一微瓦的功率。盒裡還包含一個程式化唯讀元件，與電路連接在一起。透過儀器裡的石英震盪器，可以過濾入侵的電磁能量，因爲石英能轉動電磁波的方向，改變量子訊息。

蒂勒檢視這儀器時，想到一個大膽的主意。他一直對念力現象感興趣，自己也做過這方面的實驗，並相信念力是一種「細微能量」。他想到的是，手中的黑色盒子說不定可以給念力來個超級測試。如果意念是種能量形式，理當可以「儲存」在簡單儀器裡，稍後再「播放」出來影響物理世界。❷實驗如果成功，將會證明念力的傳輸不只有最佳時間可言，還有最佳地點。

爲進行測試，蒂勒從土木工程系一位同事那裡和生物系各借來了一點實驗室空間，並對商業化的設備作出一些調整，開始設計實驗。他想要孤注一擲，看看「錄下」的念力是否可以影響活的生物體。他知道不應該一開始就以人作爲實驗對象，因爲人有太多不可控制的變數。所以，他退而求其次，選擇了果蠅。

在各種實驗用的動物中，果蠅是科學家的最愛，被用來做實驗已有百年歷史，主要是因爲果蠅的生命週期短促。果蠅幼蟲只需要六天，就可以發育成五臟俱全的成蟲，然後在兩星期後死去。蒂勒想要加速果蠅的發育過程。他的同事麥克．科恩（Michael Kohane）是果蠅專家，曾經研究過給果蠅增加「酰胺腺嘌呤二核甘酸」（nicotinamide adenine dinucleotide）供應量所產生的結果。酰胺腺嘌呤二核甘酸是酵素的重要輔因子，可以透過傳送氫而加速細胞內的能量代謝（氫對於設定幼蟲內建的生長時鐘非常重要）。能量利用率的大小也會直接影響果蠅的健康。❸

酰胺腺嘌呤二核甘酸可以驅使電子進入路徑，使能量的產生與代謝最大化；低含量的酰胺腺嘌呤二核甘酸將不利「三磷酸腺啓」（adenine tridiphosphate）的產生。細胞需要氧和葡萄糖把「二磷酸腺啓」（adenine diphosphate）和「磷酸」（phosphoric acid）轉化爲三磷酸腺啓。三磷酸腺啓是一種分子，爲大部分細胞過程提供動力。二磷酸腺啓和三磷酸腺啓等於是化學能的貯存庫，每一個分子都在其「磷—氧鍵」裡儲藏著小量能量。增加酰胺腺嘌呤二核甘酸攝取量能提高三磷酸腺啓對二磷酸腺啓的比例，激化、促進細胞過程，從而加速幼蟲成長。隨著果蠅的成長，三磷酸腺啓對二磷酸腺啓的比例愈高，細胞獲得的能量就愈多，果蠅也更健康。酰胺腺嘌呤二核甘酸的淨效應能促進果蠅從小到老的整體健康。

電磁場可以強烈刺激細胞的能量代謝，特別是促進三磷酸腺啓的合成。❹蒂勒認爲，有理由相信人類意念也是一種類似電磁場的能量形式，問題只是，這種能量有可能與電子裝備互動，再透過後者刺激細胞的能量代謝嗎？

爲了進行他的實驗計畫，蒂勒還需要另一個實驗室。他把實驗室設在經費資助者位於明尼蘇達州的一個小辦公室，靠近艾克塞西斯（Excelsior），請科恩和自己從前指導過的學生華特·迪布爾（Walt Dibble）坐鎮。

一九九七年一月初某個早上，蒂勒召集了四個參與者，也就是他自己、太太珍和兩個朋友（都是經驗豐富的禪修者）圍坐在一張桌子四周。他打開包裹著的第一個黑色盒子，放在桌子中央，打開開關。

在蒂勒的示意下，大家一起進入深沉的禪修狀態。等大家用意念「淨化」過四周環境和儀器本身之後，蒂勒站起來（他是一個高瘦的人，有著明亮而不羈的眼神，留著一小束白鬍子），大聲念出他先前寫下的一段話：

我們的意念要致力於以下影響：在不傷害果蠅幼蟲生命功能的前提下：（一）讓幼蟲體內的氧、質子和「二磷酸腺啓」利用率盡量增加；（二）讓既有含量的「酰胺腺嘌呤二核甘酸」的活動率盡量增加；（三）讓粒線體中既有含量的ATP合成酵素的活動盡量增加，以求盡可能增加幼蟲體內的「三磷酸腺啓」含量，最後讓幼蟲的成長速度顯著快於對照組的幼蟲。

要果蠅幼蟲加速生長，基本上只要讓三磷酸腺啓對二磷酸腺啓的比例顯著增加即可，不過蒂勒還是刻意把念力的內容規定得細緻明確，不容許有模糊不清之處。他相信，意念愈是詳細明確，發揮的效果就愈大，所以每次實驗，他總是一絲不苟，把目標定得仔仔細細。他加上「在不傷害幼蟲生命功能的前提下」一語，是怕欲速則不達，三磷酸腺啓增加得太多會把幼蟲殺死。

各個禪修者把意念規則在腦子裡默念了十五分鐘。繼而，在蒂勒的示意下，大家同時對準黑色盒子發送這個意念五分鐘，好讓意念被「錄」到儀器裡去。

蒂勒準備了另一個一樣的黑色盒子作爲對照組。爲隔絕各種強度的電磁頻率，他事先用錫箔紙把盒子包著，放在法拉第籠裡。

「錄音」完成後，蒂勒把桌上的黑色盒子（他後來稱之爲「念力存儲器」（Intention-

Imprinted Electronic Device）」重新用錫箔紙包起，也放入一個法拉第籠，分兩天把兩個黑色盒子快遞到一千五百英里外的明尼蘇達實驗室。他沒有讓科恩或迪布爾知道哪個黑色盒子錄了念力，哪個沒錄。這兩位科學家事先準備了八小瓶果蠅幼蟲，把其中三瓶各放在法拉第籠裡。收到兩個黑色盒子後，再把盒子各放入已有果蠅幼蟲的法拉第籠。

接下來八個月，他們對一萬隻果蠅幼蟲和七千隻成蟲進行了測試，每次都記錄下牠們身體內三磷酸腺苷對二磷酸腺苷的比例。最後，他們彙整數據，製成曲線圖。蒂勒和科恩發現，不只所有果蠅的三磷酸腺苷對二磷酸腺苷的比例增加了，而且接近過念力存儲器的幼蟲，成長速度更比一般快一五%。❺另外，幼蟲長大後也比一般果蠅健康——連後代亦是如此。❻念力不只對果蠅本身有正面效果，還會「惠及後人」。

到那時候，蒂勒已經用念力存儲器爲許多其他對象進行過實驗，他對實驗對象的選擇小心翼翼。他需要的實驗是必須可以顯示出像果蠅有眞實、可測量的改變。結果，他選擇的實驗包括用念力存儲器來改變水的酸鹼值和影響「鹼性磷酸酶」（alkaline phosphatase，一種肝酵素）的活動。他會選擇水的酸鹼值作爲測試，是因爲水的酸鹼值極爲穩定，變化通常不會超過百分之一甚至千分之一單位。如果水的酸鹼值出現一單位的變化，將是一個巨大變化，不太可能是測量有誤的結果。他選擇鹼性磷酸酶作爲實驗對象的理由也在於它的變化率極低。

這兩個實驗都非常成功：念力存儲器讓水的酸鹼值升或降一整個單位，也讓鹼性磷酸酶的活動顯著增加。他把錄下意念的念力存儲器與對照用的念力存儲器全寄給迪布爾，請他複製實驗，結果相當成功。❼在水的實驗中，他們的念力成功讓水的酸鹼值增或降了一單位，鹼性磷酸酶的活動亦顯著增加。❽

進行實驗的過程中，蒂勒注意到一個奇怪現象：自第三個月起，實驗做得愈多次，效果就愈強，而且愈快見效。

爲了想知道這是不是受到一些環境因素影響，蒂勒決定測量各種環境因素。他記錄下法拉第籠內外的溫度，發現溫度是根據一定的規律起伏。實驗最初，他使用一般水銀溫度計測量溫度，然而，唯恐這現象是水銀溫度計本身所引起，便改用低解析度的電腦化數位溫度計，最後又改用高解析度的溫度計。但三種溫度計的測量結果都一樣。把數據製成圖表後，他發現溫度變化大約以四十五分鐘爲一週期，變化幅度在華氏七度左右。❾蒂勒繼而測量了實驗室裡的水的酸鹼值和導電能力，發現見於溫度的同一現象也見於這些水：酸鹼值會出現週期性起伏（起伏範圍在四分之一個單位上下），導電能力亦有固定起伏。酸鹼值的變化特別讓蒂勒覺得神奇。任何事物的酸鹼平衡度對改變都非常敏感：哪怕一個人的血液酸鹼值只是升或降了一個單位，都表示這人要不是垂死，就是已經死了。

然後，蒂勒又發現了一個模式：每當室溫升高，水的酸鹼值就會下降，反之亦然。水的導電能力亦顯示出同樣模式。❿顯然，他的實驗室已經因爲不知名的理由，變得擁有不一樣的物理特質。

這效應繼續增加。不管實驗對象是什麼，念力存儲器使用的次數愈多，室溫和酸鹼值的週期性擺動幅度就愈大。⓫無分窗戶是開或關，也無論有沒有開冷氣或暖氣，或者四周有些什麼人或物，擺動現象就是完全不受影響。每次測量室溫和水的酸鹼值，始終完全互相協調。而且房間每個角落的測量結果都一樣。這物理空間的每個部分似乎都變得具有韻律和能量上的諧和性。

到當時，蒂勒和同事已經建立起四個實驗室，彼此距離從一百一十五英尺到九百英尺不等。但每個實驗室皆出現同樣情形：一旦實驗次數夠多，實驗室就會出現同樣的週期性擺動現象。

蒂勒從未在自己實驗室裡看過這一類「有組織性」的擺動。事實上，這現象也從未出現在世界上任何實驗室。爲了確定這現象不是黑色盒子「本身」引起，蒂勒及同事分別進行了三個對照實驗，把沒有儲存念力的黑色盒子放在一個地方，然後打開開關。但在這些實驗中，水和氣溫的讀數都與平常情形一樣。

蒂勒大惑不解，懷疑擺動現象是不是某種物理干擾造成。於是他把兩台電風扇搬到實驗室，一台是桌扇，一台是立扇，全放在戰略位置，位於一排溫度計附近。一般來說，電風扇引起的強烈空氣對流可以讓溫度擺動現象消失。然而，即使他把風扇開得大到吹亂紙張，原來的溫度擺動現象仍然存在。

到底是怎麼回事？有可能是一種磁效應，蒂勒心想。爲了測試水的磁場，他把一塊普通磁鐵北磁極朝上，放在一盆水裡三天，然後測量水的酸鹼值。繼而，他把磁鐵翻面，讓南磁極朝上，又放三天。一般來說，水暴露在這種磁力不強的磁鐵（磁場強度低於五百高斯），不管是磁鐵哪一面朝上，水的酸鹼值都會是一樣。

我們所知道的世界是磁性對稱的。量子物理學家解釋力和粒子（包括磁荷和電荷）的關係時，用的是「規範理論」（gauge theory）和「對稱性」（symmetry）。我們被認爲生活在一種稱爲「U（1）—規範對稱性」（U(1)-gauge symmetry）的電磁狀態中——一種磁力與磁場平方的斜率成正比的狀態。換一種簡單的說法就是：不管你站在一個磁場的何處測量電磁特性，得到的讀數都一樣。不管你望向哪裡，自然界的電磁法則都是一樣。

如果你在某個地方提高電磁場，將會發現其他所有地方的電磁場同樣程度提高。在《宇宙密碼》（*The Cosmic Code*）[12]一書中，海茲．裴傑斯（Heinz Pagels）把宇宙比作一張塗成灰色的無限大紙張，即便你把紙張某部分改塗成其他深淺的灰色，仍然無法改變它的「規範平衡性」，因爲整張紙都會變成你塗的那種灰色調，以致你根本無法得知自己塗改過哪個部分。對稱的磁狀態被稱爲是一種磁「偶極子」（dipole）。

然而，蒂勒卻發現讓水暴露在不同磁極各三天後，得到的酸鹼值大不相同，差距竟有一到一點五個單位。暴露在南磁極的水酸鹼值會升高，暴露在北磁極卻會降低。在他其中兩個實驗室裡，暴露在南磁極的水酸鹼值持續升高，大約六天後達到高峰。然而，如果是暴露在北磁極，水酸鹼值的韻律性擺動卻慢慢消失。⓭

正統科學認爲，單極子（monopole）只以正電荷或負電荷形式存在於電力中，不會存在於磁力中（磁力只能透過環繞電荷旋轉而產生偶極子）。⓮各國政府花了總計數十億美元找尋磁單極子，都毫無所獲。⓯然而，蒂勒卻在他的簡陋實驗室裡遇見了磁單極子。而這現象看來是有擴大效應的。他的每一個實驗室在他使用過念力存儲器後，都會錄得磁單極子類型的現象。

蒂勒覺得自己一定目擊了最不可思議的現象：儲存在黑色小盒子裡的人類念力，竟能以某種方式「制約」實驗所進行的空間。

蒂勒好奇，如果他對空間作出改變，同樣的現象會不會繼續存在。他發現，當他移走房間裡一件物體（例如一部電腦），擺動現象會消失十小時，然後再出現。如果房間裡增加新物件，則會讓效應消失幾星期，不過最後還是會恢復。彷彿那空間已經形成一個高度協調的形態，任何改變或干擾都無法破壞它的更高和諧狀態。哪怕蒂勒把念力存儲器用錫箔紙包起，放在法拉第籠裡，水和室溫的週期性變化仍繼續存在。在其中一個由穀倉改裝而成的實驗地點，室溫擺動了六個月；在另一個實驗地點（一個正式實驗室），室溫擺動維持了一整年。⓰

換言之，只要在房間裡開啓念力存儲器一陣子，它的效力就會維持很長時間。即便念力存儲器已經被移走，被實驗過的對象（不管是果蠅、水的酸鹼值還是鹼性磷酸酶）仍繼續受影響。蒂勒決定搬走實驗室內所有物件，看看會有什麼後果。他的溫度計繼續錄得溫度出現華氏三至五度的週期性擺動。念力的影響力消失得很緩慢，彷彿蒂勒的實驗室已經受到某種熱力學上的轉化。念力的能量似乎可以「充滿」整個環境，創造出一種秩序的骨牌效應。[17]

蒂勒想到唯一可對環境產生相似影響的，只有高度複雜的化學反應。然而，他用來做實驗的，只是一般空氣和淨化過的水。根據傳統的熱力學定律，空氣和水都是處於極均衡的狀態，如果不施以外部刺激，性質不會有大起伏。他所目睹的週期性擺動現象是世界任何其他實驗室從未見過的。

他懷疑自己目睹了一種量子效應。反覆重播有秩序的意念，似能改變房間的物理現實，讓空間裡的量子虛擬粒子更加「有秩序」。然後，就像骨牌效應一樣，空間中的「秩序」會促進實驗的成功。由此看來，一再在某個地點放送念力，日子久了，便可以擴大念力的效力。

有可能，蒂勒和他的同事無意中創造了一個磁單極子和電單極子並存的「SU（2）－規範空間」（SU(2)-gauge space），相似於「異域物理學」（exotic physics）所發現的超對稱狀態。在受制約的空間裡，磁力比例的基本法則會被改變，**一種基本的物理屬性會完全產生變化**。而可以帶來這種兩極性效果的，是給空間注入一些「SU（2）－規範對稱性」（SU(2)-gauge symmetry）的元素。[18]

空間的規範對稱性一旦改變，便代表周遭的零點能量場發生了深邃的改變。在「U（1）—規範對稱性」的狀態，零點能量場的隨機擺動並不會對物理宇宙發生影響。然而，在「SU（2）—規範對稱性」的狀態中，零點能量場卻變得較有秩序，並些微改變了物質最細小的成分，最後導致物理現實的構造本身發生深刻改變。

蒂勒感覺自己猶如闖入了一個更高能量的虛玄世界，目睹了一個異常有自我組織能力的系統。事實上，他所測量到的擺動現象帶有玻色—愛因斯坦凝聚的正字標記：一種更高的協調狀態。在那之前，科學家只有在受到高度控制和接近絕對零度的環境下，才創造得出玻色—愛因斯坦凝聚。但蒂勒卻在室溫中達到這一點，而且是用儲存在一個簡單儀器中的意念辦到的。

也有其他科學家看過類似被念力「充滿過」的空間。其中之一是葛拉罕・沃特金斯（Graham Watkins）和他妻子安莉塔（Anita）。在一連串極縝密的實驗中，他們請一些異能者試著用心靈力量影響被麻醉的老鼠，讓牠們比一般情況更快清醒過來。實驗用的老鼠全經過挑選，事前測試過牠們麻醉後所需的甦醒時間相同。老鼠被分爲兩組，一半充當對照組。

在第一輪實驗中，實驗組的甦醒時間平均要比對照組快四秒。這不能算是顯著的結果。然而，隨著實驗反覆進行愈多次，實驗組的甦醒時間一次比一次快。

沃特金斯夫妻把實驗重複做了七遍。他們發現，念力會產生一種「流連效應」（linger

effect）：即便某隻老鼠沒有接受念力，但只要把牠放在另一隻老鼠接受念力時的位置，牠仍然甦醒得比一般時候快。那空間顯然已被治療念力充滿過，能影響到任何占據該位置的生物。[19]

加拿大蒙特婁的麥基爾大學生物學家柏納德．格拉德也看過類似現象。在給匈牙利的念力治療師奧斯卡．埃斯塔班尼（Oscar Estabany）測試時，他發現埃斯塔班尼碰觸過的每樣東西，都像是被看不見的能量充滿過似的，可以起到治療效果。[20]

「受制約空間」的觀念也被羅傑．尼爾森博士在一些聖地測試過。他對這些神聖空間感到好奇，想知道其特殊用途是不是讓空間「充滿」了能量，可以被隨機事件產生器測錄到。他做過的一些實驗顯示，在充滿高能量的環境中（例如情緒濃烈的聚會），「能量場意識」（field consciousness）是可以影響機器，讓它更有「條理」的。他帶著一部手提的隨機事件產生器走訪了許多被認爲充滿集體願力的地點，其中包括傷膝澗（Wounded Knee，蘇族印第安人曾在此被集體屠殺）、懷俄明州的魔鬼岩（Devil's Tower）和吉薩（Giza）大金字塔的王后墓室。在這些地點，尼爾森發現隨機事件產生器的輸出變得完全不隨機，彷彿死去的冤魂或到此朝拜過的所有人的心願仍然流連不去，形成一道高度協調的能量漩流。[21]

雷丁則用隨機事件產生器研究治療念力是否具有制約空間的能力。他把三部隨機事件產生器放在一盤人類腦細胞培養液旁邊，請一批治療師爲培養液輸送念力，讓細胞生長得快一些。只要隨機事件產生器的輸出變得較不隨機，即顯示很可能存在著一種較高的協調性。雷丁還準備了另一批細胞培養液，作為對照組。

頭三天，兩組細胞的生長速度並沒有太大不同。不過，隨著一天天過去，實驗組的細胞愈長愈快。從第三天起，三部隨機事件產生器變得愈來愈不隨機，愈來愈有秩序。由此看來，治療師的念力似乎也會影響到四周的離子輻射。[22]

就像尼爾森的實驗一樣，雷丁的實驗揭示了念力具有「流連效應」。三部隨機事件產生器變得愈來愈有秩序這一點，意味著空間的零點能量場被轉換為一種更同調的狀態。所以，念力的「充滿」顯然能對環境產生骨牌效應，帶來空間中更大的量子秩序，而這一點則會反過來擴大念力的效力。[23]蘇聯科學家觀察過相似現象，他們發現對水施加電磁場，水對電磁場的「記憶」會保持幾小時，甚至幾天。[24]這效應一如雷射——當四周的零點能量場變得更有秩序之後，意念就會變成一束高度聚焦的有力光束，可以輕易把它貫穿。

蒂勒透過發現磁單極子，一步踏入了少有人到過的迷離境界。他的實驗還需要其他獨立研究者加以複製，才能建立公信力。但如果他的研究成果經得起時間考驗，則足以證明，人類意念有改變四周空間的能力。強力的意念看來可以把能量充滿到空間裡，甚至留駐不去。

這種幾乎難以置信的奇特現象讓我相信，在行使念力時，地點的選擇也許是一個重要考量。說不定，每次要發送一個有目的的引導性思維時，我們都應該回到自己的「寺廟」去——至少是在腦海裡冥想著它。

【第三部】

意念的力量

打棒球九〇％靠心靈，其餘一半才是靠體能。

瑜伽修行者貝拉（Yogi Berra）

譯注：這裡的「其餘一半」是開玩笑的說法。

9 心靈藍圖

在一九七四年與世界重量級拳王喬治．福爾曼（George Foreman）於金夏沙（Kinshasa）對戰日的七星期前，阿里（Muhammad Ali）比賽時都是一副不在乎輸贏的樣子。他大多數時候靠在繩邊，任由對手從四面八方向他揮拳，只偶而像是要趕走蒼蠅般出拳還擊。

在他拳擊生涯後期這段期間，阿里把很多訓練時間花在學習怎樣挨拳，練習在間不容髮的一剎那閃過來拳，或是學習控制心靈，讓它在身體被擊中時不會感覺太痛。他不是訓練自己的身體如何取勝，而是訓練自己的腦子不要輸掉，並想辦法在大多數拳擊手早已疲憊不堪的第十二回合撐下去。❶他最重要的練習不是在拳擊台上進行，而是坐在扶手椅裡進行。他是在腦子裡打拳擊。

阿里是一個念力大師。他發展出一套心靈技巧，最終改變了自己在拳擊場上的表現。比賽前，他總使用各種方法自我鞭策，包括自我暗示、視覺化和心智複演（mental rehearsal）。其中最重要的大概是這句有力的公開宣言：「我是最棒的。」他也會把一些看似無聊的打油詩掛在嘴邊，例如：

我打包票
亞契・摩爾（Archie Moore）
第四回合
必然倒地

我一閃身
右拳一擊
大熊挨轟
飛出場外

上場比賽前，阿里都會念咒似的念這些押韻小詩（對自己念、對媒體念、對對手念），直到自己完全相信那是事實爲止。

福爾曼比阿里小七歲，是拳壇歷來最兇猛的戰士之一。金夏沙之戰（又被稱爲「叢林之戰」）的兩個月前，他只用了兩個回合，就把對手肯・諾頓（Ken Norton）修理得體無完膚。

媒體預測福爾曼與阿里的勝算是二比一，但阿里卻改寫了福爾曼—諾頓之戰的歷史，幾乎把他對記者預言過的話一字一句實現在現實中。

「他拳頭很猛，卻打不著人。」他一再揮著拳對記者這樣說，「福爾曼只會推人。他出拳慢吞吞，拳頭要一年時間才到得了我身體。你們以爲他能讓我心煩？這將會是拳擊史上最無聊的一場比賽。」❷

阿里的念力讓他穿過了金夏沙的「叢林」。同一年稍後，他又在菲律賓打敗喬·弗雷澤（Joe Frazier），那大概是歷來最血淋淋的一場拳賽。

這一次，他還使用了巫毒人偶。他隨身帶著一隻塑膠小猩猩，每逢遇到記者採訪，就把塑膠猩猩拿出來，當著攝影機鏡頭用右拳把玩具猩猩打倒：「這大猩猩在馬尼拉碰到我之後準會屁滾尿流，死得很慘。」等弗雷澤最後上到拳擊台，已經相信自己不過是玩具猩猩。

除了語言念力，阿里也使用心靈念力：在腦子裡一再彩排比賽時的每一個細節。他會想像自己大腿疲累不堪的感覺、腹部疼痛的感覺、臉上瘀傷的感覺、新聞記者鎂光燈的閃光、觀眾的興奮尖叫聲，甚至會想像裁判舉起他手臂宣布獲勝的情景。他發送得勝的意念給身體，而他的身體則聽命行事。

爲了了解念力，我除了向科學家的實驗室取經，也向在實際生活中成功使用念力的個人或群體取經。我研究他們的方法、他們送出念力的特殊步驟，想從他們的經驗中提煉出可爲一般人使用的技巧。我另外也想知道，心靈的威力可以達到多大的程度。

最有啓發性的例子來自體育界。現在，幾乎所有運動項目的選手都會練習所謂的「心智複演」，又稱「隱性練習」或「偷偷摸摸彩排」[3]。事先想像比賽過程，如今被認爲是提升運動員表現不可少的環節。游泳選手、滑雪選手、舉重選手和美式足球球員莫不使用心智複演來加強自己的表現和穩定性。它甚至被用於休閒性運動，例如高爾夫球和攀岩。

今日，競賽運動的教練定期對運動員實施某種心智複演的訓練。有沒有接受這種訓練，被認爲是一流運動員與二流運動員的分野。例如，全國性的美式足球員就比地區性的球員更常運用心智複演。[4]加拿大的奧運選手幾乎也都使用這種心靈想像法。

西安大略大學榮譽教授艾倫．佩伊維厄（Allan Paivio）率先提出，腦子會使用「雙重編碼」（dual coding）同時處理語言性與非語言性資訊。[5]研究證明，對模式的掌握和時間的拿捏來說，心靈鍛鍊就像身體鍛鍊一樣有效。[6]佩伊維厄的模型主要被用於有強烈動機的運動員，幫助他們學習與改善某些技巧。[7]涉及心智複演的技巧歷來已受到極詳盡的研究，大量見於科學文獻與通俗刊物。[8]它們的可信度於一九九〇年進一步得到強化：美國國家科學院在檢視過所有相關研究後，宣布其爲一種有效方法。[9]

一向以來，運動員的心智複演都被誤當作「心靈視覺化」（visualization）的同義詞。心靈視覺化意味著你像個旁觀者那樣看到自己在比賽時的表現。這種方法也許對生活某些領域有幫助，但對運動員的表現卻是一種妨礙。心智複演也不同於正向思考，光是抱著樂觀態度，是無法增加人在體育比賽的競爭力。[10]

有效的心智複演需要運動員從參與者的角度進行想像：**彷彿自己正在參加比賽**。那等於是一種心靈測試，像阿里就會事前估算當他右拳擊中弗雷澤左眼時，對方會有什麼反應。運動員要將未來比賽**展開過程**的每一個細節視覺化，預測、排練每一種可能碰到的狀況，預先想好遇到不利處境時要如何克服。

翠西．考爾金（Tracy Caulkin）在一九八四年奧運會獲得了三面金牌。先前，她已打破過五項世界紀錄和六十三項美國紀錄，才二十三歲就被認爲是歷來最優秀的美國游泳選手。她唯一尚欠的只是幾面奧運金牌。

當時，電子碰觸板已取代碼錶，成爲奧運游泳比賽的計時工具。碼錶只能測到零點零幾秒的差別，電子碰觸板則可判別至○．○○一秒——即比眨眼快上四百倍。在奧運會的游泳接力項目中，選手被容許在前一棒的隊友碰觸到電子板之前的○．○二秒下水。這種更精細的計時方法非常有必要，因爲勝負有時只在○．○○一秒之間。

在女子四百公尺接力賽中，翠西之所以能夠擊敗對手，正因爲她能夠在隊友碰觸到電子板的○．○一秒前跳水。

雖然她的對手全是上上之選，但翠西卻有一個巨大優勢。她早已熟悉比賽過程的每一環節：從跳水、入水、冷水流過頭部的感覺，到最後的奮力領先，她已經預先「重複排演」過。她也早模擬過那讓她能以一髮之差擊敗對手的跳水，那一剎那每天晚上都在她腦子裡重演。奧運女子接力賽的結果不過只是她意念的重演。最出色的運動員事前會在腦子裡鉅細靡遺拆解比賽過程，致力於改善自己在每一個細部的表現，務求完美無暇。⓫他們聚焦在最困難的時刻，想出解決之道，例如怎樣在裁判誤判或肌肉拉傷時保持冷靜。他們會根據是剛學習某種新技巧或是要加強或改善某種已習得的技巧，來使用不同的意念。就像阿里一樣，所有菁英運動員都懂得如何把不利的心靈圖像改編爲有利的畫面。⓬

能否得勝，端視你的心智複演有多詳盡。老練的運動員心靈圖像鮮明、細緻，而且會把整場比賽從頭到尾排演一遍。⓭最重要的排演部分是得勝之際：排演勝利看來有助於確保勝利。傑出的運動員會演練自己得勝時興奮激動、父母的反應、獎品或獎牌、賽後慶功宴和額外的獎賞（廠商贊助等），⓮甚至是觀眾只對他們一個人的表現喝彩。

優秀運動員在心智複演時投入所有感官。他們不只用心看到未來的比賽，還聽得到它、感覺得到它和嗅得到它。四周的環境、競爭對手的樣子、他們身體散發的汗味，還有觀眾的掌聲，全都出現在他們眼裡、耳裡、鼻子裡、舌頭裡。在所有需要排演的感官感覺中，最重要的是肌肉運動的感覺。⓯愈有經驗的運動員愈清楚必須想像自己在進行比賽時的身體感覺，⓰例如冠軍划艇手會排演划槳時的肌肉緊繃感。[17]

有些運動員還會事先考察比賽場地，然後想像置身其中的情景。這一類選手的表現，似乎比光是關在家裡使用心智複演的選手還要傑出。[18]

前匹茲堡鋼鐵人隊的跑衛洛基．布萊爾（Rocky Bleier）曾經用念力幫助球隊贏得超級盃。他的方法是將比賽的每一個細節浸透在心靈裡。比賽前兩星期，他每天早餐和就寢前都會進行心智複演。比賽前的最後時刻，他更非得來一趟總排演才會感到安心。坐在長凳等上場時，他則排演三十碼傳球和三十碼穿越。所以，不管比賽過程中出現什麼狀況，他已作好萬全準備。[19]

不同運動有不同的複演方式，例如，需要速度與協調性的運動，其所使用的心智複演一般並不適用於需要肌力的運動。最適合舉重選手的心智複演是在腦子裡舉起一樣重得匪夷所思的重物。[20]

一般認爲，愈能放鬆的運動員表現得愈好，但我從念力大師身上發現，放鬆狀態不一定是最理想狀態。一項對空手道的研究也顯示，在施用念力前使用放鬆技巧並無助於改善表現。[21]比較用得著放鬆技巧的只是那些容易緊張、需要冷靜下來的運動員。[22][23]另外，放鬆技巧對籃球員射籃或高爾夫球手推杆也有幫助。不過就像大衛森研究過的喇嘛一樣，最出色的選手也會讓自己進入一種高度專注狀態。

但爲什麼腦子裡的預演可以確實影響比賽當天的表現？一些線索可以透過對腦部的肌電圖儀（electromyography, EMG）掃描獲得。透過偵測運動神經元放出的電子所引起的肌肉收縮，肌電圖儀能即時顯示腦部對身體下指令的情況。一般來說，肌電圖儀是供醫生診斷神經肌肉方面的疾病，或是測試肌肉是否對刺激有適當反應。

但肌電圖儀同樣有助於解決一個科學謎題：腦部會不會區分思想與行爲？思想能不能創造出與行爲一模一樣的神經傳遞模式？有研究者曾把肌電圖儀連接於一群進行心智複演的滑雪選手身上，發現傳遞到他們肌肉的電脈衝模式，跟他們在實際滑雪時候出現的模式一模一樣。[24]由此可見，不管那些選手只是想著某一動作還是實際執行，腦部都對身體發出相同指令。**心靈會產生出如同行動所產生的同一心靈指令**。

而腦電波放大器的掃描結果也顯示，不管是光想著某種動作還是實際執行，腦部產生的電反應是一模一樣的。例如舉重選手，僅僅是受到心靈刺激的鍛鍊，身體的實際運動技能一樣會被激活。[25]**光是思想，就足以下達執行實際動作所需的神經指令**。

以這些研究結果爲基礎，科學家對心智複演何以能產生實際效果提出了一些有趣的理論。其中一派認爲，心智複演可以創造出實際行動所必需的神經模式。這就好比腦部只是另一種肌肉，事先的排練可以讓它在執行實際行動時更加流暢有效。[26]

運動員鍛鍊身體時，神經訊號會沿著特定路徑刺激肌肉，而它所攜帶的化學物質也會在路徑上留存一段短時間。因爲有這種殘留效果，日後任何沿同一路徑進行的刺激都會傳輸得更順暢。我們會有較佳體能表現，是因爲意念到行動的信息路徑已經被闢出。就像是在一片荒涼曠野鋪下了火車鐵軌。未來的表現會改善，是因爲你的腦子已經知道路徑，隨著它走就好。由於腦無法區分實際行動與對該行動的想像，所以心智複演就像實際的鍛鍊一樣，可以在我們的神經路徑上鋪下鐵軌。

不過，心靈鍛鍊和身體鍛鍊還是有若干重要差異。如果身體鍛鍊過度，便容易疲累，而讓肌電傳輸的路徑受阻。但心靈鍛鍊卻不會這樣：鍛鍊再多，也不會有「路障」出現。另一差別與效果有關：心靈鍛鍊所形成的神經肌肉模式會略弱於身體鍛鍊。雖然兩種鍛鍊產生出相同的肌肉模式，但想像性鍛鍊產生的強度較小。[27]

爲了產生最大效果，心智複演必須契合眞實的狀況：即以正常速度進行。按常識，排演應該慢慢來，以電影裡慢動作似的速度進行，但研究結果顯示卻不是這樣。科學家用肌電圖儀偵測滑雪選手後發現，他們如果以「慢動作」進行排演，產生出來的肌肉反應模式將完全不同於正常速度產生的模式。事實上，「慢動作」排演會產生出與「慢動作」實際執行的一樣肌肉反應模式。[28]

心智複演不會出現跨效果這回事：念力只能促進你排演過的運動項目，其效力不會轉借給其他項目，哪怕兩個項目動用到相似的肌肉群。一個有趣實驗可資證明。研究者把一群賽跑選手分成四組：第一組用想像「鍛鍊」四十公尺賽跑；第二組接受踩健身腳踏車的實際鍛鍊；第三組同時接受上述兩種鍛鍊；第四組是對照組，什麼鍛鍊都不做。六星期後，研究者讓四組選手參加兩項測試：一是用最大氣力踩健身腳踏車，一是全速跑四十公尺。兩種活動需要的運動能力和腿部肌肉都大致相同。

在踩腳踏車測試中，唯一有進步的組別是那些受過踩腳踏車鍛鍊的選手。然而，在跑步測試中，卻只有接受過心靈鍛鍊的選手有明顯進步。顯然，**特定的想像只會加強你在想像項目的表現**，不會全面加強你的肌力。運動神經元的訓練獨特性很高，只會影響到你在腦子裡排練過的項目。[29]

除了改善運動表現，心靈意念還帶來實際的生理改變。克里夫蘭基金會的岳剛（Guang Yue，音譯）是運動心理學家，他把定期上健身房的人與那些只會在腦子裡進行虛擬鍛鍊的人加以比較，發現後者的肌力增加幅度竟也接近前者的一半。

研究者找來一群年紀在二十至三十五歲之間的志願者，讓他們接受「想像的」二頭肌鍛鍊，一星期五次。才幾星期之後，研究者就發現，參與實驗者的肌肉面積和肌力都增加了一三．五%。這種效果在心靈鍛鍊停止後還保持了三個月。[30]

一九九七年，切斯特大學（Chester University）的大衛．斯密醫生（Dr. David Smith）得到相似實驗結果：實際接受鍛鍊的人肌力增加了三〇%，只想像自己接受訓練的病人的肌力增加了一六%。[31]由此看來，光是引導性思維就足以讓卡路里得到夠多的燃燒。

用意念去發想，也可以讓人改變身體的某些部分（這對不滿自己身材的人可是一大福音）。一個實驗證明，在催眠的狀態下，婦女光是想像自己坐在海灘，胸部受到溫暖太陽照耀，胸圍就實際有所增大。[32]

運動員使用的視覺化方法也可以用於治病。以某些心靈圖像看見自己與疾病戰鬥，可以舒緩冠狀動脈疾病[33]、高血壓、腰背痛與肌骨疾病[34]（包括纖維肌痛症[35]）等急性病和慢性病。視覺化方法還可以改善手術後的恢復情況[36]，有助於疼痛管理[37]，以及減少化療的副作用[38]。

事實上，我們甚至可以憑病人使用的視覺化方法來預測他們的康復機率。心理學家珍妮・阿赫特貝格曾用視覺化方法成功自療過一種罕見的眼部腫瘤，她進而研究一群使用視覺化方法與癌症搏鬥的病人。結果，她以九三%的精確度，預測出哪些病人會完全康復，哪些情況變差或死亡。那些成功自療的病人將結果視覺化得極其鮮明，宛若栩栩如生，使用的意象也比較有力。另外，他們也會定期使用視覺化方法。[39]

如果說腦沒有能力區分思想與行動，那身體會聽從任何一種心靈指令嗎？如果我送出一個意念，要求身體冷靜下來或加快速度，它必然會聽話嗎？「生物反饋療法」和「身心醫學」方面的文獻顯示，答案是肯定的。一九六一年，耶魯大學行為神經科學家尼爾・米勒（Neal

Miller）率先提出，就像小孩學騎單車一樣，人們在經過訓練後，將可用心靈影響自己的自主神經系統和其他生理機制（如血壓和腸道運動）。他拿老鼠進行了一連串實驗，發現如果以刺激老鼠腦部的快樂中樞作爲獎勵，可教會老鼠隨意減低心跳率、控制腎臟中的尿比率，甚至讓兩隻耳朵的血管做出不同程度的膨脹。[40]米勒認爲，若連這麼低等的動物都可以達到如此程度的內部控制，那麼智慧較高的人類不是應該更能操控自己的身體過程嗎？

有了初步收穫後，許多科學家進而發現，自主神經系統的資訊可以給人作出「反饋」，讓病人知道該向身體哪個部位放送念力。一九六〇年代，麥克馬斯特大學（McMaster University）的醫學教授約翰．巴斯馬吉安（John Basmajian）訓練脊髓受損的病人藉助肌電圖儀來重新控制脊髓裡的單細胞。[41]差不多同一時期，門寧格學院（Menninger Institute）的心理學家艾爾默．格林，也開始使用生物反饋療法幫助病人自療偏頭痛（格林是以生物反饋療法治療偏頭痛的先驅，他發現，只要病人進行一種結構性的放鬆法，偏頭痛就會消除），如今已變成被廣爲接受的療法。[42]生物反饋療法對於治療雷諾氏症（Raynaud 掇 disease）特別有用——那是一種血管疾病，患者受冷後指尖會變冷、變蒼白，甚至變成藍色。[43]

在生物反饋療法中，病人身上連接著傳感器，以偵測自主神經系統的各種活動，包括腦波、血壓、心跳和肌肉收縮等。一發現異狀，電腦就會用音訊或視訊通知病人。例如當儀器一偵測到雷諾氏症患者手部血管收縮，就會閃燈或發出嗶嗶聲，讓病人知道該用意念去叫手部溫暖起來。

自此以後，生物反饋療法幾乎成了各種慢性病（從過動症到更年期婦女潮熱）的標準療法之一。中風病人和脊髓受傷病人如今也利用生物反饋療法來復建，以恢復痲痹了的肌肉。此外，它還被證明能有消除幻肢疼痛；[44]太空人也一向用它來治療動暈症（motion sickness）。[45]

較傳統的觀點認爲，生物反饋之所以產生作用，是因爲它可以使人放鬆，從而讓自主神經系統冷靜下來。然而，從有那麼多症狀靠這方法治療，可反映出它的機制更多是意念的力量。幾乎每一種被儀器偵測到的身體過程（哪怕只是一顆控制一根肌肉纖維的神經細胞的活動），都能透過意念控制。這些實驗裡的受測者幾乎完全可以控制自己體溫，[46]甚至左右血液流向腦部的方向。[47]

就像生物反饋療法一樣，「自生訓練」（Autogenic Training）也證明了許多身體功能可爲我們意識所左右。這方法由德國精神病學家約翰納斯·舒爾茲（Johannes Schultz）發明，是一種放鬆身體的技巧。練習過這方法的人能降低血壓、提高四肢末梢溫度、減慢心跳和呼吸。除用於減輕壓力以外，還用於治療慢性疾病，如哮喘、胃炎、潰瘍、高血壓和甲狀腺腫大。[48]甚至有證據證明，「自生訓練」可以有效使用於群體之中。[49]

對一隻貓而言，走近牆角另一頭的餵食碗的過程不啻是種涅槃體驗。博靈格林大學

（Bowling Green University）的榮譽教授亞克・潘克沙普（Jaak Panksepp）主張，這種預期心理引起的快樂感與腦部的「尋求模式」有關。這是人類與其他動物共有的五種原始情緒之一。[50]尋求系統可以幫助動物探索和找出牠們環境的意義。當一隻動物處於高度預期或強烈好奇的狀態，牠的尋求迴路就會完全打開。就像潘克沙普驚訝發現的，任何動物情緒最高亢的時刻不是抓到獵物的那一刻，而是狩獵的過程。[51]

當動物產生好奇心，腦部的下視丘就會被點亮，分泌出引起快樂感的多巴胺（dopamine，一種神經遞質）。科學家過去相信，是這種化學物質本身引起快樂感。不過，現在已經知道，多巴胺的眞正作用是刺激某些神經迴路。眞正讓動物感到快樂的是腦部探索區的活化。

四十年前，加州大學洛杉磯分校的神經生物學系榮譽教授巴瑞・斯特曼（Barry Sterman）意外發現，這種預期情緒讓貓進入一種類似禪修的狀態：在獲得獎賞的前一刻，牠們的腦波頻率降低到八至十三赫兆（相當於人類的α腦波頻率）。[52]最後，斯特曼成功讓兩隻貓學會隨心所欲進入這種狀態，不需要任何獎勵作爲刺激。這等於是教會動物控制自己腦波。

但人類能做到同樣的事情嗎？爲了得到答案，斯特曼需要找到一個腦波異於常人、以致於只要腦波有所改變就能一目了然的人。他找到一個受週期性癲癇發作所苦的婦女，而她會這樣，是因爲腦部的θ波在不適當的時間出現所致。斯特曼做了一個生物反饋腦電波放大器，它會在女病人出現θ腦波時閃紅燈，出現α波時閃綠燈。斯特曼教導女病人，每當看到紅燈，就努力用意念改變自己的腦波。經過一段日子之後，女病人開始可以控制自己的腦波狀態，癲癇發作的次數和強度也減少了。斯特曼把自己人生的另十年用來研究癲癇，教導病人自行減低發作次數的方法。[53]

一九八○年代，美國心理學家尤金．潘尼斯頓（Eugene Peniston）和保羅．庫爾科斯基（Paul Kulkosky）利用斯特曼的發現來幫助酗酒病人。他們讓病人靠著腦電波放大器的指示，努力用意念減少自己的β腦波（酒癮發作時較爲強勢的腦波），增加α和θ腦波。結果，有八成的病人最後能控制自己的酒癮，遠離酒精。這訓練似乎還改善了他們血液的化學成分，增加腦內啡（腦內啡是另一種會讓人感覺愉快的化學物質）。生物反饋療法加上心理輔導，讓其中大部分的人不再出現功能失調行爲，而是轉變爲勤快上進的人。[54]

芝加哥大學心理學家喬．卡米亞（Joe Kamiya）證明了人能感受到自己的腦波。他把腦電波放大器電極片連接到受測者的頭皮後側（那是α腦波最爲活躍的區域）。然後，在聽到腦電波放大器發出某個音調時，受測者得去猜他們的腦波是不是以α波爲主。比較過答案和腦電波放大器的紀錄後，卡米亞會讓受測者知道他們是猜對還是猜錯。第二天，其中一個受測者猜對了三分之二，再一天後，他更是幾乎每次猜對。另一個受測者則發現一種方法，可以讓自己在預定時間內進入特定的腦波狀態。[55]

生物反饋腦電波放大器現已發展爲一種精細的方法，可讓人控制自己腦波的類型和頻率。

這對憂鬱症患者特別有效，56也可以幫助學生專心，增加他們的創意和專注力。由此可見，意念之所以能夠影響腦部，很可能正是由於腦波能夠影響腦波之故。

催眠也是一種念力形式，一種對腦部下指令的方法。催眠師反覆證明了，腦部或身體很容易受到引導性思維的控制。

催眠的力量在一群得到魚鱗病的病人身上有過戲劇性的展現。魚鱗病是一種皮膚病，患者身體有很大面積會長出醜陋的魚鱗狀紅斑。在一個實驗中，五個病人被催眠，催眠師要求他們把意念集中在身體長斑的地方，想像那裡的皮膚已回復正常。幾週之內，每個病人身上八〇%的魚鱗癬都消失了，皮膚變得光滑清潔。57

在另一個實驗中，一群要接受脊椎手術的病人被催眠用意念把血流從脊椎導引開，結果，他們在手術中的失血量比正常少了將近一半。58這一類方法也可以幫助孕婦導正胎位，讓燒傷病人加速痊癒，讓胃腸出血病人更快把血止住。59顯然，在改變了的心靈狀態中（類似深沉禪修帶來的超警覺意識狀態），念力可以說服身體忍耐疼痛、治療許多嚴重疾病。

西班牙醫生安格·埃斯庫德羅（Angel Escudero）為病人開刀都不使用麻醉，他做過的複雜手術超過九百件。英國廣播公司曾拍攝他開刀的實況。影片中，一個女病人在沒麻醉的情況下接受手術。埃斯庫德羅只要求她不斷用口水溼潤嘴巴，以及反覆對自己說：「我的腿已經麻醉了。」這句話的效力就如同念力一樣。而乾燥的嘴巴對腦子來說是一個警訊。只要嘴巴溼潤，腦子就會以爲一切正常，相信「我的腿已經痲醉了」，從而關閉疼痛的接收器。[60]

史丹佛大學精神病學暨行爲科學教授大衛．施皮格爾（David Spiegel）做過一個精彩實驗，讓我們了解，人在催眠狀態受到念力的影響時，腦部會發生什麼變化。他讓受測者看著類似蒙德里安（Mondrian）作品的彩色格子圖案，與此同時用想像力把所有彩色塊抽去，只留下黑色和白色。透過使用可記錄腦部物理活動的「正子斷層造影」（positron emission tomography），施皮格爾發現，當受測者這樣做的時候，他們知覺彩色的腦區活動會降低，而知覺黑色、白色和灰色的腦區則會活躍起來。

當施皮格爾把實驗倒過來做，要受測者用想像力把黑白畫面變成彩色時，他發現他們的腦知覺模式發生了相反變化。[61]

這是另一個例子，可以說明腦部是思想的婢女。腦的視覺皮層（專司處理影像資訊）無法區分眞實映像與想像出來的映像。由此可見，**心靈指令比實際的視覺映像還重要**。

安慰劑效應顯示，信心（哪怕是錯誤的信心）是一種強有力的治療工具。安慰劑可以發揮念力的效果。當醫生開安慰劑（也就是糖藥丸）給病人的時候，他算準了病人會相信那是有效藥物。很多研究指出，安慰劑常常能產生如同眞實藥物一樣的生理效果。而製藥工業覺得設計藥物實驗無比困難，原因正在於此。在許多藥物實驗中，對照組的病人服用安慰劑以後不但舒緩了病情，甚至還出現眞正藥物才會引起的副作用。我們的身體並不會區分實際的化學過程和**想像出來的**化學過程。近期對四萬六千個心臟病患者所做的研究顯示（他們其中一半服用的是安慰劑），服用安慰劑的病人的受惠程度與服用眞正心臟病藥物的病人一樣高。唯一影響存活率的變數是病人是否相信藥物有效和按時服用。按照醫生指示一天服三次糖藥丸的病人，平均情況就像服眞藥的病人一樣好。至於不按時服藥的病人，不管他們得到的是眞正藥物還是安慰劑，存活率都一樣差。[62]

最能夠說明安慰劑力量的是一批帕金森氏症病人。帕金森氏症是大腦未能分泌正常數量的多巴胺而引起的運動系統失調，標準治療方式是爲病人注射人工合成的多巴胺。在英屬哥倫比亞大學，一支醫生團隊給病人注射安慰劑，卻告訴他們那是多巴胺。事後用儀器掃描病人腦部發現，他們腦部自行分泌的多巴胺有顯著增加。[63]另一個成果豐碩的實驗是由休士頓美以美醫院（Methodist Hospital）的整型外科專家布魯斯・摩斯里（Bruce Moseley）所設計。他把一百五十個有嚴重膝蓋關節炎的病人分成三組，讓一組接受膝關節鏡手術（用帶有管子的膝關節鏡把退化組織沖走）；一組接受清創手術（用小吸管把退化組織吸走）；第三組病人則接受「假」手術：醫生裝得煞有介事，把病人麻醉，推進手術室，在膝蓋切一道小傷口，但沒有眞正進行手術。

接下來兩年，三組病人（他們全都不知道自己是接受真手術還是假手術）的膝蓋疼痛和功能都有一定改善。事實上，接受「假」手術的病人甚至比接受過真手術的病人表現得還要好。64 由此可見，獲得治療的預期心理本身即足以開動身體的自療機制。由預期心理帶來的念力可以導致生理的改變。

在一些極端例子，念力和預期心理的效果也會直接展現在身體上。「出紅斑」（stigma）現象就是一個例子。「異常現象科學研究學會」（Association for the Scientific Study of Anomalous Phenomena）搜集到至少三百五十個「出紅斑」的個案。所謂的「出紅斑」，是指基督徒在宗教激情中把自己與被釘十字架的基督混同，手上、腳上無緣無故出現傷口或流血的情形。心理學家克里普納在巴西異能者亞米頓身上親眼目睹過這現象。有一次，當他們的話題轉到耶穌基督的時候，亞米頓的手背、手掌和額頭就開始出現紅點和血滴。65 類似情形也發生在一個美國黑人少女身上。復活節前三星期，她看了一部耶穌釘十字架的電影後大受感動，整天想著基督所受的痛苦。結果，她的左手手掌一天竟流血二到六次。66 克里普納也認識有三個會反覆「出紅斑」的聖公會教徒。67

絕症不藥而癒也是一種念力的表現。有些被認為得了不治之症的病人就是能夠違反醫學教科書的說法和醫生的診斷，不靠現代醫藥工具的幫助而幾乎在一夜間好轉。

思維科學研究所搜集了所有經過科學鑑定的不藥而癒個案。[68] 一般都以爲，這種事鳳毛麟角，但只要仔細翻閱過醫學文獻，就會知道大謬不然。據思維科學研究所統計，每八個皮膚癌病人就有一個是不藥而癒，每五個生殖器官癌症患者就有一個不藥而癒。幾乎所有疾病（包括糖尿病、艾迪生症（Addison 掇 disease）和動脈硬化）都有不藥而癒的例子。就連被宣布重要器官衰竭的病人中，也出現這樣的例子。[69] 有一小批研究顯示，即使是癌症末期病人，不靠醫療介入或只接受少數醫療介入，一樣可以打敗死神。

醫學界稱這種現象爲「自動痊癒」（spontaneous remission），彷彿是疾病自己突然決定要撤退似的。其實，它們當中有很多是意念的表現，證明意念足以讓身體自行矯正。許多患了重症或絕症的人儼然就像碰到生命大路障，往往變得焦慮不已、自我孤立、怨天尤人或絕望冷漠，[70] 甚至覺得自己不再是自己人生的主角。[71]

很多「自動痊癒」個案裡的病人都曾經發生過重大心理轉折，他們重新調整生活，讓自己更積極、更有目的感，病情因而逐轉好轉。在這些個案中，病人都是些能夠移去胸中塊壘的人，[72] 願意對自己的疾病和治療負起全責。[73] 這反映出，有些人之所以生病，是因爲他們對生活不抱希望，凡事總往壞處想。我由此明白，每天許多一閃而過的心思意念看似不重要，但加在一起卻會成爲我們的生命念力。

我們已經看到，意念幾乎能左右任何生理過程，甚至治療威脅生命的疾病。但我們的意念對別人的身體也有同樣威力嗎？

心理學家威廉．布勞德是少數研究過這問題的科學家。他找來一批志願者，兩兩一組，讓其中一方連接上生物反饋儀器，請另一方在儀器發出信號時發送意念。實驗結果證明，這種他人代療的效果與病人對自己進行生物反饋的效果相當。所以，別人對你的善念有時說不定就像你對自己的善念一樣有力。[74]

布勞德的另一些實驗顯示，當我們愈能把自己「秩序化」，就愈能影響別人，使別人變得較秩序化。例如，心境寧靜的人最能用意念讓神經緊張的人寧靜下來，而專心的人則最能幫助分心的人專心。[75]布勞德的研究還指出，別人最需要幫助的時候，心靈發揮的影響力最爲有效。[76]

科學證據還披露出，除人以外，我們還可以影響其他生物。丹尼爾．貝諾爾醫生（Dr. Daniel Benor）收集到的一批數據顯示，人類意念可以深深影響許多植物、種子、單細胞生物（如細菌和酵母）、昆蟲和小動物。[77]更近期，由賽琳娜．羅內道格醫生（Dr. Serena Roney-Dougal）在索美塞特（Somerset）進行了兩年的一系列實驗證明，由念力處理過的萵苣種子比正常要多一成的收穫，而且明顯少些眞菌病害。[78]

這些證據讓我相信，有自覺地使用念力，能改善自己的健康、加強我們在生活各領域的表現，甚至影響未來。但在使用念力時，應該把目標定得高度明確，並在高度專注的意識狀態下加以視覺化想像。而想像未來事件時，應該想像自己已經身在其中。用上全部的五官，把每一個細節的心靈圖像想像得清楚鮮明。而想像的主要核心應該是你達成目標那一剎那。

說不定，醫生只要不對病人說出消極的話，就可以增加他們的存活率。[79]外科醫生進開刀房前若先進行過心智複演，或許能大大增加手術的成功率。事實上，也許我們甚至不再需要藥物，單靠善念即可治病。由於許多實驗證明過意念可影響身體的化學過程，所以理應可以用意念加速或減緩任一生理過程。說不定還能透過意念的作用，開發出厲害和副作用極少的藥物。

光靠精細的心智複演，我們也許就能提升生活品質。在家裡，透過放送意念，或許可以改善兒女的成績，或讓他們變得更懂得體貼朋友。意念很可能強大得足以影響我們生活的每一方面。

所有這些可能性都意味著，我們應對自己的想法負起高度的責任。我們每一個都是潛在的「科學怪人」，很可能影響到身邊所有生物的安危。不過，試問我們當中又有多少人在大部分時間擁有正面意念呢？

10 巫毒效應

心理學家迪克・布拉斯班德（Dick Blasband）一直認爲，既然我們有辦法用放大鏡把太陽光線集中起來，就未嘗沒有辦法把生命能量給集中起來。這個想法源自於曾經是佛洛伊德得意弟子的奧地利精神病學家威廉・賴希（Wilhelm Reich）。賴希相信宇宙有一種無所不在的能量，稱之爲「生命體能量」（orgone）。他相信這種能量可以用一個「積聚器」給捕捉住。任何大小的密閉箱子都可以充當積聚器，重點是箱壁要用金屬物質與非金屬物質（如棉布或毛皮）交替包覆。賴希認爲，金屬物質可以吸引大氣中的能量，繼而又會排斥這種能量，讓它被非金屬材料吸收。由於箱子分成好幾層，能量便能像氣流般向內流淌，被「積聚」起來。賴希曾經把一些動物和植物放在積聚器裡實驗，發現他們的健康情況大有改善，這讓他斷言，積聚而來的能量具有巨大療力。

布拉斯班德對這種想法入迷，然後有一天又突然想到，生命能量場可能與他同行波普所發現的生物光子不無類似之處。因此，測試積聚器效力的最佳方法，也許就是測量它會不會增加生物體放射的光子數。

一九九三年八月，布拉斯班德前往波普位於凱澤斯勞滕（Kaiserslautern）的實驗室。兩人合作製造了各種樣式的「生命體能量積聚器」，然後選擇了幾種波普實驗室裡的植物作爲實驗對象，包括水芹種子、水芹幼苗和大傘藻。波普的光子擴大器則測量放在積聚器內外的植物所放射的光子數，記錄其差異。

布拉斯班德把大傘藻放在積聚器裡，做了四次實驗（第一次放一小時，之後連續放兩星期），但毫無效果。波普的儀器連最細微的光子數差異都沒有測得。布拉斯班德納悶，這會不會是因爲波普的植物太健康，無法變得更健康之故？兩人於是決定讓大傘藻先「生病」：實驗前二十四小時不供給它們大部分必需的維生素。但還是毫無效果。不管實驗植物被放在積聚器裡多久，健康情況始終沒有一丁點變化。

布拉斯班德和波普決定試試看是不是可以用意念擴大積聚器的效果。在新一輪的實驗裡，布拉斯班德對積聚器發送意念，要求它讓一些幼苗更健康，而讓另一些受傷害。❶得到的結果讓他大感意外：他祈求變得更健康的幼苗沒有任何改變，但祈求健康變差的幼苗所放射的光子數卻明顯減少。在兩次實驗裡，負面意念都比正面意念效果更大。換言之，以傷害爲目的的意念最有效果。

布拉斯班德這個小實驗揭示了念力最讓人困惑的一個特質：壞意念不只像好意念一樣可以影響事物，而且說不定威力比好意念還要大。這其實不奇怪，畢竟，許多原始文化在使用念力時，都是出之以妖術、巫毒人偶和咒語的形式，而這些東西都被認爲是高度有效的。

很多治療師都把負面意念用於正面目的上。誠如多西在《小心你的禱告內容》（*Be Careful What You Pray For......*）一書中指出的，負面意念是大部分治療方式的基礎。❷在對付感染源和癌細胞時，我們必須施出**殺手**，❸去破壞一些東西，例如壓抑細菌的酵素活動、改變細胞膜的可滲透性、干擾癌細胞的營養獲得或DNA的合成等。❹爲了讓病人好轉，細菌非死不可。

包括博尼・西格爾醫生（Dr. Bernie Siegel）、卡爾・西蒙頓醫生（Dr. Carl Simonton）和澳洲精神病學家安斯利・密力斯（Ainslie Meares）在內，許多身心醫學的先驅多鼓勵癌症病人使用鮮明的心靈圖像來自我治療。❺大部分剛開始使用這方法的病人都會想像自己身處戰場，正在進行一場正邪大戰，而且自己擁有比敵人（癌細胞）更強大的武器。有些病人把體內的白血球想像成一支軍隊，不斷捕殺癌細胞；或是想像自己像關起水龍頭一樣，切斷癌細胞的養分供應。當西蒙頓醫生在一九七〇年代第一次把這方法引介給病人時，「小精靈」（Pac-Man）是最流行的電玩。他鼓勵病人想像有一個「小精靈」在自己體內遊走，吞噬沿路碰到的癌細胞。但不管使用哪一種心靈圖像，重點是它要有侵略性，病人必須有消滅敵人的決心。

然而，研究負面意念效力的科學家碰到了一些難題。其中一個是找到一種人人皆不反對殺死的實驗對象（巴克斯特就爲此傷過腦筋）。所以，許多實驗者都選擇最簡單的生命形式進行實驗，如草履蟲或眞菌、種子或小型植物。[6]

另一個要克服的問題是怎樣避免「誤傷無辜」：萬一治療師的念力「射偏」了，誤傷到病人怎麼辦？加拿大治療師歐爾佳・沃雷爾（Olga Worrell）就是基於這個考慮而不肯使用負面念力。她擔心自己的負面念力會穿過細菌，傷到被治療的病人。[7]

最早對負面念力進行實驗的一位科學家是「國際心靈玄學研究所」（Institute Métapsychique International）的尚・巴利（Jean Barry）。他用的實驗植物是細菌和眞菌。雖然這些低等生物毫不起眼，但巴利知道，它們對人體健康和疾病扮演重要角色。如果他能證明意念可以除去這些生物，就代表人類對自己的健康有更大控制權。

巴利挑選了一種稱爲立枯絲核菌（Rhizoctonia Solani）的眞菌測試負面意念的效力。立枯絲核菌細若燈絲，是普通菇類的遠親，也是五百種作物的敵人，農人稱之爲「根腐」或「莢腐」，因爲它會攻擊作物的根和莢，阻礙作物生長，最後把整株作物吃掉。沒有人會反對去控制這種田園敗類。他找來十個志願者，給每人十個養著立枯絲核菌的培養皿。按照規定，每個志願者必須在指定時間向其中五個培養皿發送負面意念，致力減緩眞菌的生長速度。在一百九十五個接受過負面意念的培養皿中，有一百五十一個（即七七％）裡的立枯絲核菌平均體積要比對照組的小。[8]

田納西大學的科學家成功複製巴利的實驗，但他們順道測試了遠距念力的效果，其志願者從十五英里外放送負面意念。[9]

費城聖約瑟大學（St. Joseph 掇 University）超心理學系系主任克羅爾．納許（Carroll Nash）也做過類似實驗，但使用的材料是大腸桿菌。人體的腸道裡住著幾百萬大腸桿菌，平常它們不會鬧事，只會幫助人體消化食物和排擠有害的細菌，而且還可以代謝乳糖（奶中的糖分）。然而，就像許多微生物一樣，大腸桿菌有時會突然變得不友善，或是大量遷出腸道，或是突變爲致病的惡性細菌。食物裡也包含許多有害的大腸桿菌品種。所以，納許選擇用大腸桿菌做實驗是有深意的：如果人類能夠控制大腸桿菌的生長，也許就可以避免嚴重的大腸桿菌感染，又能改善消化狀況。

納許決定要測試心靈力量能否影響大腸桿菌的突變率。大腸桿菌一開始通常無法發酵乳糖，但繁衍過許多代和經過多次突變後，變得具備發酵乳糖的能力。這個過程通常以可預測的比率發生。納許想看看，人類意念是否可減緩和加速這個過程。爲了測出這種微小生物的生長速率，納許使用了光電儀（elelctrophotometer），這種儀器可以透過測量培養液密度的最小變化，算出大腸桿菌的數目。

參加實驗的六十個學生各拿到九根試管，裡面包含不會發酵乳糖的大腸桿菌。他們要做的是用意念鼓勵其中三根試管裡的大腸桿菌從不具發酵乳糖能力突變爲擁有這種能力，又用意念抑制另三根試管的突變發生。最後三根試管是對照組，志願者不會對它們幹任何事。檢查實驗結果時，納許發現接受過「鼓勵突變意念」的試管要比正常有更高的突變，接受過「阻止突變意念」的試管突變程度要比正常低。不過，兩相比較，負面意念的效果要比正面意念大。

納許的實驗還有一個有趣的意外收穫。他事前並未規定學生要在哪裡發送意念，志願者可以自行決定是在實驗室裡或是其他任何地方做這事。當納許比較從不同地方發送的意念時，發現在實驗室裡發送正面意念最有效果，負面意念則在實驗室之外。曾經成功複製巴利實驗的田納西學者也發現，負面意念在遠處發送最有效果，正面意念則在看得到對象的距離內發送最爲有效。❿

這些早期實驗透露出念力的幾個重要特徵。首先，念力可以相當精確地射中目標，但效果則視乎意念的種類有所不同，即視乎那是正面意念還是負面意念。另外，發送念力的地點對效果也有影響。從近處發送正面意念和從遠處發送負面意念，都可能擴大它們的效力。

要研究活人，最好方法當然是拿活人來做實驗，退而求其次的方法則是拿他的細胞做實驗。因爲如果可以證明意念能影響生物體的基本構成成分，那整個生物體被意念影響的可能性便大大增加。布勞德在聖安東尼奧心靈科學基金會的同事約翰·克梅茨（John Kmetz）曾經測試負面意念對癌症的效力。因爲不敢拿活人來測試自己的理論，他最後選定子宮頸癌細胞樣本作爲實驗對象，又找來英國知名的異能治療師馬修．曼寧（Matthew Manning）幫忙。

曼寧分兩種方式發送負面意念，一是觸摸放著癌細胞的燒杯，二是躲到一個有電磁屏蔽的房間裡，隔著一段距離發送意念。然後，克梅茨用特殊儀器測量培養液裡還有多少癌細胞。通常，癌細胞因爲帶正電荷，會吸附在帶負電荷的塑膠燒杯壁上，而受傷的癌細胞則會掉到杯中的培養液裡。克梅茨的儀器可以算出有多少癌細胞掉入培養液裡。[11]實驗結果顯示，曼寧儼然是一部殺戮機器。

氣功師父公開承認他們的能量既能用於建設也能用於破壞。事實上，中國人就把發送正氣的意識狀態稱爲「靜心」（peaceful mind），把發送負氣的意識狀態稱爲「殺心」（destroying mind）。[12]「氣功數據庫」（Qigong Database）收錄了許多在中國進行的氣功實驗，資料顯示，氣可以殺死人體癌細胞或老鼠身上的腫瘤、減緩大腸桿菌的生長率和抑制澱粉酵素（一種幫助消化碳水化合物的酵素）的活動。[13]不過，有些西方科學家對這個數據庫有所保留，因爲同樣的實驗能在西方成功複製者無幾。

一九八八年，北京舉行「第一屆國際醫學氣功學術交流會」，會上進行了實驗，讓一個氣功師父去摧毀一株紫露草的自毀機制（少了自毀機制的紫露草會活得比平常久）。[14]要做到這一點，氣功師父必須非常精準，只能傷到紫露草的某一部分而不傷到其他部分。想要檢驗結果，知道氣功是否對植物的健康構成任何最細微的影響，便需要知道它在自我再生後，某些細胞是否有任何增加或減少。爲此，會方使用了西伊利諾州大學發展出來的微核檢測方法。事實證明，那氣功師父發功異常精準，只讓紫露草一個特定部分受到破壞，其他部分受益。⑮

類似實驗也由台灣的陽明醫學院和國立中國醫藥研究所的研究者執行過。在這個實驗中，氣功師父對公豬的精子細胞和人類的纖維原細胞交替發送正面和負面意念。接受過兩分鐘的負面意念之後，這些細胞的生長率和蛋白質合成劇降了二一到五三%。當氣功師父反過來，對細胞發送十分鐘的正面意念之後，細胞的所有活動則增加五至二八%。⑯在另一個由西奈山醫學院（Mount Sinai School of Medicine）進行的實驗中，兩個氣功師父成功壓抑了肌肉的收縮過程，程度達二三%。⑰

這些實驗引發了一個問題：是正面念力還是負面念力比較強大？有一些實驗顯示，傷害性念力似乎比較強大。之所以如此，大概是因爲（就像布拉斯班德已經想到過的）要破壞一個健康系統比要讓它更健康容易多了。當然，要修復一個完全破碎的系統就更難了。⑱然而，不管是哪一種念力，想要發揮效果，似乎都需要當事人進入一種高度有條理的意識狀態。但試問，有多少人發出負面意念時，意識狀態是像氣功師父那麼有條理的呢？

雖然負面意念（如果瞄準精確的話）似乎可以干擾最基本的生物過程⑲，但有一個實驗顯示，治療並不是非藉助負面念力不可。美國生物學家格雷·賴因（Glen Rein）曾找來著名的婦產科醫生與異能治療師雷歐納·拉斯科（Leonard Laskow）幫忙研究抑制癌細胞最有效的方法。拉斯科一向相信，治療師施行治療前應先與治療對象（哪怕是癌細胞）建立感情聯繫。賴因準備了五個培養皿，各裝著相同數目的癌細胞，然後要求拉斯科對每一個培養皿發送不同意念。拉斯科對第一個培養皿發送的意念是請求自然恢復秩序，讓細胞的生長回復正常。

對第二個培養皿，拉斯科採取了一種道家的內觀法，想像培養皿只剩下三個癌細胞活著。對第三個培養皿，拉斯科並沒有發送意念，只是懇請上帝把大能流灌他雙手。他對第四個培養皿發送（就像大衛森的五個西藏喇嘛那樣）慈悲意念。對第五個培養皿，拉斯科發送的是摧毀性念力：想像癌細胞慢慢消失，變成了光或「虛空」。賴因給了拉斯科很大空間自行選擇影像，因為他無法確認哪一種視覺化想像在消滅療程最有效。實驗結束後，賴因測量癌細胞吸收放射性胸腺嘧啶的量（這是惡性細胞生長率的一個指標），以判別五種方法的效力。

五種方法的效力大異其趣。最有效的是請求自然恢復秩序的意念，它讓癌細胞的生長率減低三九%。懇請上帝大能灌注雙手的意念，還有道家的內觀法，效果大概是第一種方法的一半：讓癌細胞生長率減低二一%。至於慈悲意念和摧毀意念，完全沒有起作用。在這兩個狀況中，問題可能就在於發送意念時不夠專注。

在一個後續實驗中，賴因請拉斯科只使用兩種方法：道家的內觀法和請求自然恢復秩序。這一次，兩種方法的效果一模一樣，癌細胞的生長率皆減低二〇%。而最強的效果出現在兩種方法合用的時候：癌細胞的生長率減低了四〇%。顯然，請求自然恢復秩序和想像某種結果，可以起到加成效果。接下來，賴因請拉斯科同時使用這兩種方法瞄準培養液而不是細胞本身發送意念，得到的結果也一樣。

最後，賴因拿出五小瓶水（它們稍後會用來製作培養液），請拉斯科給它們各使用五種方法的其中一種。結果，又是那些接受過「恢復正常」意念的水最有效果：用它們製作的培養液讓癌細胞的生長率減低二八％。由此顯示，水是能「存儲」念力的，而由它製成的培養液也可以把念力轉傳給癌細胞。

賴因的實驗很有啓發性。它顯示出，最有效的治療意念應該出之以懇求的形式，再配合高度明確的想像，而不是非要具有摧毀性不可。[20]也許，就像前面提過的，最有效的治療方法不是摧毀病源，而是站到一旁，交託出去，聽憑一種更高的智慧去恢復正常秩序。

研究負面念力的實驗大多著重研究刻意的破壞意念，但我好奇，人在不自覺情況下發出的負面意念會不會產生實際後果。假設你不喜歡某個人，這種不喜歡是否不知不覺中影響到對方的健康？當你火冒三丈的時候，你的瞬間怒氣會不會帶給別人意想不到的傷害？

我自己就碰過這種事。有一次，一個過分熱心的女清潔工在沒注意的情況下擦掉我家浴室所有衛浴設備上的銘。她離開後幾小時我才發現這件事。我氣瘋了，氣到必須躺下來。房子是新買的，而且剛剛才完成歷時五個月的重新裝潢，花了我們許多辛苦積蓄。事後我得知，就在我大發雷霆那段時間，女清潔工從巴士上摔下來，摔斷了腿。又有一次，電腦銀行漏記錄了一筆存款，害我開出的幾張支票被退票。雖然這不是銀行經理的錯，但我還是氣得在肚子裡臭罵了她一頓。後來，我惶恐地得知，就在我臭罵她的差不多同一時間，她在人行道絆了一跤，斷了幾顆門牙。

我對這兩件意外心懷愧疚，又深感好奇。這些不幸都是我引起的嗎？我們可能用意念詛咒別人嗎？每個人每天都會有許多負面意念。一個你對自己的負面意念（「我又笨又懶」），或是對子女的負面意念（「你是懶鬼」、「她數學很爛」），說不定都帶有物理能量，會變成自我實現的預言。事實上，當你無緣無故對某個人反感，或有一種怪怪的感覺時，說不定就是接收到一個朝你射來的負面意念。即便你情緒低落，一樣可能帶給周遭的人和生物體物理效應。

加拿大生物學家格拉德測試過負面心緒對植物生長的影響。他種下了四組大麥種子（每組十八小盆，每盆二十顆種子），用一%鹽度的鹽水給它們澆水（這樣可以減緩它們的生長速度）。四組種子中有三組是實驗組，給它們澆水用的水瓶經過事先處理：各交由一個不同的人握住半小時。第四組對照組的水沒有經過特別處理。

實驗組的三瓶水中，其中一瓶由一位熱愛園藝與植物的異能治療師握過。另兩瓶水分別由兩個憂鬱症病人握過。他們一男一女，男的是精神官能性憂鬱症患者，女的是神經性憂鬱症患者，都是格拉德任職的醫院的病人。那個男病人憂鬱得不得了，他甚至不問那瓶水是幹什麼用的，只以爲穿白袍的格拉德是另一個準備爲他進行電擊療法的醫生，要他握住那瓶水只是醫療程序的一部分。過程中，他反覆不斷抱怨，說他根本不需要電擊。那女病人卻不一樣，當她聽說瓶子與某個實驗有關時，精神一下子振奮起來。半小時後，格拉德回頭要取回瓶子時，竟看到女病人像抱著小嬰兒似的，把瓶子抱在懷裡輕輕搖晃。

這個意外轉折讓格拉德有點傷腦筋，因爲他會選她，正是看中她的負面心緒。現在她卻只因爲有機會參加實驗而突然興高采烈。不過，格拉德還是照原定計畫，用三瓶水爲種子澆水。幾星期後，他高興地發現，實驗結果多多少少與他的預期相符。長得最慢的是用男病人水瓶澆水的種子，其次是對照組的種子（澆這種子的水沒給其他人拿過）。讓大麥種子長得最快的是治療師的水，其次（出人意表地）是女病人的水。這顯示出，女病人即使只是一時高興起來，仍然可以產生正面能量。㉑

納許做過相似實驗。他請一群精神病人各握著一個密封玻璃瓶半小時（瓶裡放著葡萄糖和氯化鈉的溶液），之後從每個瓶子取出六毫升溶液，倒入發酵管裡。充當對照組的發酵管則倒入未經精神病人握過的溶液。然後他在全部二十四根發酵管裡放入酵母。兩小時後，納許測量每根發酵管的二氧化碳濃度，又在接下來六星期中定期測量。最後，比較過實驗組和對照組的數據後，他發現，精神病人握過的溶液會輕微抑制酵母的生長。㉒

即使深埋的情緒也會影響我們自稱關心的人。一九六六年，新墨西哥大學醫學院的史考特・沃克博士（Dr. Scott Walker）對復建期間的酒癮患者做了一個實驗。他把一群酒癮患者隨機分組，之後請他們的親人爲他們每天禱告，爲期六個月。有半數受測者（實驗組和對照組各有一些）知道自己有親人代禱。

六個月後，沃克發現有親人代禱的受測者酒癮不只沒有減低，反而比其他受測者喝得更凶。照理說，最關心病患福祉的人莫過於他們自己的親人，但親人的代禱卻顯示出適得其反的效果，這是怎麼回事呢？

沃克想到了一個有意思的解釋。親人代禱的全面性反效果所反映的，也許是他們對病患有一些複雜和不自覺的情緒。雖然在意識層面，他們希望病患早日戒酒，但他們有可能本身就是酒徒，常常與病患對飲，所以下意識希望病患繼續喝酒。又也許，病患的自私酗酒行爲曾給親人帶來許多傷害，以致親人下意識希望病患早死早好。

以上的實驗規模雖然不大，結果卻都帶有重要暗示：**你的心理狀態也會影響到周遭人的生活**。不管我們是否有自覺地送出意念，它照樣能影響四周的環境。所以，當我們要給誰發送意念時，最好是先反躬自省，確定自己對對方沒有複雜情緒，以免愛之適足以害之。

這些實驗也顯示出，我們每一片刻的心思意念都可能「外溢」，影響鄰近範圍內的無生物。我們知道，有些人天生就有能力影響電子儀器（能產生正面影響者被稱爲「天使」，產生負面影響者被稱爲「小搗蛋鬼」）。量子理論創建者之一的沃夫岡・鮑立（Wolfgang Pauli）就以擁有強力的負力場知名。每次他回到實驗室，裡面的機械裝置就會停擺，甚至著火。[23]

我自己也是個不折不扣的小搗蛋鬼。我的情緒極少跌落到谷底，但只要一這樣，辦公室所有電腦就會一起罷工。例如，有一次我的低落情緒讓家裡的電腦和印表機全當機，為了印一頁東西，我不得不回公司找那裡的電腦幫忙，沒想到又是一部接一部死在我手裡。最後只剩下一部雷射印表機還能用，同事卻禮貌但堅定地請我離它遠一點。

已故的傑克・班沃尼斯特（Jacques Benveniste）親眼見識過什麼叫小搗蛋鬼效應。自一九九一年做過知名的「水的記憶」實驗後，班沃尼斯特就知道，分子彼此不是以化學物質通訊，而是以電磁波通訊。在一個活細胞裡，分子以低頻的電磁波通訊，而且每個分子各有專屬的電磁波頻率。[24]直到二〇〇五年過世前，班沃尼斯特一再證實，即使一個分子不在現場，但先以電磁線圈錄下它獨一無二的「聲音」後，再播放出來，一樣引起其他分子的反應。

班沃尼斯特就細胞通訊做過許多實驗，其中一個是干擾血漿的凝結。血漿的凝結一般由鈣所致，所以只要除去血漿裡所有鈣，繼而補回若干份量的鈣，再加入肝素（一種抗凝血劑），即可防止血漿凝結。

在實驗裡，班沃尼斯特先把鈣從血漿中除去，但他接下來卻沒有加入肝素，而是讓血漿去聽以電磁頻率播放的肝素的「聲音」。就像他的其他實驗一樣，這個實驗證明，即使肝素沒有加到血漿裡，但靠著播出它的專屬「聲音」，血液仍然較難凝結。

爲杜絕不可知的人爲因素影響到實驗結果，班沃尼斯特的實驗全由機械臂執行。機械臂連在一個盒子形狀的基台上，可以在三個向度移動，只要幾個簡單步驟即能執行實驗。

做過幾百次相同實驗後，班沃尼斯特發現，只要有某位女士（另一位經驗豐富的科學家）在場，實驗結果就不怎麼好。他懷疑這是因爲該女士身體會放出某種波，阻斷分子的訊號。經過測試，他發現了原因，那女士確實放射出強力和高度協調的電磁場。爲了進一步求證，他請她握著一支盛著肝素的試管五分鐘。稍後測試那些肝素時，他發現它們的分子訊號全不見了。

由於問題是電磁場所引起，所以他下一步該做的事，顯然是爲機械臂加上能隔絕電磁場的屏蔽。然而，一旦屏蔽到位，機械臂的運作就沒有再正常過。班沃尼斯特爲此沉思了好幾天，最後想到，環境雖然對機械臂有負面影響，但說不定也有正面影響。他打開屏蔽，請主持實驗室多年的男助手站到機械臂前面，再開始實驗。機械臂馬上回復正常。然而，等男助手走開和蓋上屏蔽，機械臂又再次不正常。這意味著，有些人可以抑制儀器的運作，但也有些人能加強儀器的運作。屏蔽原是爲防止負面影響而設，卻也隔絕了正面的影響。

班沃尼斯特又想到一個主意。他讓男助手把一根裝著水的試管放在口袋裡兩小時，然後把試管放在機械臂旁邊，把男助手遣出房間，再蓋上屏蔽。自此以後，機械臂的運作幾乎百無一失。㉕

這些有關「小搗蛋鬼效應」的軼事其實並不是太神奇，因爲梨子實驗室已經有著堆積如山的數據可資證明，人類意念可以讓隨機事件產生器的輸出變得較不隨機。流動的意識對高度敏感的微處理器很可能產生重要的影響。對量子過程最細微的干擾都可能帶來嚴重影響。我自己的「小搗蛋鬼效應」似乎出現在最沮喪或最生氣的時候，但對某些人而言，那可能是他們思想系統的內在特質。

意念能給無生物「充滿」能量，這樣的觀念是許多原始文化害人技術的基礎。他們給巫毒人偶或布娃娃下毒咒，以此對付仇家。使用巫術的社會很多，但相關的科學研究卻無幾。雷丁曾測試過巫毒人偶是否可以作爲正面念力的工具。他爲某個病人做了一個巫毒人偶，然後讓一群志願者向人偶禱告，結果證明禱告非常有效。[26]

如果我們可以是負面影響力的不自覺接收者，那麼是否應該採取方法，加以預防呢？關於此點，許多異能者推薦心理視覺化法（例如想像自己身處一個巨大的泡泡裡）來自我保護。施利茨和布勞德測試過這主張。他們找來三百個志願者，兩兩一組，讓同組的志願者分處兩個不同房間。其中一方（發訊者）先用各種方法（例如自生訓練）放鬆或振奮自己，然後努力用意念把同樣狀態傳送給收訊者。比對皮層電性活動讀數後發現，發訊者的確對收訊者產生影響：每當前者放鬆或振奮，後者就會放鬆或振奮。

之後，研究人員要求收訊者想像看見各種能阻擋發訊者影響力的屏障：盾牌、厚水泥牆、鋼閘、脈衝白光，什麼樣的內容都可以，只要當事人感覺夠安全就行。這些策略被證明能夠有效阻擋不請自來的影響力。[27]

後來，愛丁堡大學的科學家在更嚴格的條件下重做實驗。他們把實驗時間分爲兩半，在前半段，發訊者努力用意念使收訊者放鬆或振奮起來，而收訊者則任由自己被影響。但在實驗後半部分，研究人員要求收訊者盡力阻擋影響力，方法是想像自己被一個「繭」包起來，或是採取拒不合作的心態。實驗數據顯示，不管收訊者有沒有刻意防衛自己，受影響程度都差不多。不只如此，嚴格來說，他們在刻意「保護」自己的時候反而更受影響。這可能意味普通的心靈防衛策略也許並不足以抵擋不請自來的影響力。[28]

學習氣功的人需要修習一段長時間，才能夠在自己身體四周建立一道看不見的能量場，抵擋別人念力的攻擊。所以，想要建立一面精神護盾，抵擋各種各樣的惡意念（來自上司的、惡鄰居的，甚至是陌生人的），恐怕不是靠簡單的心理視覺化就可以做到。

多西曾指出，對抗別人負面意念最有效的方法是念這句基督教的主禱文：「……救我們脫離凶惡。」我遇過這種主張較爲世俗的版本，那是由精神病學家和治療師約翰·戴蒙德（John Diamond）所提出，而他的靈感則是得自喬治·古德哈特（George Goodheart）。後者是「應用－人體運動學」（applied kinesiology）的創立人，曾經發明一種「肌肉測試法」，以測試不同物質對身體的影響。他請病人面向他站著，左手平舉，與地面平行。然後，他伸出左手去按壓病人右臂，與此同時要求對方盡力振臂反抗。大多數病人都有能力抵抗按壓。不過，古德哈特發現，接觸過太多有毒物質（如食物添加劑或過敏原）的人無法抵抗他的按壓，手臂輕易就被壓倒。

戴蒙德把「肌肉測試法」應用於有毒害的思想。他發現，當一個人暴露在負面思想之中，他的「肌肉顯示指數」（indicator muscle）就會變弱。戴蒙德稱自己這一套方法爲「行爲—人體運動學」（behavioral kinesiology），多年來在數千人身上使用過，透過這方法可以即時發現他們心底裡潛藏著祕密。㉙

戴蒙德又發現，有一種思想可以克服任何負面情緒或情境。他稱之爲「歸家之思」（homing thought），因爲它讓他回想起年輕歲月在雪梨衝浪的情景：每當有大浪捲來，他和朋友就會潛到水底，以手指將身體穩住在海床的沙土上，靜待大浪過去。「我們由此學會遇到有壓力的情境時，應該沉潛下來，牢牢握住自己的『磐石』，等待壓力過去。」他寫道。㉚

依戴蒙德的理解，用來穩住自己的「歸家之思」就是一個人的終極憧憬和人生目標。他相信，每個人都有特殊才能或天賦，盡力發展自己的才能或天賦不只會帶來快樂，還可以讓人與「絕對」（Absolute）發生連結。他也把「歸家之思」比擬爲幫助飛行員找到回家之路的無線電測向器。「歸家之思」可以作爲任何人的燈塔，特別是在最艱困的時刻。「它能把我們穩固在我們的原有軌道上。」他有一次寫道。

戴蒙德的觀念還沒有經過科學的審視，不過，既然有幾千個病人曾經從「行爲—人體運動學」受益，可見它的效力不容小覷。所以，當我們被最陰險的念力圍困時，保護自己的最好方法也許是回憶我們的志向憧憬，並堅定不移。

11 為昨日禱告

千禧年前的除夕，以色列內科教授與院內感染專家雷歐納多．李博維奇（Leonard Leibovici）進行了一個禱告效力實驗，爲近四千位敗血症病人禱告。他設計出嚴格的實驗程序，用亂數產生器把參與者隨機分爲兩組，其中一組是對照組。病人和他們的醫生都不知道誰得到代禱，誰又沒有——事實上，他們甚至不知道有實驗在進行。實驗組所有病人的名字被交給一個代禱者，由他祈求全組病人完全康復。李博維奇希望比較兩組的三項表現：住院時的死亡數字、住院總時數和發燒時間長短。計算結果時，他小心翼翼，採取了許多統計學的方法，以判斷任何差異的顯著效應。一如預期，實驗組的死亡率要低於對照組（二八．一%比三〇．二%）。但這不是個顯著差異。眞正重要的差異是兩組病人的病情嚴重程度和需要接受治療的時間。實驗組的發燒時間和住院時間都比對照組短上許多。

李博維奇的研究課題（代禱的療效）當然一點都不新鮮，但他的實驗卻有一個與眾不同之處。那些病人都是在一九九〇年或一九九六年住院，而禱告則是在二〇〇〇年進行，換言之是在那些病人住院時的四年和十年後。

實驗結果刊登在《英國醫學期刊》(*British Medical Journal*)二〇〇一年聖誕節專刊。❶一般來說，這聖誕節專刊收錄的是些博君一笑的文章，所以在李博維奇文章的後面，緊接著就是一篇有關無賴細胞(rogue cells)簇聚爲馴鹿形狀的報導。但李博維奇並非想開玩笑，反而是希望用他能想到的最具體方式提出一個嚴肅主張。李博維奇對數學和統計學情有獨鍾，在撰文評估某種醫療程序時會反覆使用相關技巧。他甚至相信，一種療法的成功機率是可以用數學模型預測的。❷

只不過，他認爲這種科學方法被另類醫學的濫用所污染了。兩年前，他發表過另一篇文章(也是登在《英國醫學期刊》的聖誕節專刊)，指責另類醫學僞裝成科學，就好比杜鵑雛鳥住進了葦鶯的鳥巢。❸因爲分不出杜鵑雛鳥與自己小孩的求食聲，葦鶯父母一律給牠們餵食。杜鵑雛鳥慢慢長大，牠的叫聲甚至壓過八隻葦鶯雛鳥的聲音。葦鶯父母無視巢中有個冒牌貨，繼續餵食更多食物給牠。到最後，牠們自己的親生子女反而受到傷害，甚至死亡。李博維奇深信，另類醫學是無法通過科學的嚴格檢驗，所以科學家去研究它們，猶如葦鶯父母照顧杜鵑雛鳥，只是在浪費寶貴的時間和資源。

言猶在耳，李博維奇自己卻做了個另類醫學的科學實驗，而且實驗報告幾乎是在兩年後的同一天登在了《英國醫學期刊》。那他不是在浪費自己的寶貴時間嗎？其實不然。他的大部分同行都誤解了他的用心。

事實上，他進行那個禱告實驗，只是要說明，禱告這麼主觀的事情並無法以科學方法解釋。問題是，幾乎每個人都只看實驗的表面。數十個懷疑者嘲笑他的實驗。某人在寫給他的信中說，如果有能力讓時間之箭反過來飛，那我們豈不是有辦法回到過去，阻止希特勒屠殺猶太人？❹

不過，也有些對心靈研究感興趣的科學家挺身指出禱告是可以在時間的任何一點上發揮效力的。例如，針對非局域性意識和醫治寫過許多文章❺的多西就認爲，李博維奇一次把「我們對時間、空間、禱告、意識和因果的成見」頭下腳上倒了過來。❻也有不少評論者指出，李博維奇的實驗設計非常縝密，例如，他只使用一位禱告者一次爲所有病人禱告，所以不會犯上許多禱告實驗的錯誤。對所有恭維，李博維奇在《英國醫學期刊》的「讀者來函」上發表文章加以反駁：

> 該文章的目的在回答以下問題：我們能否相信某種看似方法正確但測試事項卻完全違反常理的實驗？比方說，我們有需要去測試蒸餾過的水是否可以治療哮喘嗎？❼

李博維奇指出，他的實驗結果不可能是有效的，而理由無他：禱告可以影響過去這種事不可能是眞的。那只是統計方法的濫用。他又說：

該實驗無關於宗教。我相信禱告能給信徒帶來安慰和幫助，但不相信它的效力可以透過實驗測試。

他的眞正目的毋寧是：

否定經驗方法可以應用於測試不存在物理世界科學模型之內的問題。用更專門的行話來說就是，如果一件事情的可能性無限小，那麼任何實驗結果都無法增加它的可能性，所以這種實驗不應該進行。

李博維奇的原意是用科學證明另類醫學的荒謬，到頭來卻讓許多人相信，今日的禱告可以影響昨日的事件。李博維奇對這樣的結果深感懊惱，拒絕再進一步討論他的實驗。❽他傾盡全力維護醫學的理性和邏輯性，但說不定，他日後最爲人記得的是他的禱告實驗，因爲它等於證明了，我們是可以回到過去，改變過去的。

一個有關念力的最基本假設是它的運作是根據某種普遍被接受的因果邏輯：因先於果。如果是A導致B，那一定是A發生在前，B發生在後。這假設反映的是一個更深的信念：時間是單向的，總是向前推進。日常生活的每一個時刻都在加強這個假設：我們點了一杯咖啡，然後侍者會把咖啡送來；我們在亞馬遜網路書店訂了一本書，然後書才會寄來。事實上，「時間總是向前進」這假設最具體的證據就是我們自己：生、老、病、死是不可逆的人生過程。基於這個理由，我們相信念力的效果總是發生在念力發送之後，從不會認爲今天所做的事可以影響昨天。

然而，有可觀的科學證據顯示，念力違反了基本的因果假設。有一些研究清楚顯示，果是可以先於因的。李博維奇實驗的獨特處在於，它是唯一一個研究禱告的「逆向」效力的實驗。但在許多前衛科學家的實驗室裡，逆向現象乃是家常便飯。事實上，在一些實驗中，逆向的念力比順向的念力更具威力。

李博維奇的實驗提出了一個最具挑戰性的觀念：思想可以影響事物而不管這思想是何時發出的；猶有甚者，當這思想不是按照傳統的時間順序發出時，說不定效力會更大。

梨子實驗室的楊恩和鄧恩在他們的實驗中就看過這種事例。在八萬七千多次的實驗中，受測者被要求用意念去影響隨機事件產生器的畫面（讓「甲畫面」或「乙畫面」出現的次數多一點），但不是在事前影響，而是在機器已經顯像**之後**的三天到兩個星期影響。整體來說，這個「逆時間」實驗的結果比標準實驗的結果還要成功。[9]（譯注：「標準實驗」是指讓參與者「事前」影響機器的輸出，請參考本書的「引言」部分。）不過，楊恩和鄧恩認爲這種差異沒有太大意義，因爲相對於標準實驗的進行次數，逆時間實驗的次數顯得微不足道，缺乏可比較性。只是，看到意念「向前」和「向後」都作用得一樣好，仍然讓楊恩體認到，我們應該摒棄時間的傳統理解。[10]事實上，逆時間實驗的效應會更大，意味著當思想是超越一般的時空傳送時，其效力會更大。

「逆向因果性」（retrocausation）曾受到一些科學家的詳細研究，他們包括了阿姆斯特丹大學的物理學家迪克・比爾曼（Dick Bierman）和約伯・霍特庫普（Joop Houtkooper）[11]，以及已故的赫姆特・斯密特（Helmut Schmidt）。後者是洛克希德馬丁公司（Lockheed Martin）的物理學家，他設計了一個精巧實驗，以測試人的意念是不是可以影響機器已有的輸出。他把他的隨機事件產生器連接到一部音響，讓音響隨機向耳機的左耳罩或右耳罩發出一聲滴答。音響發出的滴答音不會有任何人聽見（包括斯密特自己），但會被自動錄音下來。然後他把帶子拷貝許多份（過程中也是無人會聽見），把母帶鎖好在安全處。第二天他讓醫學系學生一面聽拷貝帶，一面努力用意念影響帶子，讓滴答聲多出現在左耳罩。斯密特另外還準備了其他拷貝帶，充當對照組（照理說它們出現「左」滴答聲和「右」滴答聲的次數應該大致平均）。

實驗結束後，斯密特用電腦分析母帶和拷貝帶，看看它們有沒有偏離典型的隨機模式。在一九七一至七五年間，斯密特共進行過二萬次測試。他得到效應顯著的結果：不管是在母帶還是拷貝帶，左耳罩出現滴答聲的次數平均要高於右耳罩五五％。兩組帶子的結果吻合一致。

斯密特認爲他明白這種不可思議結果的機制：學生並非能夠改變錄音後的帶子，他們的影響力是透過「回到過去」，而在錄音的當時影響錄音的結果。⓬他們引發的影響彷彿他們當時就站在錄音現場。**他們不是從現在影響過去，而是從過去還沒展開以前就影響過去**。

接下來二十年，斯密特不斷改進他的實驗設計，後來參與實驗的，還包括學過心靈控制的武術學生。在一個實驗中，他使用「放射性衰變計數器」（radioactive-decay counter）產生出一些隨機數字，然後讓學生坐在螢幕前面，努力用意念影響數字作出某種特定的統計學分布。再一次，他獲得高度顯著的結果，而其爲出於巧合的機率是一千分之一。不知怎地，這些學生的意念就是可以「回到過去」，在第一現場影響事情的發生。⓭

逆向意念也可以對生物發生作用。德國弗萊堡「心理學與心理衛生邊緣科學研究所」（Institute für Grenzgebiete der Psychologie und Psychohygiene）的超心理學家愛爾瑪．格魯貝爾（Elmar Gruber）曾經進行一系列匠心獨運的實驗，以斷定動物和人類是否可以在「事後」被影響。他第一個實驗是讓沙鼠跑輪子和在一個大籠子裡跑來跑去。輪子上有一個計算器，可以算出輪子的轉動圈數；籠子裡有一根光束，沙鼠每經過一次，就會被記錄下來。他又讓一群志願者在一個區域走來走去，用光子束記錄下他們行經一個地點的次數。

稍後，格魯貝爾把得到的數據轉換爲滴答聲，錄音下來，拷貝許多份，母帶則鎖好在安全處。在一至六天後，他讓志願者聆聽拷貝帶，請他們盡力用意念加快沙鼠的速度和增加人們走過光子束的次數。實驗是否成功，端視滴答聲出現的次數是否比正常多。即使不對動物或人類進行遠距影響實驗，格魯貝爾依然完成所有過程的錄音。結果，在這六回合的實驗中，有四回合獲得顯著效果，其中三回合的「效應值」（effect size）還大於〇．四四。

所謂的效應值，是讓科學家斷定效果大小的統計數字，透過比較一些變數得出，通常是比較兩個群體的表現。數字低於〇．三二被認爲是低度效應值，介於〇．三至〇．六是中度效應值，大於〇．六便是高度效應值。以現代預防心臟病最有效的藥物阿斯匹靈爲例，其效應值只有〇．〇三二，換言之，比格魯貝爾得到的效應值小十倍以上。在沙鼠跑輪子的實驗中，效應值更是高至〇．七。⓮如果這數字表示的是某種藥物的效應值，那格魯貝爾等於發明了有史以來最有效的藥物。

格魯貝爾後來又做了六個更引人入勝的實驗。一個是用光子束記錄在維也納某個市場走過一個定點的人次，一個是記錄汽車在繁忙時間通過多條隧道的次數。這些數據事後也會被轉換爲滴答聲錄下來。一到兩個月後，格魯貝爾讓志願者去聽拷貝帶，並請他們試著用意念影響行人和汽車的速度。這一次，他在志願者中加入一些具有特異能力的人。再一次，他得到相當顯著的實驗結果：在其中兩次實驗中，效應值達〇．五二和〇．七四，相當可觀。⓯

如果意念可以逆向影響行動，那也有可能在疾病發生後，逆時間地預防疾病的發生嗎？荷蘭的奇龍基金會（Chiron Foundation）設計了一個巧妙的實驗，以測試這種看似不可能的可能性。研究者把一大群老鼠隨機分爲兩組，讓其中一組受到寄生蟲感染。在實驗完成以前，研究者本身並不知道哪隻老鼠受到感染、哪隻沒有。然後，受感染的老鼠的照片被交給念力治療師，由他進行治療，阻止寄生蟲繁衍。研究者則間隔一定的時間測量老鼠的血液細胞。實驗進行了三次，每一次都使用大群老鼠。其中兩次得到中度效應値〇・四七。⑯

心理學家布勞德問過一個最有震撼性的問題：人有可能「改編」自己對某件事件的情緒反應嗎？爲了回答這問題，他用標準測謊機記錄志願者的皮層電性活動，然後請志願者檢視自己的紀錄，再設法去影響結果，換言之是影響自己早前的交感神經系統狀態。另一組受測者充當對照組。整體來說，他發現被志願組加以影響過的紀錄要比較「平靜」，實驗呈現出低度但顯著的效應値〇・三七，那或許是人類改寫自己情緒史的第一個證據。⑰斯密特對呼吸率做過相似實驗，也證明了人可以逆時間影響自己的生理狀態。⑱

雷丁做的皮層電性活動與布勞德的相似，但另加入一個元素：遠距影響力。二個月後，他錄下志願者的皮層電性活動，把拷貝帶寄給一些住在巴西的治療師，請他們用意念影響志願者的反應，讓他們「安靜」下來。二十一次實驗後，雷丁得到的效應値與布勞德相似：〇・四七。⑲

雷丁還測試過未來事件在某些情況下是否可影響到更早前的神經系統反應。他巧妙地利用了一種稱爲「史楚普效應」（Stroop effect）的有趣心理學現象。這效應得名於心理學家約翰・雷德利・史楚普（John Ridley Stroop）[20]，他曾經開發出一種在認知心理學具有里程碑意義的測試。在測試中，他要求受測者盡快念出一系列顏色的名稱（如「綠」），但這些名稱各以不同的顏色寫成，顏色名稱與文字顏色有時相符，有時不相符。史楚普發現，每逢念到與文字顏色不相符的顏色名稱（例如紅色的「綠」字），受測者的反應就會比較慢。心理學家相信，會有這種現象，是因爲大腦處理映像（顏色本身）與處理文字（顏色名稱）所需的時間不同。

瑞典心理學家侯爾格・克林特曼（Holger Klintman）以史楚普效應爲基礎，發展出略有不同的測試。他要求受測者盡快認出一個長方形的顏色，然後再給他們一種顏色的名稱，問他們這名稱是否與剛剛看到的顏色相符。克林特曼發現，如果長方形的顏色與後來給予的顏色名稱相符，受測者辨認出該顏色的時間會比較快。[21]辨認長方形顏色的時間長短，看來取決於受測者的第二個任務，也就是判斷顏色本色是否與顏色名稱相符。克林特曼稱這種效應爲「反時間干涉」，換言之，第二個刺激會影響腦部對第一個刺激的反應。

雷丁把克林特曼的實驗加以現代化。他讓受測者坐在電腦螢幕前面，要他們盡快認出一個長方形的顏色，一認出就鍵下該顏色名稱的首字母。接下來，螢幕會出現一種顏色的名稱，這時，受測者必須判斷這顏色名稱是否與長方形的顏色相符，相符的話按Y鍵（表示YES），不相符的話按N鍵（表示NO）。雷丁有時會改變實驗第二部分的設計，要求受測者鍵下顏色名稱實際底色的首字母。例如，如果螢幕顯現的文字是「綠色」，而其底色爲「藍色」，受測者就需要按B〔「blue」（藍色）的首字母〕。

雷丁進行了四回合超過五千次的測試，全都顯示出逆時間因果效應。其中兩回合的實驗具有顯著效應的關聯性，一次僅具邊際效應意義。[22]**不知怎地，執行第二件任務的時間會影響到執行第一件任務的時間**。雷丁認爲，這足以證明，神經系統受到逆時間的影響。這一點意義重大，因爲它意味著，我們腦子在想什麼，是會影響到先前的反應時間。

檢視一種效應整體效力的科學方法，是把全部實驗數據放在一起，加以所謂的「後設分析」（meta-analysis）。以這種方式分析，十九個有關逆向念力的實驗顯示了異乎尋常的集體效果。[23]據布勞德計算，它們的整體效應值是〇・三二。雖然這只是個低度效應值，卻比最有效的降血壓藥恩特來錠的效應值高上十倍。

阿姆斯特丹大學的比爾曼在一九九六年做過一個不同類型的研究。在統計學上，判斷一種效應的最好方法是看它偏離平均值多少，而最常用的技術是「卡方分配」（chi-square distribution），它可以讓任何出於巧合而產生的偏離（不管是正偏離還是負偏離）清晰地浮現出來。以這種方法，比爾曼發現，若個別地看，各個逆向念力實驗的差異極大；但若集體來看，其結果出於巧合的機率是六千三百億分之一。[24]

如果既有的實驗證據能證明逆向因果性存在，那麼其中一個解釋就是，意念有能力回到從前發生事件的時刻，影響已經發生過的事件、情緒反應和生理反應。當然，要接受人可以回到過去和操縱過去的想法，最大的困難在於，只要我們的心靈一思考這樣的觀念，馬上會碰到邏輯上的死結。正如英國哲學家馬克思・布萊克（Max Black）在一九五六年論證的：如果是A引起B但A卻出現在B之後，就代表B總是排除A，所以，A不可能引起B。

電影《魔鬼終結者》（*The Terminator*）顯然忽略了這個難題。如果史瓦辛格（Schwarzenegger）飾演的電子人可以回到過去殺死莎拉・康納，後者就無法生下未來的反抗軍領袖約翰・康納，日後也就不會有一場人與機器的戰爭。這樣，魔鬼終結者便沒有必要回到過去，甚至沒有必要被創造出來了。

英國哲學家大衛・威金斯（David Wiggins）也構思過類似情節，以說明「時間機器」觀念內含的邏輯難題。假設有個年輕人的外公是某位殘忍法西斯狂人，爲了不讓外公得勢，他決定回到過去，把外公殺死。問題是，如果他成功，他媽媽就無從誕生人世，而他自己當然也就不存在。

然而，物理學家現在卻不再認爲逆向因果性與宇宙法則不能共容。科學文獻中有超過一百篇論文，主張時間的逆向性是可以透過某種物理法則加以解釋。[25]許多科學家相信，「標量波」（scalar wave，零點能量場裡的一種次波）可以讓人改動時間與空間。這種由次原子粒子與零點能量場互動產生的次能量場以快於光速的速度前進，在時空中漣漪狀擴散開去。「標量場」（Scalar Field）具有驚人的能量：在這種環境中，一束雷射光所產生的一單位能量就大於世界所有發電廠的發電總和。[26]

某些科技（如量子光學）曾利用雷射脈衝去擠壓零點能量場，產生出負能量。[27]物理學界普遍接受這種又稱「異物質」（exotic matter）的負能量能扭曲時空。許多理論家都相信，負能量可以讓我們進行穿越「蟲洞」（wormholes）的旅行、以曲速飛行、建造時間機器，甚至讓人漂浮空中。

另外，當電子緊密擠在一起，零點能量場不斷產生的虛擬粒子的飛濺密度就會增加。這種飛濺密度會組織爲向兩個方向流動的電磁波，而說不定，靠著這種電磁波，人類可以在時間中「來回往返」。[28]

物理學家依凡・哈利斯・沃克（Evan Harris Walker）率先提出，如果把觀察者效應考量進來，那量子物理學就解釋得了逆向因果性。[29]他與已故的加州大學物理學家亨利・史戴普（Henry Stapp）相信，只要微微更動量子理論，把它改變爲「非線性系統」，就可以解釋一切逆向因果現象。在任何線性系統中，一個系統的行爲都可以描述爲2＋2＝4，換言之，該系統的行爲乃是各部分的總和。但在非線性系統中，2＋2卻有可能等於5，甚至等於8。換言之，在這樣的系統裡，系統的行為大於各部分的總和——但大多少則是無法預測的。

根據沃克和史戴普的觀點，只要把量子理論轉變為非線性系統，那它的等式就可以收納進多一個元素：人類意識。在斯密特的武術學生實驗中，計數器顯示的數字原本停留在它們的「潛態」中，直到學生介入觀察、以意念影響數字為止。就這點而言，學生的心靈意志與計數器上的數字以量子的方式產生互動。史戴普認為，物理宇宙不是固定的，而是以一些「趨勢」的方式存在，而這些趨勢又與心靈事件有著「統計學上的關聯性」。即便是已經錄上一些滴答聲的錄音帶，滴答聲的分布仍然有著好些不同的可能性，要待有人聽過錄音帶，這些可能性才會「垮陷」為單一狀態。[30]所以，無論何時，真實世界都是由人類意志——我們的意念——所創造。

對逆向因果性的另一種可能解釋是，時間只是從「現在」向外擴散開去的一片巨大，所以，理論上我們在任一時刻都可取得宇宙的所有資訊。布勞德即曾猜想，所謂的預知能力，只是未來事件以某種方式回到現在，對心靈所發生的影響。這等於是一種逆時間因果性。所以，預知能力說不定是逆向影響力的見證，[31]而未來的一切決定總會影響著過去。

最後還有一種可能解釋，那就是在我們存在的最基本層次，並沒有連續時間這回事。量子層次的純粹能量並無所謂的時間與空間，只存在於能量釋出的巨大連續擺動中。某個意義下，時間與空間是我們自己創造的。當我們透過感官知覺活動把能量帶給意識知覺，就創造出在空間裡互相分離的物體。而透過創造時間與空間，我們也創造了自己的分離性乃至於個人時間。

依比爾曼之見，逆向因果性反映出現在是鄰接於未來的各種可能狀態，反映出非局域性不只發生在空間的向度，也發生在時間的向度。某個意義下，我們的未來行動、抉擇與可能性，全都有助於規定現在的展開方向。根據這種觀點，我們現在的行動和抉擇恆常會受到我們未來自我的左右。

這解釋得到韋德拉爾及同仁卡斯拉夫・布呂克內（Caslav Brukner）一個簡單思想實驗佐證。布呂克內是塞爾維亞人，內戰爆發後設法離開了南斯拉夫；他也像韋德拉爾一樣，在柴林格的維也納實驗室待過一段時間。

布呂克內是到倫敦帝國學院擔任一年客座研究員時認識韋德拉爾的。那時，他開始思考量子電腦運算的可能性，如果能夠製造出這種電腦，它的運算速度將比傳統的電腦運算方式快上幾十億倍，半小時內就可以搜遍網路的任何一個角落。[32]布呂克內懷疑，量子運算的可能性也許可以從「貝爾不等式」找到一些根據——貝爾在他的著名實驗裡曾經證明，兩顆次原子粒子即使相隔極遙遠，仍然能夠互相影響，換言之是會「違反」牛頓所認爲的，兩事物隔著空間便無法直接互動。

布呂克內想知道，同一個測試能否用於顯示光子可以違反時間的局限性。爲此，布呂克內找韋德拉爾一起設計一個意念實驗。他們的實驗奠基於一個科學界公認的前提：在粒子的轉動中，在一個點得到的測量完全與較早前或較晚的測量無關。在這個情況中，「貝爾不等式」的「不等」是指兩個不同時間得到的兩個不同測量值。

他們的意念實驗用不著兩顆粒子，所以他們就不管「鮑伯」，只管那顆叫「愛麗絲」的光子。他們要致力的是計算出愛麗絲在兩個不同時間點的「極化」（**polarization**）。如果量子波可以比作一條蜿蜒扭動的跳繩，繩索另一頭指向的方向就叫「極化」。在計算的過程中，布呂克內和韋德拉爾應用了他們稱爲「希爾伯特」的空間概念。

他們首先計算出愛麗絲的「極化」，稍後一會兒再去測量。等計算出愛麗絲的目前位置後，再回過頭測量它的早前位置。他們發現，在這兩個時間點之間，「貝爾不等式」確實是被違反了：才不過一秒鐘左右的時間，他們對第一個「極化」得到的測量值就變得不一樣。之後測量愛麗絲的行爲本身就影響、甚至**改變**了它早前的「極化」。

科學社群並沒有看不出這個驚人發現的意義。《新科學家》（*New Scientist*）雜誌把這發現作爲封面專題〈量子糾纏：未來如何能影響過去〉，並有以下的結論：

> 量子力學看來扭彎了因果的法則……時間中的糾纏現象讓時間與空間兩者在量子理論裡有了平等的立足點……布呂克內的實驗結果顯示，我們對世界如何運作的既有理解也許存在著重大漏洞。」[33]

在我看來，布呂克內的意念實驗有一個比純理論重要得多的意涵。它顯示出，因與果的同時現象不只會發生在空間的向度，還會發生在時間的向度。它是第一個數學證明顯示我們每一刻的行動，都可能影響和**改變**我們過去的行動。甚至乎，我們當下的每一個所思所行，都可能改變我們的整個歷史。

更重要的是，他的實驗顯示出，觀察者在創造乃至改變眞實世界上扮演著核心角色。觀察行爲本身即足以影響光子的「極化」狀態。在一個時間點測量一顆粒子，這行爲本身即可改變它早前的狀態。這可能意味著，我們的每個觀察都會改變物理宇宙的一些早前狀態。如此，則一個刻意影響現在的意念，亦未嘗不可能影響過去，影響到通向當下的每一瞬間。

這種逆向影響力類似我們在量子世界所看到的非局域性對應，就像是在某種底層結構，一切總是與一切連結在一起。[34]有可能，我們的未來是以某種模糊的形式存在著，只等著我們在目前將它給現實化。這不是癡人說夢，因爲次原子粒子在被觀察到或思考到以前，就是以充滿各種可能性的狀態存在著。因此，如果意識能在量子的層次運作，自然有能力凌駕於時間和空間，而我們理論上也能夠取得「過去」和「未來」的資訊。如果人類有能力影響量子事件，也理當有能力影響除了「現在」以外的事件或時刻。

爲理解逆向念力的機制，雷丁曾經用隨機事件產生器做過一個研究。他首先進行了五回合影響隨機事件產生器輸出的測試（總次數有幾千次），然後用一種稱爲「馬可夫鏈」（Markov chain）的程序來分析數據，以了解隨機事件產生器的輸出的變化模式。爲了進行這個計算，他應用了三種不同的念力模型：第一個是順向的因果模型，假設心靈是往一個方向「推動」機器；第二個是預知模型，假設心靈是先直觀到未來的輸出，然後將資訊帶回現在，再於精確時刻擊中它的輸出；第三個是逆向因果模型，假設心靈先設定好未來的結果，再讓這結果「回過頭」影響因果鏈索。

雷丁從這種方式分析實驗數據，得出一個無可閃避的結論：念力作用不是一個向前進的過程，不是意念企圖擊中某個目標的過程，毋寧更像是「資訊」在時間中的往回流。35

但在硬邦邦的現實世界裡，意念可以影響過去到何種程度呢？布勞德思考這問題很長一段時間。他有一次指出，過去能被改變的時刻也許是一些「種子」時刻，那些時候事件還處於萌芽狀態，還未成長茁壯至不能發生改變。36這些時刻就像是還沒有長大的樹苗，樹幹還沒有硬化、樹枝還沒有太粗；或像小孩的腦子，因爲處於未完全定型狀態而有更大的可鍛冶性；又像剛感染的病毒，因爲數量不多而更容易消滅。37隨機事件、具有許多選擇性的決定，乃至疾病——也許都是我們生命中最有可能施以逆向影響的事件。布勞德把它們稱爲「開放」或可塑的系統，換言之，是最有可能爲逆時間意念所影響的系統。

這些系統包括生物體的許多隨機運作：正因爲它們是隨機的，所以會像梨子實驗室裡的隨機事件產生器一樣，容易受細微能量的影響。38

在布勞德最早期的研究中，曾經發現遠距念力在目標物最需要它的時候最爲有效。[39]所以，需要程度的強烈性也許是我們能夠把時間之山向後移的一個前提。

對於念力可以影響過去到何種程度的問題，斯密特的滴答聲實驗也帶給我們一些線索：志願者若想影響錄音帶裡的滴答聲，就必須是第一個聽過它們的人。如果有別人先聽過錄音帶，而且是專心傾聽，後面的人就很難再施加影響。一些實驗甚至顯示，只要有任何人或動物介入過，逆時間的影響力就很難發生。

比爾曼做過一個實驗。他用放射源激發一個量子事件，讓它在晚一秒的時間後由蜂鳴器接收到，再由一個最後觀察者聽見。在半數測試中，有另一個前觀察者會比最後觀察者先接收到量子事件發生的訊息。

在這些事例中，比爾曼發現，每逢有前觀察者介入，他就會造成量子事件重疊狀態的「垮陷」，否則，其他都是由最後觀察者導致的。[40]

如果說意識是導致「垮陷」的關鍵元素，那人類（以及他們能夠把「眞實的狀態」化約爲有限狀態的能力）就得爲時間只會向前走的觀念負全責。如果我們未來的某個決定可以影響現在的「垮陷」，那麼，未來和現在說不定從來就是連接在一起的。

這與量子理論對觀察者效應的理解一貫：第一個觀察會讓量子粒子「散屑」（decohere），讓它從充滿各種可能的純粹狀態垮陷爲單一狀態。[41]這也就意味著，如果沒有人曾經見過希特勒，我們也許就可以使用念力，阻止大屠殺的發生。

雖然我們對跨時間影響力的機制所知無幾，但證明這種影響力存在的實驗證據仍然琳琅滿目。證據顯示，生命是從此時此刻向外漫漶的巨大一片，它有很大部分（包括過去、現在和未來）容許我們在任何時刻施加影響。

但這幅圖畫也暗含著一個最讓人困惑的觀念：意念一旦點燃，就會永遠亮著。

12 念力實驗

第一次看到大傘藻的人都會忘記呼吸。這種常見於地中海和加勒比海的藻類外形夢幻，也因此贏得許多詩情畫意的外號，如「美人魚酒杯」和「寬邊帽」等。這兩個外號都恰如其分，因爲它細細莖柄所頂著的華蓋就像頂寬邊帽；而整體來看，它也像是準備好要盛接海底雞尾酒的酒杯。

有七十多年時間，生物學家對這種小小植物神迷不已——但不只是被它的外形迷倒，也被它的一個生物事實迷倒。大傘藻可說是大自然的妙造，最長可到兩英寸，然而卻是一顆單細胞生物。因爲這個原因，它的生物行爲具有高度可預測性。它的細胞核總是位於假根（莖的基部），而且只有在整棵植物長到最高時才會分裂。這種簡單結構幫助生物學家解開了生物學最大一個謎團：驅動植物繁殖的是哪個部分？一九三〇年代，德國科學家約阿銀·漢墨林（Joachim Hammerling）選中大傘藻作爲他理想的「生物學工具」，以了解細胞核在植物基因學所扮演的角色。

這種單細胞生物的簡單性不但可以披露細胞的祕密，還洩露出植物生命的建築藍圖。憑著這顆大得足以讓肉眼看見的單細胞，生物學家可以舒舒服服坐著考察生命的奧祕。

大傘藻也是我第一個念力實驗的理想對象。與我一起執行實驗的波普相信，如果想要實現我的實驗計畫，就應該從底層開始。所以，我計畫在倫敦找一小群志願者，請他們用意念影響養在波普實驗室（位於德國）的大傘藻。用大傘藻做實驗就好比用只有一個零件的汽車做實驗，讓我們不用考慮一般生物體會有的許多變數。

例如，與大傘藻相比，人體就像是一間覆蓋大半個美國的工廠，平均由五十兆個細胞構成，每一秒鐘發生10^{24}個化學變化。即便只是比較身體某兩個部分的生長率，也仍然幾乎不可能控制每一個變數。食物、水、基因、情緒，甚至溫度突然下降，全都足以影響生長率的變化。

波普主張，我們第一回合的實驗應該致力於影響大傘藻的光子放射量（其細微程度比細胞生長率大無限倍）。如果是多細胞生物，則每個細胞的光子放射量將受到一籮筐變數的影響，包括生物體本身的健康、天氣，甚至太陽活動等。❶每一個細胞的光子放射量都可能不同。

大傘藻則不同。因爲它的光子只能從身上唯一一個細胞核放射，所以擺動幅度必然非常微小。擺動只要稍爲增加或減少，即可以相當程度地肯定，那是受到來自我們的遠距念力所影響。只有仰賴這麼簡單的生命系統，才可以毫無爭議地證明變化是出於念力的影響，而不是來自於其他幾十種可能性。

一般來說，如果生命體放射的光子數量增加，就代表它受到壓力；反之，則代表它的健康獲得改善。如果我對大傘藻發送一個改善它健康的意念，而它放出的光子數又降低，那就表示有效；反之，如果它放射的光子數增加，則表示我們不知怎地傷害到它。波普有一批非常敏感的光子擴大器，能偵測到每平方公分中只有十到十七瓦的可見光（這個光度類似從幾英里外看到的燭光）。❷靠著這種超敏感儀器，我們就可以偵測到毫釐之差的光度，甚至只是一顆光子發出的光，從而斷定人類念力的有效程度。

波普的謹慎自有理由。他提出生物體會放射光子以來，受到了激烈批評，❸經過了三十年才最終得到物理學界的肯定。之後，他找到一些志同道合的科學家（分布世界各個知名研究中心），共同研究生物的光放射現象。❹參與我們的實驗，說不定會讓他辛苦建立的名聲毀於一旦，因爲我要求他幫的忙，不啻是要求一個世界知名物理學家去測試一個違反基本物理學法則的假設。

好些實驗都顯示，眞有「群體」意識這回事。梨子實驗室的楊恩和鄧恩曾在他們的實驗中發現，如果是兩個認識的異性，他們對隨機事件產生器發揮的影響力要比單個人大上約三・五倍；兩個關係緊密的人可以讓隨機事件產生器比平常要「有秩序」上六倍；有些夫妻甚至可以產生顯著而固定的效應，這是他們單獨接受實驗時所無法做到的。❺

另外也有證據顯示，當一群人全都聚精會神時，一樣會對隨機事件產生器的輸出產生重大影響。梨子實驗室的主要協同研究員尼爾森曾與雷丁合作，發展出一種可以持續運作的「田野隨機事件產生器」，把它們放在一些能讓人高度專注的公共場合（如宗教聚會、華格納音樂節、戲劇表演，甚至奧斯卡頒獎典禮），看看田野隨機事件產生器會有什麼反應。結果發現，在大多數情況中，田野隨機事件產生器的輸出都出現偏離隨機常態的現象。❻

尼爾森甚至好奇有沒有「全球」意識這回事。一九九七年，他在世界各地安裝了多部隨機事件產生器，讓它們持續運作，再把結果對比於一些全球性大事發生的時間。爲了進行這個後來被稱爲「全球意識計畫」的方案，尼爾森建造了一個中央電腦系統，讓分處世界的五十部隨機事件產生器把數據透過網路源源不斷輸入中央系統。他和同事（包括雷丁）定期對比那些數據和重大事件，看看兩者有沒有統計學上的關聯性。

及至二〇〇六年，被他們對比過的頭條新聞已達二百零五件（包括戴安娜王妃之死，千禧年來臨、小甘迺迪之死和柯林頓彈劾案）。不過，尼爾森分析資料才分析了四年，一種模式便浮現在他眼前：當人們爲某件重大事件歡慶或哀傷，隨機事件產生器的輸出就會變得較不隨機；另外，人們的情緒（特別是恐懼情緒）愈強烈，隨機事件產生器愈有條理。❼

這趨勢在九一一恐怖攻擊期間最爲顯著。在世貿大樓被摧毀之後，尼爾森、雷丁和好幾位同事研究了從三十七部隨機事件產生器湧入的數據。分析工作由四個人分別進行：雷丁、尼爾森、「邊界研究中心」（Boundary Institute）的電腦科學家理查・舒普（Richard Shoup）和墨西哥大學的心理學系學生布萊恩・威廉斯（Bryan J. Williams）。四人的分析一致認爲，在九一一當天，隨機事件產生器的反應是前所未有的。首先，它們偏離隨機模式的程度要大於二〇〇一年的任何一天；另外，所有隨機事件產生器輸出模式的相似程度要大於「全球意識計畫」展開以來的任一天。❽這些隨機事件產生器反映出，全世界的人在九一一當天感受到一種集體的驚恐。尼爾森和另外三位使用了各種各樣的統計工具，包括「卡方分配」，因此任何偏離偶然的情況全無所遁形。四位分析者都同意，在架構九一一事件的每一個重要時刻（如第一架小飛機撞上世貿大樓不久），隨機事件產生器都會出現巨大的條理性，而那正是人們最感到驚恐和難以置信的時刻。❾由於隨機事件產生器被設計得不怕電磁干擾，所以尼爾森不必考慮這現象可能是天然電磁場或是行動電話使用量大增所引起。❿

另外，雖然隨機事件產生器的運作在九一一前幾天並無異狀，但在第一架小飛機撞上世貿大樓**之前**幾小時，它們的輸出模式卻愈來愈相似，彷彿有什麼大禍正在逼近。同樣的輸出情況在攻擊後持續了兩天。威廉斯認爲，這是全世界六十億心靈準備好要接受衝擊的潛意識反應。⓫換言之，世界在第一架飛機撞上世貿大樓的幾小時前就感受到一種集體戰慄，而每一部隨機事件產生器都聽到了這戰慄，並盡忠職守將之記錄了下來。雖然不是每位分析者都同意這些結論⓬，但權威物理學期刊《物理學基礎快報》（*Foundation of Physics Letter*）經過審核後，還是願意把實驗結果的摘要刊登出來。⓭

尼爾森又進而研究了其他發生在九一一餘波中的事件，包括伊拉克戰爭的爆發。他比較了隨機事件產生器的輸出和小布希總統民眾支持度的變化，想看看「全球」意識與美國總統得到的滿意度是否有任何關聯，以及看看隨機事件產生器反應最強烈的時候，到底是在人們最有憂慼相關感的時候（如九一一事件爆發之後），還是民意最兩極化的時候（如美國入侵伊拉克和推翻海珊政權之後）。檢視過一九九八年到二○○四年間五百五十六次不同的民調之後，尼爾森的同事彼得．班賽（Peter Bancel）發現，每逢出現重大民意轉變（不管是對布希總統有利或不利），隨機事件產生器的輸出便極有條理。看來，強烈的情緒（不管正面還是負面情緒）都可以帶來更大秩序化。

田野隨機事件產生器的調查結果和「全球意識計畫」，爲我們理解群體念力提供了好些重要線索。首先，群體心靈看來可以影響任何隨機微物理過程，由群體發出的能量似乎有感染性。其次，如果一群人心念一致，效力會比單個人的心念來得大。最後，強烈情緒或高度專注顯然也是念力發揮效果的關鍵要素，而最能引起強烈情緒或高度專注，當然莫過於災難性事件。

但來自「全球意識計畫」的數據有一個嚴重限制：不管尼爾森對全球心靈的「溫度」測量得有多精確，仍然只能反映出群體的**專注**程度。但如果一群人不只是對某件事情聚精會神，甚至還試著去影響它，會有什麼後果？這時候，敏感的物理儀器感應到的，會不會是更強烈的信號？

迄今，只有超覺靜坐組織對群體念力進行過系統性研究。「超覺靜坐」是馬赫西大師（Maharishi Mahesh Yogi）在一九六〇年代引進西方的一種靜坐技巧。過去幾十年來，超覺靜坐組織做過五百多個群體靜坐實驗（有涉及念力的，也有不涉及念力的），以測試超覺靜坐是否可以減少衝突和苦難。

馬赫西大師相信，固定修習超覺靜坐，可以讓人接觸把萬物連接在一起的量子能量場。他聲稱，如果靜坐者人數夠多，就足以產生「超輻射」——這個名詞在物理學上指的是雷射光的協調性。靜坐者的心靈會以同一頻率共鳴，而共鳴的頻率能讓四周環境的雜亂頻率趨於和諧。換言之，調和個人的內在衝突可以調和全球性衝突。

超覺靜坐實驗聲稱證明了兩類靜坐的效應。第一種是未經引導的，純粹是一定比例人口從事靜坐的結果。另一類是來自蓄意意念，它需要經驗與聚焦：精進的靜坐者會瞄準一個地區，在他們的靜坐中發出意念，解決該地區的衝突與減低暴力犯罪率。

馬赫西大師又相信，群體靜坐要能發生效力，有人數上的門檻：凡是一地區有一%人口修習超覺靜坐，或是一地區有一％平方根的人口修習「超覺靜坐悉諦」（更高深的超覺靜坐法），則任何種類的衝突（謀殺、犯罪、嗑藥、交通意外）都會減少。

二十二個測試超覺靜坐能否減少犯罪率的實驗都得到正面結果。一項在二十四個美國城市進行的實驗顯示，只要一個城市有一％的人口固定修習超覺靜坐，犯罪率就會降低二四％。另一個實驗在美國四十八個城市進行，其中二十四個城市的靜坐人數達到人口一％的門檻，另外二十四個未達到。結果，達到門檻的城市犯罪率降了二二％，犯罪趨勢降了八九％。至於另外二十四個未達人數門檻的城市，犯罪率增加了二％，犯罪趨勢增加了五三％。[14]

一九九三年，超覺靜坐組織有鑑於華盛頓的犯罪率在該年的頭五個月激增，展開了「全國展示計畫」。結果發現，只要是靜坐人數到達四千人門檻的日子，首都暴力犯罪率就會降低，而且持續降低，直到實驗結束為止。這實驗事先控制住各種變數，所以效果不會是任何其他因素（如警察加強巡邏或反犯罪運動）引起。該實驗結束後，首都的犯罪率再次上升。[15]

超覺靜坐組織還試過對治全球性衝突。一九八三年，該組織在以色列舉行特別大會，透過靜坐發送意念，幫助解決巴勒斯坦問題。期間，研究者每天比較靜坐者的數目和以阿關係的進展。在參與靜坐者人數最多的那些天，黎巴嫩的衝突死亡率降低了七六％。而他們的影響力顯然還不僅止於武裝衝突，因為其他一般性的人禍（犯罪率、交通意外率和火災）全都減少了。分析這些結果時，超覺靜坐組織聲稱他們已經排除了其他可能因素（如天氣）的影響性。[16]

超覺靜坐的高手也試過影響美國和加拿大的「痛苦指數」（通膨率和失業率的總和）。在一九七九和一九八八年間，透過他們的集體努力，美國的痛苦指數掉了四〇％，加拿大掉了三〇％。

另一群高手則除了嘗試影響美國的痛苦指數，還試圖影響貨幣增長率和原物料物價指數。在這個實驗中，痛苦指數掉了三六％，原物料物價指數掉了一三％。準備貨幣的增加率雖然也受到影響，但作用不大。⑰

超覺靜坐組織的批評者認爲，這些實驗結果其實可以有別的解釋，如年輕人口的減少、地區內實施較佳的教育方案，甚至是經濟的起伏等等。

在我看來，這些實驗會引起爭議，眞正原因是超覺靜坐組織本身即深受爭議：謠傳他們竄改實驗數據，又說他們有許多信徒滲透到科學組織裡。儘管如此，超覺靜坐組織得到的證據是如此豐富，實驗又做得如此徹底，我們很難完全視若無睹。另外，他們的研究結果也常常被刊登在經過同儕評估的科學期刊上，這表示，這些實驗起碼符合一定程度的科學嚴謹性。

不過，即便超覺靜坐組織的實驗站得住腳，也仍有不足之處。就像尼爾森的實驗一樣，他們測試的主要是群體專注的效力，在多次實驗中，靜坐者並沒有發出意念，想要去改變些什麼。

一九九八年頭三個月，羅賴馬地區（Roraima, 位於巴西利亞西北方一千五百英里）的亞馬遜州大火肆虐，延燒到雨林的火災完全失控。由於聖嬰現象作怪，已經連續幾個月沒下雨，導致本來溼潤的雨林乾燥無比，輕易被當時已在亞馬遜州一五%地區爲患的火災給點燃。這地區的雨水一向豐沛，此時卻無影無蹤。聯合國稱這火災爲地球上史無前例的災難。爲了滅火，當局動用了大量直升機和大約一千五百名消防員（包括從鄰國委內瑞拉和阿根廷前來支援的），但一點用都沒有。

三月底，兩個改變天氣的專家臨危受命，抵達火場：他們是凱亞帕族（Caiapo）的印第安巫師。當局用飛機把他們載到火勢最猛烈的地區——咸信還住著石器時代部落的亞諾馬米保留地（Yanomami Reservation）。他們又跳舞又祈禱，然後撿拾起一些葉子。兩天後，天空降下大雨，大約九成的火被淋熄。[18]

在西方，求雨舞就等同於是期望天氣好的意念——如果是群體意念的話，效果說不定一樣好。梨子實驗室的尼爾森爲此做過一個小研究。事情的緣起是，有一天他忽然想起，就他記憶所及，普林斯頓大學畢業典禮當天的天氣沒有一次不是豔陽高照。他好奇這會不會是因爲大家都期望好天氣的結果？

他比較了過去三十年來畢業典禮當天普大和周圍地區的天氣紀錄，發現每逢畢業典禮那一天，普大的天氣總是比平常乾燥，也比周遭地區乾燥，陽光更爲普照。如果這些數字可信，說不定就表示畢業典禮當天，普大人的集體心願在校園上空撐開了一把心靈保護傘。[19]

另一個研究過群體念力的科學家是雷丁。他的靈感來自日本一位另類醫學實踐者江本勝（Masaru Emoto）的發現：水的結晶可以被正面和負面情緒改變。[20]江本勝聲稱，他做過幾百個實驗，證明即使只是一句好話或壞話，也能深深改變水的內在形態。聽過好話的水結冰後會形成精巧複雜的漂亮晶體結構，但聽過壞話的冰晶卻是結構紊亂，甚至古怪醜陋。最讓水受鼓舞的是愛和感激的意念。

爲了測試這個說法，雷丁在他位於加州思維科學研究所的實驗室把兩小瓶水放入一個有屏蔽的房間。與此同時，在日本舉行的一個大會上，江本勝讓兩千位與會者看這兩瓶水的照片，請他們致上表示感激的禱告。事後，雷丁把兩瓶水和對照組的水凝固，交給一群志願者評鑑（他們並不知道哪個冰晶樣本接受過念力）。結果是，有高比例的志願者認爲受過祝福的兩瓶水的冰晶結構最美。[21]

尼爾森的「全球意識計畫」是群體心靈力量一個眩目的展示。某個意義下，它們顯示的是與蒂勒在自己實驗室裡看到的同一種效應：念力顯然可以提高零點能量場的條理。但群體念力又是否會像馬赫西大師所主張的，需要一個人數門檻？要多少人才構成一個能起作用的「群體」呢？如果馬赫西大師的公式無誤（一地區只要有一％平方根人口修習高深的超覺靜坐法，即能影響整個地區），那只消一千七百三十個美國的精進靜坐者就足以影響整個美國，八千零八十四個精進靜坐者就足以影響全世界。

尼爾森的田野隨機事件產生器則曾顯示，人數的多寡並不如意念的專注強度重要。換言之，即使人數不多，只要整群人強烈專注精神，亦足以產生巨大效果。然則，起碼要多少人呢？而專注精神到何種程度才算夠強烈？到底我們的意念的影響力有沒有底線？有的話，又在哪裡？該是我親自去找答案的時候了。

根據波普的構想，我們的第一個念力實驗是在倫敦找一群經驗豐富的靜坐者，請他們對波普實驗室（位於德國）的大傘藻放送正面或負面意念。

在我們討論過應該拿什麼當實驗對象以後，我改變了心意。我本來目標遠大，想要在第一個念力實驗中就治療燒傷的病患以及減緩全球暖化的程度。單細胞的大傘藻顯然不太符合我的雄心壯志。

不過，更多了解這種藻類之後，我迅速改變了主意。藻類因爲全球暖化而大量死亡。科學家發現，過去一世紀以來，海洋溫度升高了許多；而在過去三十年，扮演海洋生態系統中心角色的珊瑚礁更是開始從地球消失。這是由於海水變暖之後，依附在珊瑚上的藻類就會脫落，而少了這層保護層，珊瑚本身也會死掉。單是加勒比海一地，就有一種珊瑚消失了大約九七％。美國政府最近也把麋角珊瑚和小鹿角珊瑚列爲瀕臨絕種物種。

據聯合國跨政府氣候變遷專家小組估計，到二十一世紀末，地球溫度將會升高華氏十度，帶來可怕災難：海平面升高近三英尺；世界許多地區熱不可耐；病媒蟲傳染的疾病大量發生；出現更多狂暴的水災和風暴。氣溫升高十度看似不是什麼嚴重的事，但事實上，氣溫只要下降華氏十度，我們就會重回冰河時期。

能抵擋這種可怕前景的尖兵似乎就是藻類。藻類和其他植物可以作爲過熱海洋的救火員。科學家現在積極研究海床沉積物，以了解海洋是怎樣應付二氧化碳濃度的增加。他們特別感興趣的是海洋植物如何回應全球暖化，因爲這些植物乃是過量二氧化碳的最先緩衝者。藻類爲海洋植物和海洋動物提供氧氣和其他福祉，形同一道保護牆，幫助它們抵抗人類倒行逆施帶來的惡果。

因此，我重新考慮我對以大傘藻爲實驗對象的抗拒。藻類說不定攸關人類的生存。海洋大部分生命的健康都依賴這種低等的單細胞生物，而海洋就像熱帶雨林一樣，都可以說是地球的肺部。如果藻類全部死去，人類也遲早步上後塵。但若能證明群體念力可以增強藻類樣本的體質，則說不定可以反映，我們的思想意念足以對抗全球暖化這種具潛在摧毀性的力量。

二〇〇六年三月一日，我飛到德國，去見波普和他幾位同事。生物物理學國際研究所的新總部位於杜塞爾道夫（Düsseldorf）西方的鴻波希（Hombroich）的「博物館島」（Museum

Island）。這個「島」的新穎建築起初是爲了滿足百萬富翁卡爾·海因利·米勒（Karl Heinrich Müller）的古怪需要而設計。他原是藝術收藏家，後來變成佛教徒，因爲找不到地方安置他收藏的許多畫作和雕塑，便向美國軍方購入六百五十英畝土地，努力把一個北約飛彈基地改造爲一座「露天」博物館。

米勒的雄心還包括讓他的「島」成爲藝術家和作家的聚居區。他委託雕刻家暨建築家厄維·黑里希（Erwin Heerich）大興土木，授權他自由發揮。結果，黑里希創造出一個充滿未來主義氣息的龐大磚砌複合體，其中包括許多畫廊、一個音樂廳、工作空間，甚至居住區，在一片荒涼地貌中別出心裁地讓它們各具特色。沒有一寸空間被浪費，就連金屬碉堡和飛彈發射井都被改造成工作室，供著名的德國藝術家、作家和音樂家使用：抒情詩人湯瑪斯·克林（Thomas Kling）和雕塑家喬瑟夫·波伊斯（Joseph Beuys）都在這裡創作。

走過一群五顏六色的建築群以後，我的眼睛爲之一亮：迎面而來的一棟矮建築，由一些以奇特方式互相環扣的立方體所構成，乍看就像是行將起飛的樂高積木。那正是生物物理學國際研究所的新總部。起初，出於禮貌，波普接受了米勒這個饋贈，卻發現它那些高及天花板的開闊落地窗（可以看到博物館島的全貌）非常不適合他的研究工作。沒多久，他就把實驗工作搬到其中另一個金屬碉堡進行，那裡的陰暗環境最是適合偵測生物的光放射。

在那裡，我會見了波普團隊的八個成員，包括中國物理學家楊元（Yu Yan，音譯）、法國化學家索菲亞・科恩（Sophie Cohen）和荷蘭心理學家艾德華・范維克。碉堡大部分的狹仄房間裡放著光子擴大器，它們形狀像個現代化大盒子，與電腦連線，可以計算光子的數目。其中一個小房間裡又有一個小房間，裡面放著一張床和一部用於偵測人體的光子擴大器，但它的形狀古怪，由一些金屬圈焊接而成，活像是大衛・史密斯（David Smith）用金屬廢料製作的雕塑。波普自豪地告訴我，那就是他擁有的第一部光子擴大器，由他和學生班納德・魯特（Bernhard Ruth）在一九七六年組裝而成，但至今仍是這領域最精密的儀器。

在測量一些細微的效應時（例如生物體的光放射），很重要的一點是去建構能製造出夠大結果的測試，以顯示真的出現了變化。因此，我們的實驗必須設計得夠結實，讓它得到的正面結果不足以被「魔鬼辯護人」否定（「魔鬼辯護人」是指專挑科學假設弱點的科學程序）。換一種方式說，我們應該秉持史瓦慈的那個座右銘：聽到奔蹄聲，我們必須先確定那不是馬發出的聲音，才能下結論說那是斑馬發出。

在我們的實驗設計中，也必須致力於製造一種「開關、開關」效應，好讓任何因念力帶來的改變都能突顯出來。波普建議，我們發送意念的時間應該採取固定的間歇：每進行十分鐘就休息十分鐘。這樣，如果實驗真有效，一等數據轉換成曲線圖，就會看見一條明明白白的鋸齒狀曲線。

波普另外同意的實驗對象還有腰鞭毛蟲。這種會製造螢光的生物對環境的變化極端敏感。

前面提過，即使放入搖晃過但已回復靜止的水中，腰鞭毛蟲的光放射量也會變得大爲不同。但我希望再加入幾種實驗對象，因爲這樣就有好幾種結果可以對照。多一個正面結果將會減少一分巧合的成分。在我極力爭取下，幾位科學家勉強同意增加兩種實驗對象：一棵青鎖龍和一個人類（由范維克負責找人）。

就像波普與布拉斯班德合作進行實驗時所了解到的，你有時很難讓太健康的生物更健康，所以我們決定讓一些實驗對象不舒服。對簡單生物施壓的最好方法當然是把它們放在一些有刺激性的培養液裡。范維克和索菲婭決定把醋放入腰鞭毛蟲的培養液。至於那棵青鎖龍，則用針扎在它其中一片肥厚葉子上。對於人類對象，范維克想到的方法是給他連喝三杯咖啡。但我不打算告訴志願靜坐者這個，看看他們是不是可以接收到實驗對象的心靈資訊。我們決定饒過大傘藻，以便試試我們的意念能否也影響到健康生物。爲了讓事情簡單化，我們發送的意念只包含兩部分內容，一是減少每個實驗對象的放射光子數，二是增加他們的健康和健全。

儀器在下午三點至晚上九點之間運作，期間，范維克和索菲婭讓光子擴大器開著。在這段時間裡，我將從倫敦那兒自由選擇三個時段（各半小時）放送念力，至於是哪三個時段，則等實驗過後才告訴幾位科學家。

實驗設計受到儀器的限制，光子擴大器不能連續運作六小時，所以我們決定讓儀器每開半小時就休息半小時。在我選擇的三個時段中，我會要求參與者每發送十分鐘意念給四個實驗對象後，就休息十分鐘，然後再發送十分鐘。換言之他們每一小時會發送二十分鐘意念。范維克和波普計畫看看實驗對象的光放射有沒有任何量的變化。若光子在發送念力期間出現任何量子性質的改變，意味那是受到外來影響力所致。換言之，是我們的念力發生了效果。

我爲實驗對象和參與實驗的科學家拍下照片。離開前，我瞄了實驗用的大傘藻和腰鞭毛蟲最後一眼。對於那些腰鞭毛蟲，我有一點點於心不忍：這些綠色的水中小幽靈將要承受壓力，而且說不定會爲科學而犧牲生命。

幾星期後，范維克找到一位志願者：他的荷蘭同事安妮瑪麗・杜爾（Annemarie Durr）。[22]安妮瑪麗是雷射生物學家，也有很長時間的禪修經驗。她雖然對我們的實驗抱著懷疑態度，仍然樂意充當我們第一個人類實驗對象。她此舉可說相當慷慨，因爲志願者必須在一個漆黑的房間裡靜靜躺六小時。

在三月中一個讀者會上，我徵求一些與會讀者參加第一次念力實驗，條件是他們必須有豐富的禪修經驗。我簡報了我們的實驗對象和實驗程序，告訴他們實驗時間定在三月二十八日五點半，地點是我租來的一個大學教室。

實驗當天，當我與同事尼可雷特・沃範（Nicolette Vuvan）走出辦公室，要坐火車到倫敦中區時，天空降下了激烈冰雹，我們不得不在一個門洞裡暫避了一陣子。滂沱大雨讓我們半身滲透，但我卻雀躍不已，心想眞是天助我也。因爲這種狂暴的天氣常常由地磁擾動或大氣擾動引起，而我知道，這一類擾動可以擴大念力的效力。後來，晚上回到家，我上美國海洋暨大氣總署的網站，看到它對今天太空天氣的形容是「不穩定」，地磁活動頻繁，太空中出現小型到中型的風暴。

雖然天氣欠佳，十六位志願者還是依約前來。我交給他們一些表格，請他們塡寫個人資料。表格中有一些是施利茲和克里普納使用過的心理學測試，包括亞歷桑納綜合評量表和哈特曼邊界問卷。對我來說，對志願者了解得愈詳細，愈有助於我在事後判別他們的心靈狀態、心靈感應能力和健康狀態是否對實驗結果有任何影響。

我向他們說明實驗的細節，給他們看實驗對象的照片。我告訴他們會在六點至八點半這段時間內發送意念，每小時發送兩次（一次是從整點到第十分鐘，第二次是從二十分到三十分）。在其餘時間，大家可以休息、交談或塡表。

我們在六點整開始。就像蒂勒在進行念力存儲實驗的做法一樣，我看著電腦螢幕，大聲念出事先寫下的意念內容，好讓每個志願者放送一模一樣的意念。然後，在我的帶領下，大家一起看著螢幕上的實驗對象照片，默默努力降低它們放射光子的數量，增加它們的健康程度。

隨著時間過去，我們愈來愈具體感覺到有一股集體能量慢慢膨脹。在其中一個志願者麥可的建議下，我們分別把大傘藻和腰鞭毛蟲暱稱爲「塔布」和「迪諾」，以便跟這些小小生物建立一點點感情聯繫。雖然座中沒有人曾有過心靈感應經驗，但一些參加者卻開始能接收到來自實驗對象的資訊，特別是來自安妮瑪麗的資訊。好幾位志願者深信她是業餘歌手，喉嚨有反覆發作的毛病；伊莎貝爾認爲她有腸胃病或婦科方面的問題；麥可（他是德國人）則說他腦子裡反覆出現「Schutz der Dunkelheit」（處於黑暗的保護中）這句話，相信這表示對方正裹著毯子；艾咪說她接收到一個心靈映像，看見安妮瑪麗裹著一張豪華、柔軟的毯子，躺在堅硬表面，有時會睡著。艾咪還堅信，安妮瑪麗吃了什麼不消化的東西，胃不舒服。

多數志願者感到自己與青鎖龍和「塔布」取得聯繫，而彼得則是強烈感應到大傘藻對他的大部分念力有回應。不過，我們大多數人卻無法聯繫上「迪諾」，這情形愈來愈甚，以致到了實驗最後，幾乎沒有人再感應到「迪諾」的存在。

我們全都被強烈的目的感充滿，暫時失去了個體認同。實驗結束時，我對這實驗的意義再無半點懷疑，完全不再隱約覺得它有點滑稽可笑。雖然我們不是異能治療師，卻全都感覺到自己成功進行了某種治療。

幾天後，我把我們的禪修時程表傳給波普，讓他的團隊比對結果。我甚至和安妮瑪麗通過電話。我們一些超感官感應被證明是正確的。她的確是業餘歌手，不時會喉嚨痛。雖然平常沒有胃腸方面的毛病，但那個晚上因爲喝了范維克要她喝的三杯咖啡，而感到胃悶。另一方面，雖然傍晚喝咖啡一般會讓她煩躁和失眠，但在實驗那六小時裡，她有時卻睡著了，後來回到家也輕易就入眠。她又說，在實驗中，她的身體每隔一定時間便感到酥麻，經過對比，恰恰就是我們放送念力的時段。儘管如此，我們的心靈感應仍然有失準頭的時候：一對參與實驗的夫妻感應到她是素食者，聽過或唱過韋瓦第（Vivaldi）的歌，但兩者皆非。

分析數據時，范維克不只分析光的強度，還分析它們有沒有偏離「對稱」（在正常情況下，生物體的光放射如果轉換成曲線圖，會呈鐘狀曲線，兩邊完全對稱。）范維克還研究了數據有沒有偏離分布上的「峰態」（kurtosis）。正常來說，生物體光放射的峰態係數是零，因為高峰和低峰會互相抵消。比較過十二個時段後（六個發送意念的時段和六個休息時段），他並沒有發現光的強度有所變化。不過，他卻發現「偏態」（skewness）出現很大的變化（偏態係數從一．一二四到〇．九二二不等），顯示出這些光放射缺乏正常的對稱性，而峰態係數同樣變化很大（從二．四〇三到一．五八一不等）。光裡頭有某些東西被深深改變了。

這些結果讓范維克備感興奮，因為那與他自己對念力治療師做過的實驗完全一致。他曾經研究，治療行為會不會發生「擴散作用」，對治療對象四周的生物發生效應。在該實驗中，他把一些藻類放在一個治療病人的治療師旁邊，又擺上一具光子擴大器偵測藻類的光放射，偵測在三十六回的治療中，藻類的光子數增加了多少。結果意外發現，在治療期間，光子數的分布有「異乎尋常」的改變，在光環部位的放射發生了大位移。他的小型實驗反映出，治療念力會波及它通過路徑四周的生物，影響它們的光放射。[23]如今，他在一些距離三百英里外的平常人身上也發現了同一效應。

四月十二日，波普把大傘藻、腰鞭毛蟲和青鎖龍的實驗數據傳給我。雖然一開始時他認爲數據顯示出實驗毫無效果，但他在經過計算後改變了看法。通常，任何受到壓力的生物在經過一段時間後，會開始適應壓力，放光量也會慢慢減少。因此，爲了證明念力眞有效應，波普必須控制這現象。考慮到這種可能性，他採取了一種歸零的算法，重新計算結果。透過這種方式，他得以斷定某些額外的變遷是否代表光子數的增加或減少。他把光子數目轉換爲曲線圖，便可得知其增減有無偏離常態。

與對照時段相比，三種生物體在實驗時段的放光量都顯著減低。腰鞭毛蟲後來被酸殺死了，這大概就是禪修者難於感應到它們的原因。不過波普指出，腰鞭毛蟲垂死時的反應仍然明顯不同於一般的垂死生物（光放射的次數要少了近十四萬次）。在存活的實驗對象中，念力對大傘藻的效力要顯著於對青鎖龍，前者的光放射次數要比平常少五百四十四次，後者只比平常少六十五．五次。這大概是因爲大傘藻不需要面對壓力，而青鎖龍則有一根針扎在它葉子上的緣故。

波普把數據轉換爲曲線圖，用紅色標示哪些線段是我們放送意念的時段，然後用電子郵件寄給我。曲線圖清楚顯示，我們確實製造了一種「鋸齒」效應。波普在報告中指出，每當我們禪修，「光放射向下的趨勢就明顯大於向上的趨勢」。在大傘藻的情況中，我們的念力讓光放射有五百七十三次低於常態，只有二十九次是高於常態。

我們的小小禪修努力創造了大大的治療效果。雖然只是平常人，又身在遠距離之外，但我們創造的念力效果卻匹敵一個近在咫尺的異能治療師。

我未幾就發現，那天參加念力實驗的志願者都是理想人選。從他們填寫的表格得知，他們修習禪修的時間平均是十四年，全都是人格邊界非常「薄」的人。他們的心靈、情緒和生理都相當健康，而且感情充沛。

很多方面，這都是一個粗淺的初步嘗試。我們只測試了四種對象，它們有些受到壓力、有些沒有，其中一種還死了。我們使用了對照時段，卻沒有使用對照對象。范維克和波普都提醒我，不要太過興奮。「我們必須確定峰態和偏態上的變化是眞實的。這表示，我們得把實驗再重做兩、三遍。」范維克這樣說。波普則說：「雖然實驗結果顯示出某種趨勢，但我可不敢稱之爲證明。」

儘管有這些告誡，但我們取得了顯著結果仍然是不爭的事實。其實，實驗最後獲得正面結果並沒有讓我太驚訝。畢竟三十多年來，包括波普、施利茨和史瓦慈在內的許多科學家已經累積了大量無疵可尋的證據，表明相信念力的存在並非是種輕信。對人類意識的前衛研究，推翻了各種我們迄今認爲是確定不移的科學事實。這些發現提供了有力的證據，證明宇宙的一切彼此關聯、不斷地互相影響。許多被我們奉爲無上權威的物理法則並不是金科玉律。

這些發現的重要性遠不只證明人有超感覺能力或肯定超心理學是一門有效的學科，甚至還讓整棟「科學大樓」搖搖欲墜。羅森鮑姆、高希、柴林格發現量子效應一樣發生在可觸世界這一點，說不定爲現代物理學的二分法吹響終結號角。

我們一向把宇宙定義爲一個眾多孤立物體的集合，又把自己界定爲眾多事物之中的一物。這些定義都得改寫，而需要改寫的還有我們對時間和空間的基本了解。至少有四十個來自世界不同角落的頂尖科學家已經證明，生物體會不斷即時互相傳輸信息，而意念則不過是一種傳輸能量的方法。數百人曾提出可信的理論，讓最反常識的效應（如逆時間影響力）變得能與物理定律相容。

我們再也不能把自己與環境看成是二分，把我們的心思意念看成是私人物品，只存在於自己的腦子裡。數十位科學家寫過數以千計的科學論文，提出擲地有聲的證據，主張意念深深影響我們生活的每一個方面。身爲觀察者和創造者，我們每一瞬間都不斷在改寫自己的世界。我們的每一個心思意念，不管是有意識或無意識的，都會帶有效力。只要是清醒著，意識就會在每一剎那放送意念。

這個發現逼使我們重新省思何謂之人，何謂之關係。我們也許必須開始對自己每一個起心動念心存警惕。哪怕是默默無語的時候，也還是與世界處於互動關係中。

我們還必須體認到，這些觀念已經不再是幾個怪胎科學家的奇思怪想。意念的力量在許多生活領域（從正統醫學到另類醫學到體育界）受到廣泛利用。現代醫學必須要完全承認念力在治療上的重要角色。醫學科學家常常抱怨「安慰劑效應」是一種惱人現象，妨礙對新藥物有效性的測試。但現在，我們應該明白，安慰劑是真有力量的，應該想辦法充分利用這種力量。畢竟心靈一次又一次被證明要遠比最偉大的藥物更有療效。

我們必須重新調整對人類生物學的理解。人類具有一種能影響世界浩瀚的潛力，可以隨意為自己使用。這潛能不是某些天賦異稟者的專利，而是每個人與生俱來就擁有。我們的思想是一種不可窮竭的資源，隨傳隨到，被召喚來醫治我們的疾病、清潔我們的城市、改善我們的星球。我們說不定可以用它來改善空氣和水的品質、減低犯罪和交通事故率，以及提高孩子的學習能力。說不定，只要願意，走在街上的任何普通男女都可以為攸關全球利益的事務盡一分力。

這種知識又說不定可以反過來，還給我們一種個人力量感和集體力量感。這兩種力量感都被現代科學鼓吹的世界觀奪去了很大部分。根據這種世界觀，宇宙是冷漠的，住在其中的是一些互不相干的人事物。事實上，明白了意識的力量以後，可以讓科學與宗教更加靠近，領略到所謂的生命，並不只是一些化學物質或電子訊號的集合。

我們必須對許多原始文化的傳統智慧保持開放態度，因為它們對念力的性質有一種本能理解。這些文化幾乎都相信，宇宙有一個統一的能量場（類似零點能量場），像一張看不見的網一樣，把一切連結在一起。現代的念力科學已經證明，這些原始文化對於顯靈、治療和信仰是有根據的。所以，我們應該向這些文化學習，以體認每個意念都是神聖的，帶有物理形式的力量。

現代科學與古代傳統都可以教我們怎樣使用意念的力量。如果我們學會怎樣以正面方式導引念力，將可能改善這世界每一方面。醫學、治療、教育，乃至我們與科技的互動，全都可能因我們對意識與世界之間的互動有更深入理解而受惠。如果能夠了解人類意識這種異乎尋常的力量，我們對我們之所以為人的一切複雜性，將有更深入的理解。

但有關念力的性質，還有許多待解的問題。前衛科學是探問匪夷所思的藝術。歷史中所有重大成就全始自問一些奇怪問題：石頭從天上掉下來的話會怎麼樣？如果巨大金屬物體能夠抵抗地心引力，會有什麼後果？如果世界沒有盡頭，對航行來說意味什麼？如果時間不是絕對，而是端視你人在哪裡而定，會有什麼後果？所有有關念力的發現，也是從一個乍看荒謬的問題開始：如果我們的意念可以影響周遭事物的話，會有什麼後果？

貨眞價實的科學不會害怕去探索漆黑的路徑。科學的探索總是從一個不受歡迎的問題開始，哪怕知道這問題不可能即時有答案，或是知道答案可能威脅到我們每一個最珍愛的信念。

參與意識研究的科學家必須不斷提出不受歡迎的問題，以理解心靈的性質及其能力範圍。在我們的群體念力實驗中，我們要問的是一個最匪夷所思的問題：群體意念可不可能治療一個遙遠對象？這有一點點像是在問：如果思想可以治療世界，將會有什麼後果？這看似是個荒謬的問題，但科學探究最重要的部分正是有意願問看似荒謬的問題。就像「禱告研究辦公室」主任巴思在本森的禱告實驗失敗後所說的：「不反覆問這些問題，我們就不可能找到答案。」這就是我們的實驗的出發點：無懼於問問題——不管答案是什麼。

【第四部】

實　驗

神蹟並不違反自然，

它們只違反我們所知道的自然。

聖奧古斯丁（St. Augustine）

13 念力練習

迄今爲止，本書談的都是意念力量的科學證據。我們還未做的是測試這力量在日常生活的「肉搏戰」中可發揮到何種程度。許多書籍都談到念力作用有多驚人，它們雖然包含許多直覺眞理，卻沒有提供多少科學證據。

到底，我們擁有多少可以形塑自己生活的力量？可以用它來爲個人和群體做些什麼？我們具有的力量足以治療自己，讓生活更快樂、更有目標嗎？

這正是我需要各位幫忙之處。本書接下來的部分，是要確認念力可進一步利用到多大的程度，而這是需要各位共同參與的。

雖然任何一種專注都會帶來念力的效果，但科學證據顯示，如果一個人變得更「和諧」，念力的效果會更大。所以，使用念力時候，你應該選擇適當的時間和地點，靜下心來，觀想你要影響的對象，用心靈圖像進行心智複演。另外，相信念力的效力也攸關念力的效力。

我們大部分人整天忙東忙西，滿腦子雜亂無章的思緒，心靈很少和諧寧靜。但只要能夠學會關閉內在的喋喋不休（它們總是關注過去或未來，從不會專注於當下），心靈就不難變得較和諧。學習靜心，集中自己的注意力，就像運動員的鍛鍊一樣，你的表現將隨著練習次數的增加，日漸得心應手。

以下的練習要訣是爲了幫助各位變得更和諧，以及在日常生活和我們的群體實驗中能更有效使用念力。它們都是從各個科學實驗成果中提煉出來，已被證明是使用念力相當見效的方法。

念力既可以使用於小目標，也可以使用於大目標。如果是大目標，應該把它拆開來，分段完成。剛開始學習使用念力的人最好選擇小目標，也就是在合理時間架構裡可以達成的合理目標。例如，如果你本來超重四十磅，卻指望一星期後就變成窈窕淑女，便是一個不切實際的時間架構。但不妨把大目標放在心裡，隨著你愈來愈有經驗，將慢慢向目標推進。重要的是，你必須克服半信半疑的態度。心靈可以影響物理現實這種觀念也許與你秉持的世界典範相左，但如果你是活在中世紀，一樣不會相信萬有引力的概念。

選擇自己的念力空間

一批科學研究顯示，規範你的念力空間能擴大念力的效力。所以，使用念力時，最好挑一個你覺得舒適寧靜的環境，擺放沙發或其他舒適座椅，把會讓你分心的多餘東西挪走。如果喜歡，可以使用蠟燭、柔和的燈光或香枝照明。

有些人覺得擺設「神壇」之類的東西有助於集中精神。若是如此，可使用對你有啓發性或特殊意義的物體或照片布置神壇。即使不在家裡，使用念力時仍不妨用心眼想像自己已經回到這個念力空間。

除非你是住在山上，一打開窗子就呼吸到新鮮空氣，否則應該裝一部離子空氣清靜機。離子半衰期（即離子維持有效輻射的時間長度）的長短取決於空氣中污染物質的多寡。如果附近有離子源（如流水）的話，空氣就會愈乾淨，離子的半衰期也愈長。離子濃度最高的環境包括：

- 少人居住的鄉村地區。
- 接近水流處，如瀑布附近。
- 自然生物棲息地。
- 有明亮陽光處——明亮陽光是天然的離子空氣清靜機。
- 風暴過後。
- 山中。

離子濃度最低的地方包括：

- 聚集著一堆人的密閉空間。
- 接近電視機或其他電器之處——電器用品可放出高達一萬一千伏特的電磁波，讓範圍內的一切東西都籠罩在正電荷之中。
- 城市中。
- 工業區附近。
- 有煙、霧、塵、霾的地方。

有個大致通則就是，能見度愈低之處，離子濃度就愈低。能見度低是因爲瀰漫大量大型粒子，而大型粒子易於吸引離子的附著。如果是城裡人，不妨在自己的念力空間擺些盆栽和水源（如案頭噴泉），此舉可以增加空氣中的離子濃度。不要讓你的念力空間有電腦和其他電子小玩意。

熱機

想要進入高度的專注狀態，你必須先把腦波放緩到冥想的水平，即放緩到α波的水平。這種腦波的頻率介乎八至十三赫兆之間。

採取舒服的坐姿。許多人喜歡筆挺坐在硬背椅，雙手放在膝上。你也可以盤腿坐在地板上。緩慢而有節奏地呼吸，用鼻子吸氣，嘴巴呼氣，盡量做到吸氣和呼氣的時間一樣。放鬆腹部，微微前凸，然後慢慢收縮腹部，彷彿想讓它碰到背部。這種動作可確保能以橫膈膜帶動呼吸。

每十五秒鐘重覆一遍，但量力而爲，不要讓自己太累或緊繃。持續三分鐘後開始用心念觀察自己的一呼一吸。再進行五或十分鐘。反覆做這練習，因爲它乃是各位的禪修基礎。就像佛教喇嘛都知道的，要進入α波的狀態，最要緊的事就是讓心靜定下來。當然，如果是一般人，想要做到腦袋一片空白幾乎是不可能的。

許多禪修學派主張，在觀想呼吸進入專致狀態後，可以用某種單一事物把心思給「碇」住，讓它不會雜亂遊走，從而對直覺資訊有更大的接收能力。最常被用來當「碇」的有以下這些：

- 身體和它的運作，或是呼吸。
- 你的心思意念——但應該把它們看成是自己飛來飛去，不是屬於「你」所有。
- 咒語，如佛教使用的「唵」、「阿」、「吽」。

• 反覆默數數字，順著數或逆著數都可以。
• 音樂。最好是有重覆性的音樂，如巴哈的曲子。
• 單一個音調，例如澳洲原住民的樂器「迪吉里杜管」所發出的聲音。
• 鼓聲或敲擊聲——很多傳統文化都用這種重覆的聲音讓人安定心神。
• 禱告，例如用《玫瑰經》禱告，它反覆的節奏能把心靜下來。

一直練習，直到你自然而然就能夠「入定」二十分鐘或以上爲止。

高度的專注狀態

「熱機」還包括發展出一瞬間接一瞬間的高度專注能力。培養這境界的最好方法是練習佛陀在西元前五百年鼓吹的專注於一的禪定冥想。它教人要一剎那一剎那地清楚覺察到自己內外所發生的事，不去用情緒扭曲知覺，或是心不在焉，沉埋在自己的思緒裡。

除了要求專注以外，專注於一的禪定冥想也要求你監視著你專心的焦點，把這焦點瞄準在當下。透過這方法，你將可關閉心靈的內在喋喋不休，全神貫注於感官經驗，無論那是多平凡瑣碎的感官經驗：吃飯、擁抱小孩，或只是從毛線衣挑起一根棉線。對你的心靈來說，專注於一的禪定冥想就像是心靈的慈母：她會讓孩子知道要注意什麼，孩子一迷路就會把他找回來。

假以時日，專注於一的禪定冥想還可以加強你的感官清明度，讓你不會對日常生活麻木不仁。把專注於一的禪定冥想整合到日常生活的一個困難是，現在人們練習這個的時候，都是在閉關修行時，如此才能有餘暇一天花幾小時在這事情上。儘管如此，還是有一些方法可以把許多傳統禪修方法帶入你的念力冥想中。

一等你到達α波的狀態，就靜靜觀察發生在你心靈與身體的所有感覺。專注於如如呈現的一切，不要被情緒、想望、好惡左右你的焦點，也不要壓抑或排斥任何負面思想。一個駕馭心靈的好方法就是「住到你的身體裡面」，感受身體的各種狀態。

必須記住，專注於一的禪定冥想和單單的專注是不同的，前者不帶價值判斷，也沒有任何參考座標。只要靜靜觀察每一剎那的當下就好，不要讓它們被喜歡或不喜歡的情緒著色，也不要把它們認同為「你」的經驗。簡言之，在禪定冥想之中，沒有「好」與「壞」可言。

- 盡力去清楚感受你覺察的一切氣味、質地和顏色。房間裡有什麼味道？你嘴巴裡是什麼滋味？你坐著時臀部是什麼感覺？
- 仔細覺知發生在你內外的一切。每當逮到自己在作價值判斷，就告訴自己：「我在思考。」然後摒棄思考，回到純粹的觀察。
- 培養聆聽房間裡各種聲音的能力：水管裡的轆轆聲、狗的吠叫聲、汽車喇叭聲、飛機從天空飛過的聲音。接受所有聲音，不管是噪音、雜音還是寧靜，都只管聆聽，不作價值判斷。

- 注意房間裡的其他各種變化：日光的「顏色」、房間的光亮度、任何發生在你面前的動靜、寧靜的感覺。
- 試著消除你對某種結果的期望或追求。
- 接受一切，不加價值判斷。這意味著不對發生的事情作解釋。隨時注意自己有沒有執著於某些意見、觀點、偏好而排斥其他想法。接受你的感覺與經驗，哪怕是讓你不愉快的部分。
- 不要匆匆忙忙。如果你必須匆匆忙忙，就去感受這匆匆忙忙讓你有什麼感覺。

在日常生活中培養禪定的心

即使你不打算使用念力，但有證據顯示，如果能夠在日常生活中培養專注於一的禪定冥想，也可以把腦子重塑得好。對於要如何做到這一點，心理學家查爾斯・塔特博士有如下建議：❶

- 每天抽出若干小時段，安靜下來，覺觀你內外發生的事。

- 在日常活動中，每感到思緒遊走，就觀想呼吸，它可以讓你穩在原地。
- 覺觀你那些最瑣屑的活動，如刷牙或刮鬍子。
- 做一些小運動，如散步之類的，讓你可以完全專注在自己身上。
- 隨時隨地在心裡「登記」自己正在做什麼事：「我在拿外套」、「我在開門」、「我在綁鞋帶」。
- 在每個日常環境中使用專注於一的禪定冥想。在準備晚餐或刷牙時，努力去覺察所有氣味、質地、顏色和身體感覺。
- 學習認眞看著你的伴侶、孩子、寵物、朋友和同事。在每一種活動中仔細觀察他們，不加價值判斷。
- 在從事一些活動時（例如吃早餐），要求你的孩子不要說話，覺觀活動的每一方面。專心感受食物的滋味，細細察看其質地和顏色。燕麥片嚼起來的口感如何？果汁流入喉嚨是什麼感覺？當你注視這一切時，有些什麼樣的身體感覺？
- 細細聆聽每天圍繞你的千百種聲音。有人對你說話時，除了聆聽他們的話，也聆聽他們的「聲音」。對方話沒有講完前不要搶著回應。
- 在每種活動中練習專注於一的禪定冥想：上街時這樣做、開車回家時這樣做、在花園裡除草時也這樣做。

- 練習專注於一的禪定冥想時如果湊巧碰上某個人，不要跟對方談話，打個招呼和握握手就好。
- 在極端忙碌或必須限時完成工作時使用專注於一的禪定冥想。觀察自己在極端忙碌時是什麼感覺。是否影響到你的均衡呢？做自己的旁觀者。當你工作非常忙碌時，你還能住在身體裡面嗎？
- 排隊時練習專注於一的禪定冥想。感覺一下等待是什麼感覺，不要老想著你排隊所等待的東西，而是觀想你身體和心靈的活動。
- 不要老想著一些來日才會來到的大難題或設法要解決它們。只先處理即時的難題就好。

與他人匯流

實驗證明，當兩個人以手互觸對方胸口，或是以慈悲心觀想對方心臟，兩人的腦波會發生拽引。❷

所以，在使用念力前，與你想影響的對象發生某種情感聯繫也許攸關重要。

以下幾種方法可以幫助你建立這種聯繫：

- 剛開始學習使用念力時，只用在與你有強烈感情聯繫的人身上，如配偶、孩子、兄弟姊妹或好朋友。

- 如果是你不認識的人，跟他交換紀念品或照片。
- 去見見對方，一起散個步。
- 跟對方一起禪修半小時。
- 請求對方在你發送念力時敞開心胸接受。
- 即使你的對象是非人類或無生物，一樣可以建立某種聯繫。不管對方是植物、動物還是無生物，要行使念力前，都應盡可能多認識它們。另外，如果可能，把它們放在你身邊一段時間。更不用說要好好對待它們（哪怕只是你的電腦或影印機）。

培養慈悲

帶著慈悲心發送的念力顯然更有效力。至於慈悲心的培養，可採用以下方法：

- 觀想自己的心臟，想像你給它傳送光。觀察那光從心臟向身體其他部分延伸出去。然後給自己一個祝福：「但願我健健康康，遠離苦痛。」
- 繼而祝福其他人，先是自己的親人，然後是好朋友，然後是熟人，然後是你厭惡的人。每一次，一面呼氣，一面想像一道白光從你心臟輻射而出，射向他們，一面想像一面這樣祝福：「但願他們健健康康，遠離苦痛。」

• 最後，把祝福心願發送給全世界的人類與生物：「我要把慈愛帶給所有生物，但願他們全都健健康康。」

• 學習在想像裡與你所愛的人交換角色。想像你就是你的配偶、父母或孩子。試著鑽進你愛的人的腦子裡，用他們的眼睛看世界，感受他們的恐懼和夢想。

• 史東曾經引用《西藏生死書》❸作者索甲仁波切（Sogyal Rinpoche）的話指出，當我們因為看到電視新聞裡的貧窮和苦難而心有戚戚時，不應該讓這種偶然燃起的慈悲心一閃即逝：

> 當你的愛心或同情心生起時，不要平白浪費；當你的慈悲感湧起時，不要把它撥到一邊，想要趕緊回復「正常」，或是感到難為情或害怕。應該當個感情脆弱的人，應該利用這轉瞬即逝的慈悲之心。冥想它，培養它，擴大它，深化它，讓它進到你的心底深處。這樣做的話，你就會了解到自己一向以來對別人的苦痛有多麼麻木不仁……❹

• 如果是要用念力治療某個人，先設身處地感受對方的病痛，想像他的心情。問問自己，如果你得到同樣的病，會是什麼感覺，會有多麼渴望得到治療。

• 現在，直接將你充滿愛意的意念投射給對方。如果對方就在你面前的話，握住他（她）的手。

說出意念

在禪修狀態中，清楚說出你的意念的內容。許多人喜歡把意念內容構設為「未來時態」，我卻喜歡使用「現在時態」，就像是一**個希望業已獲得實現**。例如，如果是治療背痛，不要說「我的背痛將會消失」，應該說「我的背部毫無疼痛，可以自由靈活活動。」也盡量使用正面句子，少用反面句子，例如，應該說「手術結果一切良好」，不要說「手術不會有副作用」。

清楚明確

清楚明確的意念似乎效果最佳。務求讓你的意念高度明確，愈仔細愈好。例如，如果你想治療你小孩左手的第四根手指，就務必要在意念中指明是該手指，最好還說明是哪裡出了問題。

說出你的整個意念，包括你想影響的是何時何地的何人何物。像新聞記者那樣，使用下列的項目清單來檢查你有沒有遺漏任何重要部分：誰人、什麼事、何時、何地、為何、怎樣。另一個也許有幫助的方法是，把你想達到的目標畫成圖畫，放在你常常看得見的地方。

心智複演

就像頂尖運動員都知道的，最有效使用念力的方法就是投入全部五官去想像你想獲得的結果。視覺化想像可用於任何目標：改變生活處境、工作環境、人際關係、體能狀態、心靈狀態（由消極轉積極），乃至個性。視覺化也可用於對別人發送念力上。自己來引導心靈圖像有點像是自我催眠。

發送意念以前，先用心靈把想要獲得的結果好好想像一遍。很多人以爲，使用視覺化想像，就表示要在腦海裡「看見」一幅清晰畫面。然而，若就念力的使用來說，清楚畫面不是不可少的，有時甚至全然用不著。有時，你需要有的只是一種印象、一種感覺。有些人喜歡以文字想像，有些人則喜歡用聲音或觸感想像。採取何種心智複演，視乎你最喜歡用哪一種感官而定。

以治療背痛爲例，你可以想像自己的背痛已經消失，正在從事一些你喜歡的運動。重點是你要清楚鮮明地觀想背部不痛、柔軟有力的感覺。想像你正在輕快走路，背一點都不痛，想像你自由自在奔跑的感覺。如果你是要治療別人的背痛，可以用一樣的方法，但想像你自己的背部就是對方背部。

視覺化想像

要學習視覺化想像，可從以下的練習開始。每次先進入禪修狀態，而想像或回憶過程應力求真切：

- 回想最近吃過的一頓美味餐點。你可以記得它的一些氣味和滋味嗎？
- 回想你的臥室。在心靈裡把它走一遍，回憶它的某些細節，如床鋪、窗簾、地毯的顏色或觸感。你不需要回想房間的每一個細節，只要回憶到一些部分或感覺就可以。
- 回憶最近的一次快樂時光（與愛人或孩子共度的）。回憶最鮮明的感覺與畫面。
- 回憶從事一些活動（跑步、踩單車、游泳、健身）的感覺。努力想像你的身體正在從事這些活動。
- 回憶你喜愛的音樂。試著在腦海裡播放那音樂。
- 回憶最近一次帶來強烈身體感覺的經驗（如跳水、洗蒸汽浴或做愛）。試著放鬆所有的身體感覺。

要視覺化你的念力，可採取以下方式：

• 在腦海裡創造你想達成的結果的畫面。想像它已經發生，而你就在其中。

• 努力想像有關該情境的更多感官細節，如色、香、味、觸感。

• 以樂觀進取的態度想像結果。用心靈話語告訴自己，你的目的已經實現或是正在實現（不是「將要」實現）。例如，如果你有心臟方面的毛病，就告訴自己：「我的心臟健健康康。」

• 如果是要治療自己，就想像治療能量（一道白光或某個神祇之類）充滿你，然後想像它醫治你生病的身體部分，讓它回復健康。如果你喜歡想像「正邪對決」，那就想像「英雄」細胞打擊或吃掉「壞蛋」。不然，可想像生病細胞或組織變爲健康細胞，或生病細胞爲健康細胞取代。常常在心眼裡想像自己完全健康，日常生活自理無礙。另外，如果你哪個器官有毛病，可以在網路或書本找一張該器官的照片，然後想像你的器官就像照片中的器官一樣健康。

• 如果你身體疼痛，想像治療的能量隨著每一次吸氣被你吸入，然後流淌到你的肌肉與血液細胞，再透過動脈被輸送到神經，最後讓疼痛得以緩和、治癒。

• 不管是禪修中還是一天的其他時間，常常做這種視覺想像。

信念

安慰劑效應強烈顯示，信念的力量非同小可。相信念力可以發揮作用對安慰劑是不是眞能發揮作用至關重要。要堅定相信念力必然收效，不要容許自己去想像有失敗的可能性。丟棄任何「這種事不可能發生在我身上」的念頭。如果你要用念力幫助某個不相信念力這回事的人，最好是先跟他談談，拿本書和其他地方提供的科學證據給他看。兩人是不是分享相同信念是很重要的。本森相信，他研究的那些西藏喇嘛之所以能夠有出神入化的表現，是因爲他們用各種方式把信念內化到自己的最深處。❺

站到一邊

對禪修、靈媒和另類療法的研究顯示，那些使用念力最成功的治療師，總是想像自己與病人和宇宙連結在一起。所以，在進入高度專注狀態後，你應該放空自己，鬆開自我感，努力讓自己與念力對象和宇宙融爲一體。然後，把你想達到的結果清楚說出來。在這一刻，你也許會感受到你的意念已被一種更高的力量接收。這時，你再以一個懇求結束內在冥想，然後讓你的自我站到一邊。記住：這「力量」不是源出於你——你只是力量的導管。把意念發送給宇宙時，請以懇求的形式發出。

時間拿捏

有證據顯示，以心控物的意念在地磁活動頻繁的時候最是有效。有一些網站可以讓你查到你居住地區的地磁活動水平。美國海洋暨大氣總署設有一個「大空環境中心」（www.sec.noaa.gov），那是美國官方的太空天氣。太空環境中心本身又有一個稱爲「太空天氣行動」的特別部門，由美國海洋暨大氣總署與美國空軍聯合運作，負責預測太陽和地磁的活動。

太空天氣行動提供大量透過地面天文台和衛星得來的即時資料。這些資料讓「太空天氣行動」部門得以預測太陽和地磁活動，讓全世界事先預防強烈太陽或地磁風暴來襲。想知道你準備行使念力那天的太空天氣預測，可至 http://sec.noaa.gov/today2.html。

大空環境中心製作了一些「太空天氣規模表」，門外漢也能因此輕易了解地磁風暴、太陽輻射風暴的強度和它們會干擾電子通訊的程度（見 www.sec.noaa.gov/NOAAscales）。它們所附的數字（如「G 5」）代表嚴重程度：1最輕微，5最嚴重。

歐洲太空總署和美國太空總署曾聯手建立「太陽與日光層觀測站」（The Solar and Heliospheric Observatory），以觀測太陽對地球的影響。因此，想獲得更多資訊，請前往 http://sohowww.nascom.nasa.gov/。想要找其他太空天氣的資訊，請前往 http://sohowww.nascom.nasa.gov/spaceweather，這個網頁有關於地磁活動、太陽風、高能質子通量和X射線通量的有用圖表。

衡量地磁活動的單位是「K指數」和「a指數」。前者分十級，0代表最平靜，9代表最喧鬧；後者的級別則要大上許多（從〇到四〇〇）。

要發送念力，最好選「K指數」大於5或「a指數」大於二〇〇的日子。

一天二十四小時當中，最佳放送念力的時間也許是「地方恆星時」的中午一點（請用網路查出你所在地的「地方恆星時」）。另外，應該選擇你身心康健的日子做這事。

綜述

- 進入你自己的念力空間。
- 用禪修來熱機。
- 透過專注於一的禪定冥想，當下讓自己進入專注狀態。
- 透過觀想慈悲以及建立聯繫，讓自己與你想幫助的對象達到同樣腦波狀態。
- 意念盡量清楚明確。
- 投入全部感官去進行心智複演。
- 以鮮明的細節，把你想達到的結果想像成既成事實。
- 抓對時間：先查查太陽的情況，選一天你感覺身心康健的日子。
- 站到一邊：順服於宇宙的力量，把結果交託出去。

14 個人念力實驗

如果你已經熱過機，那你在日常生活中又可以用念力帶來哪些改變呢？爲了幫助各位找出答案，我在一些科學家的協助下設計了一系列非正式、個人性的念力實驗。

以下的「實驗」可以用兩種方式來看待：一是看成把念力整合到各位生活中的跳板，二是看成一個大型科學實驗的拼圖板。我鼓勵各位把實驗結果貼到我們的網站。

進行這些實驗所需要的器材只是一本筆記本和一份月曆。一開始時，記下你發送意念的日期和次數。實行念力實驗時你必須在「念力空間」裡先「熱機」，然後按照第十三章所勾勒的步驟執行。但是如果你想醫治自己而患的又是嚴重疾病，那最好是找一位訓練有素的治療師（不管是正統還是另類治療師）從旁輔助。

每日記錄你的念力對象的任何變化。如果你是要醫治自己或別人的疾病，那就每天觀察病情進展。例如，對方整體來說有什麼感覺？他哪些症狀改善了？他有變得更差嗎？有沒有任何新出現的症狀？如果病情出現嚴重惡化，馬上找專業治療師諮詢，並反省你對對方有沒有潛意識恨意。

如果你想改變你與某個人的關係，讓你們從非常敵對變得較爲友好，那最好是把你們每日互動的情形記下來，以判斷是否有任何改變。

用念力爲生活帶來一些改變

挑選一個目標，試著用念力讓一件你希望能發生在你身上的事情實現。最好是極難得或近乎不可能發生的事情。如果它眞的實現了，更能斷定那是你的念力所起的作用。

以下是一些參考選項：

- 讓丈夫忽然送妳花——假如他從未送過妳花的話。
- 讓太太忽然願意坐下來，與你一起看美式足球轉播——假如她以前都拒絕這樣做的話。
- 讓惡鄰居忽然主動與你閒話家常。
- 讓孩子主動幫忙洗碗盤。
- 讓孩子早上自己醒來，不用人催就自行盥洗、穿衣服，準備好上學。
- 改變天氣（例如讓降雨增加或減少三〇％）。
- 讓小孩主動整理床鋪。

- 讓你的狗晚上不亂吠。
- 讓你的貓不抓沙發。
- 讓丈夫或太太下班後比平常早一小時回家。
- 讓你小孩看電視的時間減少兩小時。
- 讓某個平常冷淡你的同事主動跟你打招呼和搭訕。
- 讓你的業績高一成。
- 讓你種的植物生長速度比正常快一成。

如果這一類的目標收效，各位就可以嘗試較複雜的目標。不過，剛開始時只試圖影響一件事情就好，如此才容易量化和判斷那是由你的意念所導致的事情。

逆向念力

- 如果你有什麼身體毛病，那想像你回到了毛病剛開始出現的時候。用意念使之緩解。再看看你現在有沒有覺得好些。
- 如果你與某人形同陌路，那想像你回到了你們發生齟齬的時間點，發送念力去改變它。務必要把意念的內容說明得清楚明確。

- 問問朋友和家人，你是不是可以爲他們五年前得過的疾病禱告。這個主意聽起來很荒謬，但又無傷大雅，所以他們大概不會反對。爲他們從前的疾病禱告過後，觀察一下他們現在的健康有沒有改善。如果你膽子夠大，也不妨爲附近醫院的病人做這樣的禱告。但必須首先得到病人和他們醫生的同意。

請把結果傳到我們的「念力實驗網站」（www.theintentionexperiment.com）。

群體念力練習

找一群志同道合的朋友進行群體念力練習。布置一個可供聚會使用的念力空間，在你住的那一區選擇一個實驗目標。以下是一些參考選項：

- 改變天氣。
- 讓暴力犯罪率減低五％。
- 讓空氣污染程度減低五％。
- 減少你住那一區某條街的垃圾量。
- 讓你寄的信早寄達一小時。

- 讓社區共同努力的一些目標可以實現（如阻止在社區內建立基地台等）。
- 讓涉及小孩的交通事故率減少三〇%。
- 讓區內學童平均成績提高一級。
- 讓區內虐童事件減少三〇%。
- 讓非法手槍持有減少三成。
- 增加或減少降雨量一成。
- 讓你所住那區的酒徒減少二五%。

請你們其中一位成員負責查找統計數字（意外事故、天氣或犯罪方面的數字，視乎你們要影響的是什麼而定），最好是把過去五年和附近地區的數字都找出來，這樣得到的比較結果會更堅實。

每次聚會時請決定一個實驗目標，然後一起熱機，用視覺化想像。一旦進入集體專注狀態後，由其中一人大聲讀出意念的內容。接下來，便定期聚會和發送同一意念。仔細閱讀發送念力前一個月和之後幾個月的統計數字，有任何變化都記錄下來。

請把結果傳到我們的「念力實驗網站」（www.theintentionexperiment.com）。

15 群體念力實驗

現在我要邀正在看書的各位參加一場規模龐大的群體念力實驗，那將是歷來最大一場以心控物的實驗。

透過群體實驗，各位將可爲增加世人對念力的了解有所貢獻。我們的網站除了公布實驗結果外，還設有部落格和互動單元，可供全世界志同道合的人分享心得和張貼個人念力實驗（見第十四章）的結果。

當然，我們的實驗不是強制性的，不是凡讀過這書的人就非得參加不可。事實上，沒有極大熱情的人我寧可他們不要參與其事。我需要的是有承擔的參與者，是對這個念力實驗嚴肅以待的人。這是很重要的，因爲每個實驗都需要花上參與者幾分鐘到一小時不等的時間，而未來我們甚至會考慮把實驗的時間拉得更長一點。

想要參與群體念力實驗，請先登入我們的網站（www.theintentionexperiment.com）。在那裡，各位可查到最新一個實驗的舉行日期和預定目標。我們會把日期訂得與有強烈地磁活動的日子盡量接近。如果想參與實驗，最好是把日期記在記事本裡，以免忘掉。大型實驗花費昂貴，分析實驗結果也需要頗長時間，所以，如果各位錯過一次群體念力實驗，有可能需要再等上幾個月，才會等到下一個。

實驗舉行幾天前請熟讀網站上的初步指示，它們會告訴各位，在發送意念之前需要先做過第十三章介紹的許多「熱機練習」。各位也會找到你住的那時區的資訊。我們的網站設有時鐘（根據美東標準時間和格林威治時間設定）、倒數計時器和不同時區的時間對照表。這是個世界各地讀者都會參與的實驗，所以大家是不是能同一時間送出意念攸關重要。

由於這是一個科學實驗，我們需要的是認眞和有點背景知識的志願者，換言之是讀過這書和了解其觀念的讀者。爲了過濾玩票的人，我們會要求參與者塡入通關密碼（幾個月換一次），而通關密碼則是取材自本書詞句。例如，我們會問你，美國精裝版的第五十七頁（在美國平裝版是第六十五頁）第三段第四個字是什麼字。想要參與實驗，唯一方法是讀過本書和以正確通關密語登入，之後，你將會得到一個私人密碼，供未來的實驗使用。

由於這是一個科學實驗，我們需要知道參與者的一些資料，例如平均年齡、性別、健康程度等，可能的話，我們還希望知道他們有沒有若干心靈感應能力。實驗當天，會要求各位塡寫一些個人資料。我們的科學家也設計了一些簡短問卷，有勞各位回答。當然，按照國際與國內的資料保護法的規定，這些資料會絕對保密。塡寫過一次問卷後，各位參與日後其他實驗時將不再需要提供任何資料。

在實驗當天網站所規定的時間，你需要向指定地點發送一個設計得謹慎、詳細的意念。網站會指導你各個步驟。它會要求你先「熱機」，進入禪修狀態，然後進入慈悲狀態，再把意念發送出去。

例如，假設我們的實驗是要在三月二十日星期五美東時間晚上八點讓波普位在德國實驗室裡的吊蘭長快一點，那麼，當天我們的網站將會有那盆吊蘭的照片或即時映像，並請各位默想或念出以下字句：

我們要讓養在波普實驗室的吊蘭生長得比對照組的吊蘭快一〇%。

如果實驗是要醫治某個病人的傷口，則意念的內容會類似是：

我們要讓麗莎的傷口比平常癒合得快上一〇%。

因爲這是個科學實驗，所以必須把希望的結果設定爲顯著和可量化的：例如快一〇%或一〇%，又或是比平常或比對照組冷華氏十度。

實驗結束後，我們的科學團隊將會進行分析，再由中立的統計學家檢查成果。實驗結果會公布在網上。

必須重申，我不能保證實驗（不管是初期或後來的實驗）一定見效。但身爲科學家和客觀的研究者，我們有責任公布得到的數據。不管初期的實驗成功與否，我們都會繼續改進實驗的設計。一個實驗即便不成功，其結果仍能讓我們對群體念力的性質有更多了解。這就是前衛科學的本質：單憑雙手不斷摸索，在一片漆黑中摸索出正確路徑。

請常常光臨我們網站，張貼你的個人實驗結果（見第十四章），查看新實驗的預定舉行日期。如果你喜歡這本書已寫成的部分，就絕不可錯過它永續的續編——我們的網站（www.theintentionexperiment.com）。

鳴謝

《念力的科學》是由我與許多科學家和醫學博士所進行的訪談和通信整理而成，他們包括：阿特曼史巴希爾（Harald Atmanspacher）、巴克斯特（Cleve Backster）、比爾曼（Dick Bierman）、布呂克內（Caslav Brukner）、康納（Melinda Connor）、大衛（Eric David）、大衛森（Richard Davidson）、戴蒙德（John Diamond）、迪布爾（Walt Dibble）、杜特（Thomas Durt）、高希（Sayantani Ghosh）、哈默洛夫（Stuart Hameroff）、亨特（Valerie Hunt）、克魯科夫(Mitch Krucoff)、科羅特科夫（Konstantin Korotkov）、克里普納（Stanley Krippner）、拉扎爾（Sara Lazar）、李博維奇（Leonard Leibovici）、墨菲（Todd Murphy）、尼爾森（Roger Nelson）、佩辛格（Michael Persnger）、雷丁（Dean Radin）、雷斯尼克（Benni Resnick）、羅森鮑姆（Tom Rosenaum）、沙尼加（Metod Saniga）、施利茨（Marilyn Schlitz）、史瓦慈（Gray Schwartz）、史東（Jerome Stone）、蒂勒（William Tiller）、范維克（Eduard Van Wijk）和吳爾夫（Fred Alan Wolf）。

我也訪談過一批訓練有素或天賦異稟的念力使用者，包括遙視者斯旺（Ingo Swann）、氣功大師弗蘭齊斯（Bruce Frantzis）、念力治療師珀爾（Eric Pearl），外加一批曾經詳盡回覆我的問卷的異能治療師。

我特別要感激以下諸位：韋德拉爾（Vlatko Vedral），他教了我最新的量子理論；史瓦慈，他有許多原創觀念，又在各方面幫助過我；蒂勒，他不厭其煩向我解釋他的理論；克里普納，他提供我許多名單和研究個案；雷丁，他對逆向念力的科學研究對我啓發良多。以下幾位都讀過本書關於他們部分的手稿，並修正了所有錯誤：巴克斯特、比爾曼、布呂克內、大衛森、高希、科羅特科夫、克里普納、拉扎爾、佩辛格、波普、雷丁、羅森鮑姆、史瓦慈、史東、蒂勒、范維克、韋德拉爾。各種參考書中，我受惠最多的有：多西（Larry Dossey）的《小心你的禱告內容》（*Be Careful What You Pray For......*）、施利茨的《意識與治療》（*Consciousness and Healing*）、貝諾爾（Daniel Benor）的四大冊著作、蒂勒的各種著作、雷丁的《糾纏的心靈》（Entangled Minds），以及巴克斯特的《本能感知》（*Primary Perception*）。網路上刊登的各種參考書目對我非常有幫助，包括雷丁《糾纏的心靈》的書目、墨菲《禪修的科學》（*The Science of Meditation*）的書目和史蒂芬·史瓦慈（Stephan Schwartz）的書目。

我要感謝的還有「自由出版社」（Free Press）的多納修（Suzanne Donahue）、梅特卡夫（Heidi Metcalfe）、加拉格爾（Shannon Gallagher）、保爾森（Andrew Paulson），以及英國「哈潑科林斯出版社」（HarperCollins）的懷特利（Wanda Whiteley）道森（Liz Dawson）和巴奇（Belinda Budge），他們爲我的出版計畫移除障礙，每一階段都支援有加。我的幾位編輯，包括梅雷迪斯（Leslie Meredith）、卡林頓（Katy Carrington）、科爾曼（Andrew Coleman）、薇奧拉（"Violent" Viola）和喬爾芬（Bryan Cholfin），曾以無數方式讓手稿得到改善。

另外值得一提的是阿恩茨（Will Arntz）、蔡斯（Betsy Chasse）和維森特（Mark Vicente），他們全都參與過電影《我們到底知道多少?》（*What the BLEEP Do We Know!?*）的製作，並繼續支持《療癒場》和我的其他計畫。我也感激我在「生命意志」（Conatus）公司的全部同事，特別是愛德華茲（Tony Edwards）、埃文斯（Joanna Evans）、武范（Nicolette Vuvan）和米科洛斯基（Pavel Mikoloski），他們全都爲《生活在場中》（*Living The Field*）出過大力。

我兩位經紀人蓋倫（Russell Galen）和巴洛（Daniel Baror）從一開始就積極參與本書的撰寫計畫，然後又奔走全球，爲它尋找到一些最好的歸宿。

我兩個女兒凱特琳和阿妮婭讓我認識到念力在日常生活中的威力，所以也是我要感謝的人。

楊恩、鄧恩，還有波普、維克、索菲亞・科恩（Sophie Cohen）、「安妮瑪麗」（Annemarie）和「生物物理學國際研究所」的全體同仁一起玉成了我的第一個念力實驗，他們的貢獻是無法衡量的。可以說，沒有他們，這本書根本不可能存在。

最後，一如以往，這書的最大功臣是外子布賴恩，他植下第一顆種子，又加以細心灌溉，讓它成長茁壯。

注釋

【自序】人類意識可以改變物質世界

❶ N. Hill, *Think and Grow Rich: The Andrew Carnegie Formula for Money Making*（New York: Ballantine Books, 1987, reissue edition）.

❷ J. Fonda, My Life So Far（London: Ebury Press, 2005）, 571.

【前言】意念的創造力量

❶ 對這些科學家和他們的發現的一個較完整介紹，見 *L. McTaggart, The Field: The Quest for the Secert Force of the Universe*（New York: HarperCollins, 2001）.

❷ 牛頓這部大作的全名是 *Philosophiae Naturalis Principia Mathematica*——這個書名等於承認它是有哲學意涵的。不過一般提到這本書，都會簡稱之爲 *Principia*。

❸ R. P. Feynman, *Six Easy Pieces: The Fundamentals of Physics Explained*（New York: Penquin, 1995）, 24

❹ McTaggart, *The Field*.

❺ 匈牙利裔美籍物理學家維格納（Eugene Wigner）因爲對量子物理學的貢獻而獲得諾貝爾獎。他曾經透過一個叫「維格納之友」的思想實驗，主張觀察者可以讓著名的「薛定諤之貓」（Schrödinger's cat）垮陷爲單一狀態。「觀察者效應」的其他擁護者包括埃克爾斯（John Eccles）和沃克（Evan Harris Walker）。惠

勒（John Wheeler）也被認爲主張宇宙需要參與者：它只有在我們望向它的時候才存在。

❻ McTaggart, *The Field*.

❼ E. J. Squires, "Many views of one world—an interpretation of quantum theory," *European journal of Physics*, 1987; 8: 173.

❽ B. F. Malle et al., *Intentions and Intentionality: Foundations of Social Cognition*（Cambridge, MA: MIT Press, 2001）.

❾ M. Schlitz, "Intentionality in healing: mapping the integration of body, mind and spirit," *Alternative Therapies in Health and Medicine*, 1995; 1(5): 119-20.

❿ R. G. Jahn et al., "Correlations of random binary sequences with prestated operator intention: a review of a 12-year program," *Journal of Scientific Exploration*, 1997; 11: 345-67.

⓫ R. G. Jahn et al., "Correlations fo random binary sequences with prestated operator intention: a review of a 12-year program," *Journal of Scientific Exploration*, 1997; 11: 345-67; Dean Radin and Roger Nelson, "Evidence for consciousness-related anomalies in random physical systems," *Foundation of Physics*, 1989; 19(12): 1499-1514; McTaggart, The Field, 116-7.

⓬ 對這些實驗的詳細介紹，請見 D. Benor, *Spiritual Healing*, vol. 1（South-field, MI:Vision Publication, 1992）.

⓭ R. P'eoch, "Psychokinetic action of young chicks on the path of a 'illuminated source'," *Journal of Scientific Exploration*, 1995; 9(2): 223. R. Peoc'h, "Chicken imprinting and the tychoscope: An Anpsi experiment," Journal of the Society for Psychical Research, 1988; 55: 1; R. Peoc'h. "Psychokinesis experiments with human and animal subjects upon a robot moving at random," *The Journal of Parapsychology*, September 1, 2002.

⓮ W. G. Braud and M. J. Schlitz, "consciousness interactions with remote biological systems: anomalous intentionality effects," *Subtle Energies*, 1991; 2(1): 1-27 McTaggart, *The Field*, 128-9.

⓯ M. Schlitz and W. Braud, "Distant intentionality and healing: assessing the evidence," *Alternative Therapies*, 1997; 3(6): 62-73.

⓰ W. Braud and M. Schlitz. "methodology for the objective study of transpersonal imagery," *Journal of Scientific Exploration*, 1989; 3(1): 43-63.

⓱ W. Braud al et., "Further studies of autonomic detection of remote staring: replication, new control procedures and personality correlates," *Journal of Parapsychology*, 1993; 57:391-409; M. Schlitz and S. La. Berge, "Autonomic detection of remote observation; two conceptual replications," in D. Bierman, ed., *Proceedings of Presented Papers: 37th Annual Parapsychological Association Convention*, Amsterdam,（Fairhaven, MA: Parapsychological Association, 1994）, 465-78.

⓲ D. Benor, *Spiritual Healing: Scientific Validation of a Healing Revolution*（Southfield, MI: Vision Publications, 1994）, 465-78.

⓳ F. Sicher, E. Targ et al., "A randomized double-blind study of the effect of distant healing in a population with advanced AIDS: report of a small scale study," *Western Journal of Medicine*, 1998; 168(6): 356-63. 關於此類研究的完整介紹詳見 *The Field*, 191-96.

⓴ 一九三〇至一九八九年間記錄在案的擲骰子實驗共有三十七個。心理學家雷丁一九八九年在普林斯頓大學對全部這些實驗進行了一趟後設分析，見他的 *Entangled Minds*（New York: Pocket Paraview, 2006）, 148-51.

㉑ J. Hasted, *The Metal Benders*（London: Routledge & Kegan Paul, 1981）, as cited in W. Tiller, *Science and Human Transformation; Subtle Energies, Intentionality and Consciousness*（Walnut Creek, CA: Pavior Publications, 1997）, 13.

㉒ McTaggart, *The Field*, 199.

㉓ W. W. Monafo and M. A. West, "Current recommendations for topical burn therapy," *Drugs*, 1994; 40:364-73.

第1部 念力的科學

第1章 變動不居的物質

❶ 有關羅森鮑姆和高希小姐的背景資料，還有他們實驗的種種，擷取自於我對二人的多次訪談（二〇〇五年二至三月間）。

❷ 這是帕里西（Giorgio Parisi）一九七九年在羅馬提出的解謎方法。

❸ Ghosh et al., "Coherent spin oscillations in a disordered magnet," *Science*, 2002; 296:2195-8.

❹ 再一次，我要感謝祖海爾（Danah Zohar）對「非局域性」觀念深入淺出的解說，見 D. Zohar, *The Quantum Self*（New York: Bloomsbury, 1991）, 19-20.

❺ A. Einstein, B. Podolsky, and N. Rosen, "Can quantum-mechanical description of physical reality be considered complete?" *Physical Review*, 1935; 47- 777-80.

❻ A. Aspect et al., "Experimental tests of Bell's inequalities using time-varying analyzers ," *Physical Review*

Letters, 1982; 49: 1804-7; A. Aspect, "Bell's inequality test : more ideal that ever," *Nature*, 1999; 398: 189-90.

❼ "Science Fact: Scientists achieve Star Trek-like feat," The Associated Press, December 10, 1997, posted on CNN, http://eidtion.cnn.com/TECH/9712/10/beam.me.up.ap.

❽ 「非局域性」被認爲是由阿斯貝特一九八二年在巴黎做的實驗所證明。

❾ J. S. Bell, "On the Einstein-Podolsky-Rosen paradox," *Physics*, 1964; 1: 195-200.

❿ S. Gosh, et. al., "Entangled quantum state of magnetic dipoles," *Nature*, 2003; 435:48-51.

⓫ 有關韋德拉爾的觀點和實驗，是我在對他進行多次訪談後得知其詳（二〇〇五年二月、十月、十二月）。

⓬ C. Arnesen et al., "Thermal and magnetic entanglement in the ID Heisenberg model," *Physical Review Letters*, 2001; 87: 017901.

⓭ V. Vedral, "Entanglement hits the big time," *Nature*, 2003; 425:28-9.

⓮ 資料擷取自我對杜特的訪談，二〇〇五年四月二十六日。

⓯ B. Reznik, "Entanglement form the vacuum," *Foundations of Physics*, 2003; 33: 167-76; Michael Brooks, "Entanglement: The Weirdest Link," *New Scientist*, 2004; 181(2440): 32.

⓰ J. D. Barrow, *The Book of Nothing*（London: Jonathan Cape, 2000）, 216.

⓱ E. Laszlo, *The Interconnected Universe: Conceptual Foundations of Transdiscipinary Unified Theory*（Singapore: World Scientific Publishing, 1995）, 28.

⓲ A. C. Clarke, "When will the real space age begin?" *Ad Astra*, May-June 1996; 13-5.

⓳ H. Puthoff, "Ground state of hydrogen as a zero-point-fluctuation-determined state," *Physical Review D*, 1987; 35:3266.

⓴ B. Haisch, Alfonso Rueda, and H, E, Puthoff, "Inertia as a zero-point-field Lorentz force," *Physical Review A*, 1994; 49(2): 678-94; Bernhard Haisch, Alfonso Rueda and H. E. Puthoff, "Physics of the zero-point-field: implications for inertia, gravitation and mass," *Speculations in Science and Technology*, 1997; 20: 99-114.

㉑ 擷取自我與皮特霍夫的多次訪談（一九九九至二〇〇〇年）。

㉒ B. Reznick, "Entanglement from the vacuum."

㉓ McTaggart, *The Field*, 35-36.

㉔ J. Resch et al., "Distributing entanglement and single photons through an intra-city, free-space quantum channel," *Optics Express*, 2005; 13(1):2002-9: R. Ursin et al., "Quantum Teleportation Across the Danube," *Nature*, 2004; 430:849.

㉕ M. Arndt et al., "Wave-particle duality of C60 molecules," *Nature*, 1999; 401: 680-682.

㉖ A. Zeilinger, "Probing the limits of the quantum world," *Physics World*, March 2005（online journal: http://www.physicsweb.org/articles/world/18/3/5/1）.

第2章　人類天線

❶ 史瓦慈的背景資料和他的科學發現的種種，擷取自我對他的多次訪談（二〇〇六年三月至六月）。

❷ H. Benson et al., "Decreased systolic blood pressure through operant conditioning techniques in patients with essential hypertension," *Science*, 1971; 173(3998): 740-2.

❸ E. E. Green, "Copper wall research psychology and psychophysics: subtle energies and energy medicine: emerging theory and practice," *Proceeding, First Annual Conference, International Society for the Study of Subtle*

Energies and Energy Medicine(ISSSEEM), Boulder, Colorado, June 21-25, 1991.

❹ 這實驗最後刊登在 G. Schwartz and L. Russek, "Subtle energies—electrostatic body motion registration and the human antenna-reciever effect: a new method for investigating interpersonal dynamical energy system interaction, " *Subtle Energies*, 1996; 7(2): 149-84.

❺ Ibid.

❻ E. E. Green et al., "Anomalous electrostatic phenomena in exceptional subjects," *Subtle Energies*, 1993; 2 :69; W. A. Tiller et al., "Towards explaining anomalously large body voltage surges on exceptional subjects part I: The electrostatic approximation," *Journal of the Society for Scientific Exploration*, 1995; 9(3): 331.

❼ W. A. Tiller, "Subtle Energies," *Science & Medicine*, 1999, 6(3): 28-33.

❽ A. Seto, C. Kusaka, S. Nakazato, et al.,"Detection of extraordinary large biomagnetic field strength from the human hand during external qi emission," *Acupuncture and Electrotherapeutics Research International 1992*; 17: 75-94; J. Zimmerman, "New technologies detect effects in healing hands," *Brain/Mind Bulletin* 1985; 10(2): 20-23.

❾ B. Grad, "Dimensions in "Some biologicak effectss of the laying on of hands" and their implications, " in H. A. Otto and J. W. Knight, eds., *Dimension in Wholistic Healing: New Frontiers in the Treatment of the Whole Person*（Chicago: Nelson-Hall, 1979）, 199-212.

❿ L. N. Pyatnitsky and V. A. Fonkin, "Human consciousness influence on water structure," *Journal of Scientific Exploration*, 1995; 9(1): 89.

⓫ G. Rein and R. MeCraty, "Structural changes in water and DNA associated with new physiologically measurable states," *Journal of Scientific Exploration*, 1994; 8(3): 438-9.

⓬ 蒂勒最後把屏蔽物理學的效應寫進了他的著作 *Science and the Human Transformation*（Walnut Creek, CA: Pavior Publishing, 1997）, 32.

⓭ M. Connor, G. Schwartz, et al., "Oscillation of amplitude as ameasured bt an extra low frequency magnetic field meter as a biophysical measure if intentionality," presented at the *Toward a Science of Consciousness*, Tuscon, Arizona, April 2006.

⓮ F. Sicher, E. Targ, et al., "A randomized double-blind study of the effect of distang healing in a population with advanced AIDS: report of a small scale study," *Western Journal of Medicine*, 1998; 168(6): 356-63.

⓯ 請見 L. Taggart, *The Field*, for a full description if F. Popp's earlier work: chapter 3. p. 39.

⓰ S. Cohen and F. A. Popp: "Biophoton emission of the human body," *Journal of Photochemistry and Photobiology*, 1997; 40: 187-9.

⓱ K. Creath and G. E. Schwartz, " What biophoton images of plants can tell us about biofields and healing," *Journal of Scientific Exploration*, 2005; 19(4): 531-50.

⓲ S. N. Bose, "Planck's Gesetz und Lichtquantenhuypothese," *Zeitschrift für Physik*, 1924; 26: 178-81; A. Einstein, "Quantentheorie des einatomigen ideale Gases / Quantum theory of ideal moneatomic gases." *Sitz. Ber. Preuss. Akad. Wiss.*（Berlin）, 1925; 23:3.

⓳ C. E. Wieman and E. A. Cornell, "Seventy years later: the creation of a Bose-Einstein condensate in an ultracold gas," *Lorentz Proceedings*, 1999; 52: 3-5.

⓴ K. Davis et al., "Bose-Einstein condensation in a gas of sodium atoms," *Physical Review Letters*, 1995; 75:3963-

73.

㉑ M. W. Zwierlein et al., "Observation of Bose-Einstein condensation of molecules," *Physical Review Letters*, 2003; 91: 250401.

㉒ H. Frohlich, "long range coherence and energy storage in biological systems," *Int. J. Quantum Chem.*, 1968; II: 641-9.

㉓ 這個舉例見於蒂勒的 *Science and the Human Transformation*, 196.

㉔ M, Jubi et al., "Quantum optical coherence in cytoskeletal microtubules: implications for brain function," *Biosystems*, 1994; 32: 195-209; S. R. Hameroff, "Cytoplasmic gel states and ordered water: possible roles in biological quantum coherence," Proceedings of the 2nd Annual Advanced Water Science Symposium, Dallas, Texas, 1996.

第3章　雙向道路

❶ 巴克斯特的傳記資料和他的實驗的細節，擷取自我的訪談（二〇〇四年十月）和他的著作 *Primary Perception: Biocommunition with Plants, Living Foods, and Human Cells*（Anza, CA: White Rose Millenium Press, 2003）.

❷ 在《星際大戰：曙光乍現》中，艾德蘭星球被帝國炸毀之後，歐比萬這樣告訴天行者路克：「我感到在原力中發生了極大的騷動，就像是有幾百萬個聲音突然同時驚恐呼叫，又突然鴉雀無聲。」

❸ 他的簡報是發表在第十屆的超心理學學會年會（一九六七年九月七日舉行於紐約）。後又刊登在 "Evidence of a primary perception in plant life," *International Journal of Parapsychology*, 1968, 10(4): 329-48.

❹ A. P. Dubrov and V. N. Pushkin, *Parapsychology and Contemporary Science*（New York and London: Consultants Bureau, 1982）.

❺ P. Tompkins, and C. Bird. *The Secret Life of Plants*（New York: Harper & Row, 1973）.

❻「博伊增莓呼叫李子乾，博伊增莓呼叫李子乾：你收到嗎？測謊專家巴克斯特竟在美國前衛科學協會年會上宣稱，他在他辦公室兩瓶隔得遠遠的優酪乳之間偵測到電子脈衝。他說兩瓶優酪乳的細菌可以互通信息。」《君子》（一九七六年一月號）

❼ C. Backster, "Evidence of a primary perception."

❽ C. Backster, *Primary Perceptions*, 112-3.

❾ C. Backster, *Primary Perceptions*. 也請參見 Rupert Sheldrake, *Dogs that Know When Their Owners Are Coming Home and Other Unexplained Powers of Animals*（London: Three Rivers Press, 2000）.

❿ 這件事和其他有關斯旺的軼事擷取自我對他的多次訪談（二〇〇六年一月，紐約）。

⓫ 見 McTaggart, *The Field*：這書的第三章第三十九頁對波普的早期研究有詳細介紹。

⓬ 這些實驗的細節是波普所告訴我（二〇〇六年一月）。

⓭ R. M. Galle et al., "Biophoton Emission from Daphnia magna: A possible factor in the self-regulation of swarming," *Experintia*, 1991; 47: 457-460; R. M. Galle: "Untersuchungen zum dichte und zeitabhängigen Verhalten der ultraschwachen Photonenemission von pathogenetischen Weiblschen des Wasserflohs Daphnia magna, " Dissertation. Universität Saarbrücken, Fachbereich Zoologie, 1993.

⓮ F. A. Popp et al., "Nonsubstantial biocommunication in terms of Dicke's theory, " in *Bioelectrodynamics and Biocommunication*, M. W. Ho, F. A. Popp, and U. Warnke, eds.（Singapore: World Scientific Press, 1994）, 293-

317; J. J. Chang et al., "Research on cell communication of P. elegans by means of Photon emission," *Chinese Science Bulletin*, 1995; 40: 76-79.

⓯ J. J. Chang, et al., "Communication between dinoflagellates by means of photon emission," in *Proceedings of International Conference on Non-equilibrium and Coherent Systems in Biophysics, Biology and Biotechnology*, Sep. 28-Oct. 2, 1994, L. V. Beloussov and F. A. Popp, eds.（Moscow: Bioinform Services Co. 1995）, 318-30.

⓰ 資料來自二〇〇六年三月一日我在德國紐斯對波普的訪談。

⓱ F. A. Popp et al., "Mechanism of interaction between electromagnetic fields and living organisms," *Science in China*（Series C）, 2000; 43(5)" 507-18.

⓲ Ibid.

⓳ L. Beloussov and N. N. Louchinskaia, "Biophoton emission from developing egs and embryos: Nonlinearity, wholistic properties and indications of energy transfer," in *Biophotons*, J. J. Chang et al., eds.（London: Kluwer Academic Publishers, 1998）, 121-40.

⓴ K. Creath, and G. E. Schwartz, "What biophoton images of plants can tell us about biofields and healing," *Journal of Scientific Exploration*, 2005; 19(4): 531-30.

㉑ A. Vtschulakow et al., "A new approach to the memory of water," *Homeopathy*, 2005; 94: 241-7.

㉒ E. P. A. Van Wijk and R. Van Wijk, "The development of a bio-sensor for the state of consciousness in a human international healing ritual," *Journal of International Society of Life Information Science*（*ISLIS*）, 2002; 20(2): 694-702.

㉓ M. Connor, "Baseline testing of energy practitioners: Biophoton imaging results," paper presented at the North

American Research in Integrative Medicine, Edmonton, Canada, May 2006.

㉔ 科羅特科夫的背景資料來自我對他的多次訪談（二〇〇五年十一月至二〇〇六年三月間）。

㉕ S. D. Kirlian, and V. K. Kirlian, "Photography and visual observation by means of high frequency currents," *J. Sci. Appl. Photogr.*, 1964; 6: 397-403.

㉖ 科羅特科夫在這方面最重要的著作是 *Human Energy Field: study with GDV Bioelectrography*（Fair Lawn: NJ:Backbone Publishing Co., 2002）; *Aura and Consciousmess—New Stage of Scientific Understanding*（St. Peterburg, St. Peterburg division of Russian Ministry of Culture, State Publishing Unit "Kultura," 1999）.

㉗ K. Korotkov et al., "Assessing biophysical energy transfer mechanisms in living systems: The basis of life processes," *The Journal of Alternative and Complementary Medicine*, 2004; 10(1): 49-57.

㉘ L. W. Konikeiwicz, L. C. Griff, *Bioelectrography—A new method for detecting cancer and body physiology*（Harrisburg, PA: Leonard Associates Press, 1982）, G. Rein, "Corona discharge photography of human breast tumour biopsies," *Acupuncture & Electrotherapeutics Research*, International Journal, 1985; 10: 3058; K. Korotkov et al., "Stress diagnosis and monitoring with new computerized 'Crown-TV?device'," *J. Pathophysiology*, 1998; 5: 227.

㉙ P. Bundzen, et. al., "New technology of the athletes?psycho-physical readiness evaluation based on the gas-discharge visualization method in comparison with battery of tests," "SIS-99" Proc. Intern. Congress, St. Petersburg, 1999; 19-22; P. V. Bundzen et al., "Psychophysiological correlates of athletic success in athletes training for the Olympics," *Human Physiology*, 2005; 31(3): 31-23; K. Korotov, et al., "Assessing biophysical energy transfer mechanisms in living systems, The basis of life processes," *Journal of Alternative and*

Complementary Medicine, 2004; 10(1): 49-57.

㉚ Clair A. Francomano, M. D. Wayne B. Jonas, M. D., *Proceedings: Measuring the Human Energy Field: State of the Science*, Ronald A.Chez, ed. The Gerontology Research Center, National Institute of Aging, National Institutes of Health, Baltimore, Maryland April 17-18, 2002.

㉛ S. Kolmakow et al., "Gas discharge visualization technique and spectrophotonmetry in detection of field effects," *Mechanisms of Adaptive Behavior, Abstracts of International Symposium*, St. Petersburg, 1999; 79.

㉜ 擷取自我對科羅科夫的訪談（二〇〇六年三月）。

第4章　心心相印

❶ 有關「愛的實驗」的種種，擷取自我對雷丁、施利茨和史東的多次訪談（二〇〇五年四月至二〇〇六年六月）。

❷ F. Sicher, E. Targ et al., "A randomized doublie-blind study of the effect of distant healing in a population with advanced AIDS: report of a small scale study," *Western Journal of Medicine*, 1998; 168(6): 356-63；我在一九九九至二〇〇一年間曾對塔格博士進行多次訪談。

❸ M. Schlitz and W. Braud, "Distand intentionality and healing: assessing the evidence," *Alternative Therapies in Health and Medicine*, 1994; 3(6): 62-73.

❹ M. Schlitz and S. LaBerg, "Autonomic detection of remote observation: two conceptual replication," in D. J. Bierman, ed., *Proceedings of Presented Papers*, 37th Annual Parapsychological Association Convention, Amsterdam（Fairhaven, MA: Parapsychological Association, 1994）: 352-60.

❺ S. Schmidt, et al., “Distant intentionality and the feeling of being stared at: Twp meta-analyses, British Journal of Psychology, 2004; 95: 235-47, as reported in D. Radin, *Entangled Minds*（New York: Paraview Pocket Books, 2006）, 135.

❻ L. Standish et al., “Electroencephalographic evidence of correlated event-related signals between the brains of spatially and sensory isolated human subjects,” *The Journal of Alternative And Complementary Medicine*, 2004; 10(2): 307-14.

❼ Radin, *Entangled Minds*, 136.

❽ C. Tart, “Physiological correlates of psi cognition,” *International Journal of Parapsychology*, 1963; 5: 375-86.

❾ T. D. Duane and T. Behrendt, “Extrasensory electroencephalographic induction between identical twins,” *Science*, 1965; 150: 367.

❿ J. Wackerman et al., “Correlations between brain electrical activities of two spatially separated human subjects,” *Neuroscience Letters*, 2003; 336: 60-4.

⓫ J. Grinberg-Zylberbaum et al., “The Einstein-Podolsky-Rosen paradox in tne brain: The trnsferred potential,” *Physics Essays*, 1994; 7(4): 422-8.

⓬ J. Grinberg-Zylberbaum and J. Ramos, “Patterns of interhemisphere correlations during human communication,” *International Journal of Neuroscience*, 1987; 36: 41-53; Grinberg-Zylberbaum et al., “Human communication and the electrophysiological activity of the brain,” *Subtle Energies*, 1992; 3(3): 25-43.

⓭ L. J. Standish et al., “Electroencephalographic evidence of correlated event-related signals between the brains of spatially and sensory isolated human subjects,” *The Journal of Alternative and Complementary Medicine*, 2004;

10(2): 3007-14.

⑭ L. J. Standish et al., "Evidence of correlated function magnetic resonance imaging signals between distant human brains," *Alternative Therapies in Health and Medicine*, 2003; 9(1): 128, 122-5; T. Richards et al., "Replicable functional magnetic resonance imaging evidence of correlated brain signals between physically and sensory isolated subjects," *Journal of Alternative and Complementary Medicine*, 2005; 11(6): 955-63.

⑮ M. Kittenis et al., "Distant pyschophysiological interaction effects between related and unrelated participants," *Proceedings of the Parapsychological Association Convention*, 2004; 67-76, as reported in Radin, 138-9.

⑯ D. I. Radin, "Event-related electroencephalographic correlations between isolated human subjects," *The Journal of Alternative and Complementary Medicine*, 2004; 10(2): 315-23.

⑰ M. Cade and N. Coxhead, *The Awakened Mind*, 2nd ed.（Shaftsbury, UK: Element, 1986）.

⑱ S. Fahrion et al., "EEG amplitude, brain mapping and synchrony in and between a bioenergy practitioner and client during healing," *Subtle Energies and Energy Medicine*, 1992; 3(1): 19-52.

⑲ M. Yamamoto, "An Experiment on Remote Action Against Man in Sensory Shielding condition, part 2," *Journal of the International Society of Life Information Science*, 1996; 14(2): 228-39, as reported in Larry Dossey, MD, *Be Careful What You Pray for….You Just Might Get It: What We Can Do About the Unintentional Effect of Our Thoughts, Prayers, and Wishes*（San Francisco: HarperSanFrancisco, 1998）, 182-3.

⑳ M. Yamamoto, et al., "An Experiment on Remote Action Against Man in Sense Shielding condition," *Journal of the International Society of Life Information Science*, 1996; 14(1): 97-9.

㉑ D. I. Radin, "Unconscious perception of future emotions: An experiment in presentiment," *Journal of Scientific*

Exploration, 1997; 11(2): 163-18. First presented before the annual meeting of the Parapsychological Association in August 1996. For a full description of the Radin experiment, see D. Radin, *The Conscious Universe*（New York: HarperEdge, 1997）, 119-24.

㉒ R. McCraty et al., "Electrophysiological evidence of intuition: Part 2: A system-wide process?" *The Journal of Alternative and Complementary Medicine*, 2004; 10(2) 325-36.

㉓ J. Andrew Armour and J. L. Ardell, eds. *Basic and Clinical Neurocardiology*（New York: Oxford University Press, 2004）.

㉔ R. McCraty et al., "The Electricity of Touch: Detection and Measurement of Cardiac Energy Exchange Between People," in Karl H. Pribarm, ed., *Brain and Values: Is a Biological Science of Values Possible?"*（Mahwah, NJ: Lawrence Erlbaum Associates, 1998）, 359-79.

㉕ M. Gershon, *The Second Brain: A Groundbreaking New Understanding of Nervous Disorders of the Stomach and Intestine*（New York: Harper Paperbacks, 1999）.

㉖ D. I. Radinand M. J. Schlitz, "Gut feelings, intuition, and emotions: An exploratory study," *Journal of Alternative and Complementary Medicine*, 2005; 11(5): 85-91.

㉗ D. Radin, "Event-related electroencephalographic correlations between isolated human subjects," *Journal of Alternative and Complementary Medicine*, 2004; 10(2): 315-23.

㉘ 雷丁爲這個研究課題貢獻了一部精彩著作：D. Radin, *Entangled Minds*（New York: Pocket Paraview, 2006）.

㉙ J. Stone, *Course Handbook: Training in Compassionate-Loving Intention*, 2003; J. Stone, et al., "Effects of a Compassionate/Loving Intention as a therapeutic intervention by partners of cancer patients: A randomized controlled feasibility study," in press.

㉚ M. Murphy et al., *The Physiological and Psychological Effects of Meditation: A Review of Contemporary Research With a Comprehensive Bibliography*, 1931-1996（Petaluma, CA: The Institute of Noetic Sciences, 1997）.

㉛ E. P. Van Wijk et al., "Anatomic characterization of human ultra-weak photon emission in practitioners of Transcendental meditationTM and control subjects," *Journal of Alternative and Complementary Medicine*, 2006; 12(1): 31-8.

㉜ R. McCraty et al., "Head-Heart entrainment: A preliminary survey," in *Proceedings of the Brain-Mind Applied Neurophysiology EEG Neurofeedback Meeting*. Key West, Florida, 1996.

㉝ R. McCraty, "Influence of Cardiac Afferent Input on Heart-Brain Synchronization and Cognitive Performance," Institute of HeartMath, Boulder Creek, California. *International Journal of Psychophysiology*, 2002; 45(1-2): 72-73.

㉞ G. R. Schmeidler, *Parapsychological and Psychology*（Jefferson, NC: McFarland and Company, 1998）, as cited in J. Stone, *Course Handbook*; L. Dossey, *Healing Words: The Power of Prayer and the Practice of Medicine*（San Francisco: HarperCollins, 1993）.

㉟ D. Radin et al., "Effects of Motivated Distant Intention On Electrodermal Activity," paper presented at the annual conference of the Parapsychological Association, Stockholm, Sweden, August 2006.

第2部 熱機

第5章 進入超空間

❶ H. Benson et al., “Body temperature changes during the practice of g tum-mo（heat）yoga,” *Nature*, 1982; 95: 234-6; H. Benson, “Body temperature changes during the practice of g tum-mo（heat）yoga.（Matters Arising）,” *Nature*, 1982; 298:402.

❷ H. Benson et at., “Three case reports of the metabolic and electroencephalographic changes during advance Buddhist meditation techniques,” *Behavioral Medicine*, 1990; 16(2): 90-5.

❸ 最著名一個學術會議是二〇〇五年十月在麻省理工學院舉行的「探究心靈」。達賴喇嘛應邀爲大會貴賓。

❹ 我要在此感謝克里普納：他提供我一份有五十個治療師（來自許多不同傳統）的名單。我給這五十位治療師發出問卷，有大約十五人詳細回答。

❺ 庫珀斯坦的研究最後出版爲 M. A. Cooperstein, “The myth of healing: A summary of research into transpersonal healing experience,” *Journal of the American Society for Psychical Research*, 1992; 86: 99-133. 我也要對他就另類治療師的共同處的深度分析致以感謝。

❻ 有關克里普納的研究，我是透過多次訪談和通信得知其詳。

❼ S. Krippner, “The technologies of shamanic states of consciousness,” in M. Schlitz et al., eds. *Consciousness and Healing: Integral Approaches to Mind-Body Medicine*,（St. Louis, MO: Elservier Churchill Livingstone, 2005）, 376-90.

❽ J. W. G. Salish, *Indain Mental Health and Culture Change: Psychohygienic and Therapeutic Aspects of the*

Guardian Spirit Ceremonial（New York: Holt, Rinehart & Winston, 1974）.

❾ 有關弗蘭齊斯的種種，得自我對他的多次訪談（二〇〇五年四月至二〇〇六年三月）。

❿ B.K. Frantzis, *Relaxing Into Your Being: Breathing, Chi and Dissolving the Ego*（Berkeley, CA: North Atlantic Books, 1998）.

⓫ Murphy, *Meditation.*

⓬ W. Singer, "Neuronal synchrony: A versatile code for the definition of relations?" *Neuron*, 1999; 24: 49-65; F. Verela et al., "The brainweb: Phase synchronization and large-scale integration," *Nature Reviews Neuroscience*, 2001; 2: 229-39, as reported in A. Lutz et al., "Long-term meditators self-induce high-amplitude gamma synchrony during mental practice," P*roceedings of the Mational Academy of Science*, 2004; 16; 101(46): 16369-73.

⓭ O. Paulsen, and T. J. Sejnowski, "Natural patterns of activity and long-term synaptic plasticity," *Current Opinion in Neurobiology*, 2000; 10: 172-9, as reported in A. Lutz, "Long-term meditators."

⓮ 雖然大多數靜坐實驗都證明靜坐可以帶來α腦波的增加（見 Murphy, *Meditation*），但也有一些研究指出，在深密或狂喜的靜坐狀態，腦子會爆發出高頻率的β波（見 J. P. Banquet, "Spectral analysis of the EEG in meditation," *Electroencephalography and Clinical Neurophysiology*, 1973; 35:143-51; P. Fenwick et. al., "Metabolic and EEG changes during Transcendental Meditation: An explanation," *Biological Psychology*, 1977; 5(2): 101-18; M. A. West, "Meditation and the EEG," *Psychological Medicine*, 1980, 10(2): 369-75; J. C. Corby et al., "Psychophysiological correlates of the practice of tantric yoga meditation," *Postgraduate Medical Journal*, 1985; 61: 301-4.）。

⓯ N. Das and H. Gastaut, "Variations in the electrical activity of the brain, heart and skeletal muscles during yogic meditation and trance," *Electroencephalography and Clinical Neurophysiology*, 1995, Supplement no. 6:211-9.

⓰ 莫菲在《靜坐》一書中列舉了十個顯示深密的靜坐可帶來心跳率加速的實驗。

⓱ W. W. Surwillo, and D. P. Hobson, "Brain electrical activity during prayer," *Psychological Reports*, 1978; 43(1): 135-43.

⓲ Murphy, *Meditation*.

⓳ A. Lutz, et al., "Long-term meditators slef-induce high0amplitude gamma synchrony during mental practice," Proceedings of the National Academy of Science, 2004; 101(46): 16369-73.

⓴ Richard J. Davidson et al., "Alternations in brain and immune function produce by mindfulness meditation," *Psychosomatic Medicine*, 2003; 65: 564-70.

㉑ S. Krippner, "The technologies of shamanic states of consciousness," in M. Schlitz and T. Amorok with M. S. Micozzi, *Consciousness and Healing: Integral Approaches to Mind-Body Medicine*,（St. Louis, MO: Elsevier, Churchill Livingstone, 2005）.

㉒ Murphy, *Meditation*.

㉓ L. Bernardi et al., "Effect of rosary prayer and yoga mantras on autonomic cardiovascular rhythms: comparative study," *British Medical Journal*, 2001; 323: 1446-9.

㉔ P. Fenwick et al., "Metabolic and EEG Changes during Transcendental Meditation: An Explanation," *Biological Psychology*, 1994; 5(2): 101-18.

㉕ D. Goleman, *Emotional Intelligence*, Bloomsbury Press, 1996.

㉖ D. Golema, "Meditation and consciousness: An Asian approach to mental health," *American Journal of Psychotherapy*, 1976; 30(1): 42-54; G. Schwartz, "Biofeedback, self-regulation, and the patterning of physiological processes," *American Scientist*, 1975; 63(3): 314-24; D. Goleman, "Why the brain blocks daytime dreams," *Psychology Today*, March, 1976; 69-71.

㉗ P. Williams and M. West, "EEG responses to photic stimulation in persons experienced at meditation," *Electroencephalography and Clinical Neurophysiology*, 1975; 39(5): 519-22; B. K. Bagchi and M. A. Wenger, "Electrophysiological correlates of some yogi exercises," *Electroencephalography and Clinical Neuropgysiology*, 1957(7): 132-49.

㉘ D. Brown, M. Forte, and M. Dysart, "Visual sensitivity and mindfulness meditation," *Perceptual and Motor Skills*, 1984; 58(3): 775-84; and "Differences in visual sensitivity among mindfulness meditators and non-meditators," *Perceptual and Motor Skills*, 1984; 58(3): 727-33.

㉙ S. W. Lazar et al., "Functional brain mapping of the relaxation response and meditation," *NeuroReport*, 2000; 11: 1581-85.

㉚ C. Alexander et al., "EEG and SPECT data of a selected subject during psi tests: The discovery of a neurophysiological correlate," *Journal of Parapsychology*, 1998; 62(2): 102-4.

㉛ L. LeShan, *The Medium, the Mystic and the Physicist: Towards a Theory of the Paranormal*（New York: Helios Press, 2003）.

㉜ Cooperstein, "Myths of healing."

㉝ S. Krippner, "Trance and the Trickster: Hypnosis as a luminal phenomenon," *International Journal of Clinical and Experimental Hypnosis*, 2005; 53(2): 97-118.

㉞ E. Hartmann, *Boundaries in the Mind: A New Theory of Personality*（New York: Basic Books, 1991）, as quoted in Krippner, "Trance and the Trickster."

㉟ M. J. Schlitz and C, Honorton, "Ganzfeld Psi performance within an artistically gifted population," *The Journal of the American Society for Psychical Research*, 1992; 86(2): 83-98.

㊱ S. Krippner et al., "Working with Ramtha: is it a 'high risk?procedure?" *Proceedings of Presented Papers: the Parapsychological Association 41st Annual Convention*, 1998; 50-63.

㊲ 這些不同的心理測試包括了「不同人格入神程度問卷」、「分裂經驗評量表」和「哈特曼邊界問卷」。

㊳ S. Krippner et al., "The Ramtha phenomenon: psychological, phenomenological, and geomagnetic data," *Journal of the American Society for Psychical Research*, 1998; 92: 1-24.

㊴ F. Sicher, E. Targ, et al., "A randomized double-blind study of the effect of distant healing in a population with advanced AIDS: reported of a small scale study, " *Western Journal of Medicine*, 1998; 268(6): 356-63.

㊵ 得自塔格與筆者的多次談話與通信（一九九九年十月至二〇〇一年六月）。

㊶ 擷取自我對塔格的訪談（一九九九年十月，加州），另參考了 J. Barrett, "Going the Distance," *Intuition*, June/ July 1999; 30-31.

㊷ D. J. Benor, *Healing research: Holistic Energy Medicine and Spirituality, vols. 1-4, Reswwarch in Healing*（Oxford: Helix Editions.Ltd., 1993）.

㊸ http://www.wholistichealingresearch.com.

㊹ D. J. Benor, *Healing Research*, vol. 1, 54-5.

㊺ Cooperstein, "Myths of Healing."

㊻ M. Freedman et al., "Effects of frontal lobe lesions on intentionality and random physical phenomena," *Journal of Scientific Exploration*, 2003; 17(4): 651-68.

㊼ E. d'Aquili and A. Newberg, *Why God Won't Go Away: Brain Science and the Biology of Belief*（New York: Ballantine, 2001）.

第6章　對的心緒

❶ 有關克魯科夫的種種，擷取自我對他的多次訪談（二〇〇年八月）。

❷ R. C. Byrd, "Positive therapeutic effects of intercessory prayer in a coronary care unit population," *Southern Medical Journal*, 1998, 81(7): 826-9.

❸ W. Harris et al., "A randomized, controlled trial of the effects of remote, intercessory prayer on outcomes in patients admitted to the coronary care unit," *Archives of Internal Medicine*, 1999; 159(19): 2273-8.

❹ M. Krucoff, "Integrative noetic therapies as adjuncts to percutaneous intervention during unstable coronary syndromes: Monitoring and actualization of noetic training（MANTRA）feasibility pilot," *American Heart Journal*, 2001; 142(5): 760-767.

❺ 克魯科夫把實驗結果發表在「把互補醫學整合至心臟病學之第二次會議」。該會議由美國心臟病學院主辦，舉行於二〇〇三年十月十四日。

❻ M. Krucoff et al., "Music, imagery, touch and prayer as adjuncts to interventional cardiac care: The monitoring and actualization of noetic trainings（MANTRA）II randomized study," *The Lancet*, 2005; 366: 211-17.

❼ J. M. Aviles et al., "Intercessory prayer and cardiovascular disease progression in a coronary care unit population: a randomized controlled trial," *Mayo Clinic Proceedings*, 2001; 76(12): 1192-8.

❽ H. Benson, *The Relaxation Response*（New York: William Morrow, 1975）.

❾ M. Krucoff et al., Editorial, "From efficacy to safety concerns: A STEP forward or a step back for clinical research and intercessory prayer?: The Study of Therapeutic Effects of Intercessory Prayer（STEP）," *American Heart Journal*, 2006; 151(4): 762.

❿ H. Benson et al., "Study of the therapeutic effects of intercessory prayer（STEP）in cardiac bypass patients: A multi-center randomized trial of uncertainty and certainty of receiving intercessory prayer," *American Heart Journal*, 2006; 151(4): 934-42.

⓫ M. Krucoff et al., "A STEP forward."

⓬ Editorial: "MANTRA II: Measuring the Unmeasurable," *The Lancet*, 2005; 366(9481): 178.

⓭ 見於《美國心臟期刊》（二〇〇六）。

⓮ M. Krucoff et al., "A STEP forward."

⓯ B. Greyson, "Distant healing of patients with major depression," *Journal of Scientific Exploration*, 1996; 10(4): 447-65.

⓰ L. Dossey, *Meaning and Medicine: Lessons form a Doctor's Tales of Breakthough Healing, Bantam*, 1991; *Healing Words*, HarperSanFrancisco, 1993.

⓱ L. Dossey, "Prayer experiments: science or folly? Observations on the Harvard prayer study," *Network Review*（UK）, 2006; 22-23.

⓲ Ibid.

⓳ Harris, "Randomized, controlled trial."

⓴ www.officefoprayerresearch.org.

㉑ Benor, *Healing Research*.

㉒ J. Astin et al., "The efficacy of 'distant healing': a systematic review of randomized trials," *Annals of Internal Medicine*, 2000; 132: 903-10.

㉓ B. Rubik et al., "In vitro effect of reiki treatment on bacterial cultures: Role of experimental context and practitioner well-being," *Journal of Alternative and Complementary Medicine*, 2006; 12(1):7-13.

㉔ I. R. Bell et al., "Development and validation of a new global well-being outcomes rating scale for integrative medicine research," *BMC Complementary and Alternative Medicine*, 2004; 4: 1.

㉕ Ibid.

㉖ S. O'Laoire, "An experimental study of the effects of distant, intercessory prayer on self-esteem, anxiety and depression," *Alternative Therapies in Health and Medicine*, 1997; 3(6): 19-53.

㉗ B. Rubrik et al., " In vitro effect."

㉘ L Reece et al., "Well-being changes associated with giving and receiving johrei healing," *Journal of Alternative and Complementary Medicine*, 2005; 11(3): 455-7.

㉙ M. Schlitz, "Can science study prayer?" *Shift: At the Frontiers of Consciousness*, 2006, September-November; 12: 38-9.

㉚ L. Dossey, "Prayer experiments."

㉛ J. Achterberg et al., "Evidence for correlations between distant intentionality and brain function in recipients: a functional magnetic resonance imagining analysis," *Journal of Alternative and Complementary Medicine*, 2005; 11(6): 965-71.

㉜ Ibid.

㉝ K. A. Wientjes, "Mind-body techniques in wound healing,: *Ostomy/Wound Management*, 2002; 48(11): 62-67.

㉞ J. K. Keicolt-Glaser, "Hostile ,arital interactions, proinflammatory cytokine production, and wound healing," *Archives of General Psychiatry*, 2005; 62(12): 1377-84.

㉟ M. Krucoff, "（MANTRA）II," *Lancet*.

第7章　對的時間

❶ 有關佩辛格實驗的種種，擷取自我對他的訪談和通信（二〇〇六年五月），也得自我對他同事默菲的訪談（二〇〇六年五月二十三日）。我另外還參考了：J. Hitt, "This is Your Brain on God," *Wired*, November 1999; R. Hercz, "The God helmet," *SATURDAYNIGHT* magazine, October 2002: 40-6;B. Raynes, "Interview with Todd Murphy," *Alternative Perception Magazine* online April 2004(no. 78); 默菲的網站 (www.spiritualbrain.com) 和佩辛格在盧倫森大學網站的網頁 (www.laurentian.ca/Neursci/_people/persinger.htm)。

❷ 這個理論是腦神經科學家默菲提出，曾成功在佩辛格的實驗室得到證明。

❸ 我對哈爾貝格早期研究的介紹，主要是參考 F. Halberg, "Transdisciplinary unifying implications of circadian findings in 1950s," *Journal of Circadian Rhythms*, 2003; 1:2.

❹ G. Corn?lissen et al., "Is a birth-month-dependence of human longevity influenced by half-yearly changes in geomagnetics?" "Physics of Auraral Phenomena," *Proceedings*. XXV Annual Seminar（Apatity: Polar geophysical Institute, Kola Science Center, Russian Academy of Science, February 26-March 41, 2002）, 161-6; A. M. Vaiserman et al., "Human longevity: related to date of birth?" Abstract 9, 2nd International Symposium: Workshop on Chronoastrobiology & Chronotherapy, Tokyo Kasei University, Tokyo, Japan, November 2001.

5 O. N. Larina et al., "Effects of spaceflight factors on recombinant protein expression in E. coli producing strains," in "Biomedical Research on the Science/NASA Project," *Abstracts of the Third U.S./Russian Symposium*, Huntsville, Alabama, November 10-13. 1997: 110-1.

6 D. Hillman et al., "About-10 yearly（Circadecennian）Cosma-helio geomagnetic signatures in *Acetabularia*," *Scripta Medica*（BRNO）, 2002; 75(6): 303-8.

7 P. A. Kashulin et al., "Physics of Auroral Phenomena," Proceedings, XXV Annual Seminar（Apatity: Polar Geophusical Institute, Kola Science Center, Russian Academy of Science, February 26-March 1）, 2005: 153-6.

8 V. M. Petro et al., "An Influence of Changes of Magnetic Field of the Earth on the Functional State of Humans in the Conditions of Space ,ossopm," *Proceedings*, International Symposium "Computer Electro-Cardiograph on Boundary of Centuries," Moscow, Russian Federation, 27-30 April, 1999.

9 K. F. Novikova and B. A. Ryvkin, "Solar activity and cardiovascular disease," in *Effects of Solar Activity on the Earth's Atmosphere and Biosphere*, Academy of Science, USSR（translated from the Russian）, M. N. Gnevyshev and A. I. Ol, eds.（Jerusalem: Israel Program for Scientific Translations, 1977）, 184-200.

10 G. Corn?lissen et al., "Chronomes, time structures, for chronobioengineering for 'a full life," *Biomedical Instrumentation & Technology*, 1999; 33(2): 152-87.

⓫ V. N. Oraevskii et al., "Medico-biological effects of natural electromagnetic variations," *Biofizika*, 1998; 43(5): 844-8; V. N. Oraevskii et al., "An Influence of geomagnetic activity on the functional state of organization, *Biofizika*, 1998; 43(5): : 819-26.

⓬ I, Gurfinkel et al., "Assessment of the effect of a geomagnetic storm on the frequency of appearance of acute cardiovascular pathology," *Biofizika*, 1998; 43(4): 645-8; J. Sitar, "The causality if lunar changes on cardiovascular mortality," *Casopis Lekaru Geskych*, 1990; 129: 1425-30.

⓭ F. Halberg et al., "Cross-spectrally coherent about 10-5 and 21-year biological and physical cycles magnetic storms and myocardial infarctions," *Neuroendrocrinology Letters*, 2000; 21: 266-58.

⓮ M. N. Gnevyshec, "Essential features of the 11-year solar cycle," *Solar Phsics*, 1977; 51: 175-82.

⓯ G. Corn?lissen et al., "Nov-photic solar associations of heart rate variability and myocardial infarction," *Journal of Atmospheric and Solar-terrestrial Physics*, 2002; 34: 707-20.

⓰ A. R. Allahverdiyev et al., "Possible space weather influence on functional activity of the human brain," *Proceedings*, Space Weather Workshop: Looking Towards a European Space Weather Programme, December 17-19, 2001.

⓱ E. Babayev, "Some results of investigations on the space weather influence on functioning of several engineering-technical and communication systems and human health," *Astronomical and Astrophysical Transactions*, 2003; 22(6): 861-867; G. Mizon Yu and P. G. Mizun, "Space and Health," Moscow, "Znanie," 1984.

⓲ E. Stoupel, "Relationship between suicide and myocardial infarction with regard to changing physical environmental conditions, *International Journal of Biometeorology*, 1994; 38(4): 199-203; E. Stoupel et al.,

"Clinical Cosmobiology: the Lithuanian study, 1990-1992," *International Journal of Biometerology*, 1995; 38: 204-8; E. Stoupel et al., "Suicide-homicide temporal interrelationship, links with other fatalities and environmental physical activity," *Crisis*, 2005; 26: 85-9.

⓳ A. Raps et al., "Geophysical variables and behavior: LXIX. Solar activity and admission of psychiatric inpatients," *Perceptual and Motor Skills*, 1992; 74: 449; H. Friedman et al., "Geomagnetic Parameters and Psychiatric Hospital Admissions," *Nature*, 1963; 200: 626-8.

⓴ M. Mikulecky, "Lunisolar tidal waves, geomagnetic activity and epilepsy in the light of multivariate coherence, *Brazilian Journal of Medicine*, 1996; 29(8): 1069-72l E. A. McGuan, "Sudden Unexpected Deaths In Epileptics—A Literature Review," *Scottish Medical Journal*, 1999; 44(5): 137-9.

㉑ A. Michon et al., "Attempts to simulate the association between geomagnetic activity and spontaneous seizures in rats using experimentally generated magnetic fields," *Perceptual and Motor Skills*, 1996; 82(2): 619-26; Y. Bureau and M Persinger, "Geomagnetic activity and enhanced mortality in rats with acute（epileptic）limbic lability," *International Journal of Biometereology*, 1992; 36: 226-32.

㉒ Y. Bureau and M. Persinger, "Decreased latencies for limbic seizures induced in rats by otesla," *Neuroscience Letters*, 1995; 192: 142-144; A. Michon and M. Persinger, "Experimental simulation of the effects of increased geomagnetic activity upon nocturnal seizures in epileptic rats," *Neuroscience Letters*, 1994; 224: 53-6.

㉓ M. Persinger, "Sudden unexpected death in epileptics following sudden, intense, increases in geomagnetic activity: prevalence of effect and potential mechanisms," *International Journal of Biometeorology*, 1995; 38: 180-7; R. P. O 琻 onnor and M. A. Persinger, "Geophysical variables and behavior LXXXII: a strong association between sudden infant death syndrome（SIDS）and increments of global geomagnetic activity—possible support for the melatonin hypothesis," *Perceptual and Motor Skills*. 1997; 84: 395-402.

㉔ B. McKay and M. Persinger, "Geophysical variables and behavior: LXXXVII. Effects of synthetic and natural geomagnetic patterns on maze learning," *Perceptual and Motor Skills*, 1999; 89(3 pt1): 1023-4.

㉕ D. Radin, *Conscious Universe*（New York: HarperEdge, 1997）.

㉖ D. Radin, "Evidence for relationship between geomagnetic field fluctuations and skilled physical performance," presentation made at the 11th Annual Meeting of the Society for Scientific Exploration, Princeton, New Jersey, June 1992.

㉗ S. W. Tromp, *Biometerology*（London: Heyden, 1980）.

㉘ I. Stoilova and T. Zdravev, "Influence of the geomagnetic activity on the human functional systems," *Journal of the Balkan Geophysical Society*, 2000; 3(4): 73-6.

㉙ J. S. Derr and M. A. Persinger, "Geophysical variables and behavior: LIV. Zeitoun（Egypt）apparitions of the Virgin Mary as tectonic strain-induced luminosities," *Perceptual and Motor Skills*, 1989; 68: 123-8.

㉚ M. A. Persinger and S. A. Koren, "Experience of spiritual visitation and impregnation: potential induction by frequency-modulated transients from an adjacent clock," *Perceptual and Motor Skills*, 2001; 92(1): 35-6.

㉛ M. A. Persinger et al., "Differential entrainment of electroencephalographic activity by weak complex electromagnetic fields," *Perceptual and Motor Skills*, 1997; 84(2): 527-36.

㉜ M. A. Persinger, "Increased emergence of alpha activity over the left but not the right temporal lobe within a dark acoustic chamber: differential response of the left bout not the right hemisphere to transcerebral magnetic fields,"

International Journal of Psychophysiology, 1999; 34(2): 163-9.

㉝ 擷取自我對默菲的訪談（二〇〇六年五月二十三日）。

㉞ W. G. Braud, and S. P. Dennis, "Geophysical variables and behavior: LVIII. Autonomic activity," *Perceptual and Motor Skills*, 1989; 68: 1243-54.

㉟ Ibid.

㊱ McTaggar, The Field, 167-8.

㊲ M. Persinger and S. Krippner, "Dream ESP experiments and geomagnetic activity," *Journal of the American Society for Physical Research*, 1989; 83: 101-116; S. Krippner and M. Persinger, "Evidence for enhanced congruence between dreams and distant target material during periods of decreased geomagnetic activity," *Journal of Scientific Exploration*, 1996; 10(4): 487-93.

㊳ M. Ullman et al., *Dream telepathy: Experiments in ESP*（Jefferson, NC:McFarland, 1989）.

㊴ Ibid.

㊵ M. A. Persinger, "ELF field meditation in spontaneous psi events. Direct information transfer or conditioned elicitation?" *Psychoenergetic Systems*, 1975; 3: 155-69; A. Persinger, "Geophysical variables and behavior: XXX. Intense paranormal activities occur during days of quiet global geomagnetic activity," *Perceptual and Motor Skills*, 1985; 61: 320-2.

㊶ M. H. Adams, "Variability in remote-viewing performance: Possible relationship to the geomagnetic field," In D. H. Weiner and D. I. Radin, eds., *Research in Parapsychology*（Metuchen, NJ: Scarecrow Press, 1986）, 25.

㊷ J. N. Booth et al., "Ranking of stimuli that evoked memories in significant others after exposure to circumcerebral magnetic fields: correlations with ambient geomagnetic activity," *Perceptual and Motor Skills*, 20052; 95(2): 555-8.

43 M. A. Persinger et al., "Differential entrainment of electroencephalographic activity by weak complex electromagnetic fields," *Perceptual and Motor Skills*, 1997; 84(2)" 527-36.

44 M. A. Persinger et al., "Enhancement of images of possible memories of others during exposure to circumcerebral magnetic fields: correlations with ambient geomagnetic activity," *Perceptual and Motor Skills*, 20052; 95(2): 531-43.

45 S. A. Koren and M. A. Persinger, "Possible disruption of remote viewing by complex weak magnetic fields around the stimulus site and the possibility of accessing real phase space: a pilot study," Perceptual and Motor Skills, 2002; 95(3 pt1): 989-98.

46 S. Krippner, "Possible geomagnetic field effects in psi phenomena," paper presented at international parapsychology conference in Recife, Brazil, November 1997.

47 W. G. Braud, and S. P. Dennis, "Geophysical variables and behavior; LVIII."

48 S. J. P. Spottiswoode, "Apparent association between effect size in free response anomalous cognition experiments and local sidereal time," *The Journal of Scientific Exploration*, 1997; 11(2): 109-122.

49 S. J. P. Spottiswoode and E. May, "Evidence that free response anomalous cognition experiments and local sidereal time and geomagnetic fluctuations," *Presentation Abstracts*, Sixteenth Annual Meeting of the Society for Scientific Exploration, June 1997: 8.

50 A. P. Krueger and D. S. Sobel, "Air ions and health," in *Ways of Health: Holistic Approaches to Ancient and*

Contemporary Medicine, D. S. Sobel, ed.（New York: Harcourt Brace Jovanovich, 1979）.

第8章　對的地點

❶蒂勒有關結晶科學的重要著作包括：An Introduction to Computer Simulation in Applied Science（F. F. Abraham and W. A. Tiller, eds）, Plenum Press, 1972; *The Science fo Crystallization: Microscopic Interfacial* Phenomena（Cambridge University Press, 1991）; *The Science of Crystallization: Macroscopic Phenomena and Defect Generation*（Cambridge University Press, 1992）.

❷有關蒂勒的種種，擷取自我對他的多次訪談（二〇〇五年四月至二〇〇六年一月）。

❸O. Warburg, *New Methods of Cell Physiology Applied to Cancer and Mechanism of X-ray Action*（New York: John Wiley and Sons, 1962）, as quoted in W. Tiller et al., *Conscious Acts of Creation: The Emergency of a New Physics*（Walnut Creek, CA, Pavior Publishing: 2001）, 144-6. All description of experiment derived from interview with Dr. Tiller, Boulder, Colorado（29 April, 2005）, plus information from Conscious Acts and Tilles et al., *Some Science Adventures with Real Magic*（Walnut Creek, CA: Pavior Publishing, 2005）.

❹M. J. Kohane, "Energy, Development and Fitness in *Drosophila Melanogaster*," *Proceedings of the Royal Society*（B）, 1994; 257: 187-91, in Tiller, Conscious Acts, 147.

❺W. A. Tiller and Walter E. Dibble, Jr. "New experimental data revealing an unexpected dimension to materials science and engineering," *Material Research Innovation*, 2001; 5: 21-34.

❻Tiller and Dibble, "New Experimental data."

❼Ibid.

❽ Ibid.

❾ Tiller, *Conscious Acts*, 180.

❿ Tiller, *Conscious Acts*, 175.

⓫ Tiller, *Conscious Acts*, 216.

⓬ H. Pagels, *The Cosmic Code*（New York: Simon and Schuster, 1982）.

⓭ Tiller, *Conscious Acts*, 216.

⓮ Tiller, *Science Adventures*, 34.

⓯ 擷取自二〇〇五年四月與蒂勒進行的訪談。

⓰ Tiller, *Conscious Acts*, 182.

⓱ 見於蒂勒與科恩的通信。

⓲ Tiller and Dibble, "New experimental data," i.

⓳ G. K. Watkins and A. M. Watkins, "Possible PK influence on the resuscitation of anesthetized mice," *Journal of Parapsychology*, 1971; 35: 257-72; G. K. Watkins, et al., "Further studiew on the resuscitation of anesthetized mice," in W. G. Roll, R. L. Morris and J. D. Morris, eds. *Research in Parapsychology*（Metuchen, NJ: Scarecrow Press, 1973）, 157-9.

⓴ R. Wells, and J. Klein, "A replication of a 'psychic healing' paradigm," *Journal of Parapsychology*, 1972; 36: 144-9.

㉑ McTaggart, *The Field*, 205-7.

㉒ D. Radin, "Beyond Belief: exploring interaction among body and environment," Subtle Energies, 1992; 2(3):

1-40. "Environmental Modulation and Statistical Equilibrium in Mind-Matter Interaction," Subtle Energies, 1993; 4(1): 1-30.

㉓ D. Radin, et al., "Effects of healing intention on cultured cells and truly random events," The Journal of Alternative and Complementary Medicine, 2004; 10: 103-12.

㉔ L. P. Semikhina and V. P. Kiselev, "Effect of weak magnetic fields on the properties of eater and ice," Zabedenii, Fizika, 1988; 5: 13-7; S. Sasaki et al., "Changes of water conductivity induced by non-inductive coil," Society for Mind-Body Science, 1992; 1: 23; Tiller, Conscious Acts, 62.

第3部 意念的力量

第9章 心靈藍圖

❶ 我對阿里拳擊技巧的介紹，是參考 N. Mailer, *The Fight*（New York: Penguin, 2000）.

❷ Ibid.

❸ A. Richardson, "Mental practice: A review and discussion," Part I. *Research Quarterly*, 1967; 38, 95-107.

❹ J. Salmon et al., "The use of imagery by soccer players," *Journal of Applied Sport Psychology*, 1994; 6: 116-33.

❺ A. Paivio, *Mental Representation: a Dual Coding Appraoch*（New York and Oxford: Oxford University Press, 1986）.

❻ B. S. Rushall and L. G. Loppman, "The role of imagery in physical performance," *International Journal for Sport*

Psychology, 1997; 29: 57-72.

❼ A. Paivio, "Cognitive and motivational functions of imagery in human performance," *Canadian Journal of Applied Sport Sciences*, 1985; 10(4)" 22S-28S.

❽ K. E. Hinshaw, "The effects of mental practice on motor skill performance: Critical evaluation and meta-analysis," *Imagination, Cognition and Personality*, 1991-2; 11: 3-35.

❾ J. A. Swets, and R. A. Bjork, "Enhancing human performance: An evaluation of 'New Age' techniques considered by the U.S. Army. *Psychological Science*, 1990; 1:85-96; D. L. Feltz et al., "A revised meta-analysis of the mental practice literature on motor skill learning," in D. Druckman & J. A. Swetz, eds., *Enhancing Human Performance: Issues, Theories, and Techniques*（Washington, DC: National Academy Press, 1988）, 274.

❿ R. J. Rotella et al., "Cognitions and coping strategies of elite skiers: an exploratory study of young developing athletes," *Journal of Sport Psychology*, 1980; 2: 350-4.

⓫ R. S. Burhans et al., "Mental imagery training: effects on running speed performance," *International Journal of Sport Psychology*, 1988; 19: 26-37.

⓬ B. S. Rushall, "Covert modeling as a procedure for altering an elite athlete's psychological state," *Sport Psychologist*, 1998; 2: 131-40; B. S. Rushall, "The restoration of performance capacity by cognitive restructuring and covert positive reinforcement in an elite athlete," In J. R. Cautela and A. J. Kearney, eds., *Covert Conditioning Casebook*（Boston: Thomson Brooks/Cole, 1993）.

⓭ M. Dennis, "Visual imagery and the use of mental practice in the development of motor skills," *Canadian Journal of Applied Sport Sciences*, 1985; 10: 4S-16S.

⓮ A. Paivio, "Cognitive and motivational functions of imagery in human performance," *Canadian Journal of Applied Sport Sciences*, 1985; 10" 22S-28S.

⓯ J. R. Cautela, and A. J. Kearney, *The Covert Conditioning Handbook*, New York: Springer, 1986; J. R. Cautela & A. J. Kearney（eds.）, *Covert Conditioning Casebook*, Boston: Thomson Brooks/Cole, 1993: 30-31.

⓰ B. Mumford and C. Hall, "The effects of internal and external imagery on performing figures in figure skating," *Canadian Journal of Applied Sport Sciences*, 1985; 10: 171-7.

⓱ K. Barr and C. Hall, "The use of imagery by rowers," *International Journal of Sport Psychiology*, 1992; 23: 243-61.

⓲ S. C. Minas, "Mental practice of a complex perceptual-motor skill," *Journal of Human Movement Studies*, 1978; 4: 102-7.

⓳ R. Bleier, *Fighting Back*（New York: Stein and Days, 1975）.

⓴ R. L. Wilkes and J. J Summers, "Cognitions, mediating variables and strength performance," *Journal of Sport Psychology*, 1984; 6: 351-9.

㉑ R. S. Weinberg et al., "Effects of visuo-Motor behavior rehearsal, relaxation, and imagery on karate performance," *Journal of Sport Psychology*, 1981; 3: 228-38.

㉒ Cautela and Kearney, *Covert Conditioning Casebook*.

㉓ L. Pates et al/. "The effects of hypnosis on flow states and three-point shooting in basketball players," *The Sport Psychologist*, 2002; 16: 34-47; J. Pates and I. Maynard, "Effects of hypnosis on flow states and golf performance," *Perceptual and Motor Skills*, 2000; 9: 1057-75.

㉔ R. M. Suinn, "Imagery rehearsal applications to performance enhancement," *The Behavior Therapist*, 1985; 8: 155-9.

㉕ L. Baroga, "Influence on the sporting result of the concentration of attention process and time taken in the case of weight lifters," in *Proceedings of the 3rd World Congress of the International Society of Sports Psychology*: vol. 3（Madrid: Instituto Nacional de Educacon Fisica Y Deportes, 1973）.

㉖ A. Fujita, "An experimental study on the theoretical basis of mental training," in *Proceedings of the 3rd World Congress of the International Society of Sports Psychology*: vol. Abstract（Madrid: Instituto Nacional de Educacon Fisica Y Deportes, 1973）, 37-8.

㉗ Ibid.

㉘ B. S. Rushall, and L. G. Lippman, "The role of imagery in physical performance," *International Journal for Sport Psyocholgy*, 1997; 29: 57-72.

㉙ G. H. Van Gyn et al., "Imagery as a method of enhancing transfer from training to performance," *Journal of Sport and Exercise Science*, 1990; 12: 366-75.

㉚ G. H. Yue and K. J. Cole, "Strength increases from the motor program; Comparison of training with maximal voluntary and imagined muscle contractions," *Journal of Neurophysiology*, 1992; 67: 114-23; V. K. Ranganathan et al., "Increasing muscle strength by training the central nervous system without physical exercise," *Society for Neuroscience Abstracts*, 2001; 31: 17; V. K. Ranganathan et al., "Level of mental effort determines training-induced strength increases," Society of Neuroscience Abstracts, 2002; 32: 768; P. Cohen, "Mental Gymnastics," *New Scientist*, November 24, 2001; 172(2318): 17.

㉛ D. Smith et al., "The effect of mental practice on muscle strength and EMG activity," *Proceedings of the British Psychological Society annual conference*, 1998; 6(2): 116.

㉜ T. X. Barber, "Changing 'unchangeable' bodily processes by (hypnotic) suggestions: A new look at hypnosis, cognitions, imagining and the mind-body problem," in A. A. Sheikh, ed., *Imagination and Healing* (Farmingdale, NY: Baywood Publishing Co., 1984). Also published in *Advance*, Spring 1984.

㉝ F. M. Luskin et al., "A review of mind-body therapies in the treatment of cardiovascular disease Part 1: Implications for the elderly,: *Alternative Therapies*, 1998; 4(3): 46-61.

㉞ F. M. Luskin et al., "A review of mind/body therapies in the treatment of musculoskeletal disorders with implications for the elderly," *Alternative Therapies in Health and Medicine*, 2000; 6(2): 46-56.

㉟ V. A. Hadhazy et al., "Mind-body therapies for the treatment of fibromyalgia. A systematic review," *Journal of Rheumatology*, 2000; 27(12): 2911-8.

㊱ J. A. Astin et al., "Mind-body medicine: State of hte science: Implications for practice," *Journal of the American Board of Family Practitioners*, 2003; 16(2): 131-47.

㊲ J. A. Astin, "Mind-body therapies for the management of pain," *Clinical Journal of Pain*, 2004; 20(1): 27-32.

㊳ L. S. Eller, "Guided imagery interventions for symptom management, *Annual Review of Nursing Research*, 1999; 17: 57-84.

㊴ J. Achtererg and G. G. Lawlis, *Bridges of the Bodymind: Behavioral Approaches for Health Care* (Champaign, IL: Institute for Personality and Ability Testing, 1980).

㊵ M. E. Miller, and L. DiCara, "Instrumental learning of heart rate changes in curarized rats; Shaping and specificity to discriminative stimulus," *Journal of Comparative and Physiological Psychology*, 1967; 63: 12-19; N. E. Miller, "Learning of visceral and glandular responses," *Science*, 1968; 163: 434-45.

41 J. V. Basmajian, *Muscles Alive: Their Funcitions Revealed bu Electromyography*（Baltimore: Williams and Wilkins, 1967）.

42 E. Green, "Feedback technique for deep relaxation," *Psychophysiology*, 1969; 6(3): 371-; E. Green et al., "Self-regulation of internal states," in J. Rose, ed., *Progress of Cybernetics: Proceedings of the First International Congress of Cybernetics, London, September 1969*（London: Gordon and Breach Science Publishers, 1970）, 1299-1318; E. Green et al., "Voluntary control of internal states: Psychological and physiological," *Journal of Transpersonal Psychology*, 1970; 2: 1-26; D. Satinsky, "Biofeedback treatment for headache: A tow-year-follow-up study," *American Journal of Clinical Biofeedback*, 1981; 4(1): 62-5; B. V. Silber et al., "Temperature biofeedback and relaxation training in the treatment of migraine headaches: One-year-follow-up," *Biofeedback and Self-Regulation*, 1979; 4(4): 359-66.

43 B. M. Kappes, "Sequence effects of relaxation training, EMG, and temperature biofeedback on anxiety, symptom, report, and self-concept," *Journal of Clinical Psychology*, 1983; 39(2): 203-8; G. D. Rose et al., "The behavioral treatment of Raynaud's disease: A review," *Biofeedback and Self-regulation*, 1987; 12(4): 257-72.

44 W. T. Tsushima, "Treatment of phantom limb pain with EMG and temperature biofeedback: A case study," *American Journal of Clinical Biofeedback*, 1982; 5(1): 22-8.

45 T. G. Dobie, "A comparison of two methods of training resistance to visually-induced motion sickness," presented at *VII International Man in Space Symposium: Physiologic adaptation of man in space*, Houston, Texas, 1986.

Aviation, Space, and Environmental Medicine, 1987; 58(9), sect. 2: 34-41.

46 A. Ikemi et al., “Thermographical analysis of the warmth of the hands during the practice of self-regulation method, *Psychotherapy and Psychosomatics*, 1988; 50(1): 22-8.

47 J. L. Claghorn, “Directional effects of skin temperature self-regulation on regional cerebral blood flow in normal subjects and migraine patients,” *American Journal of Psychiatry*; 1981; 138(9): 1182-7.

48 M. Davis et al., *The Relaxation and Stress Reduction Workbook*, 5th ed.（Oakland, CA: New Harbinger Publications, 2000）, 83-90.

49 J. K. Lashley et al., “An empirical accoiunt fo temperature biofeedback applied in groups,” *Psychological Reports*, 1984; 60(2):379-88; S. Fahrion et al., “Biobehavioral treatment of essential hypertension: A group outcome study,” *Biofeedback and Self-Regulation*, 1986; 11(4): 257-77.

50 J. Panksepp, “The anatomy of emotions,” in *Emotion: Theory, Research and Experience Vol. III. Biological Foundations of Emotions*, R. Plutchik ed.（New York: Academic Press, 1986）, 91-124.

51 J. Panksepp, “The neurobiology of emotions: Of animal brains and human feelings,” in T. Manstead and H. Wagner eds., *Handbook of Psychophysiology*（Chichester, UK: John Wiley & Sons, 1989）, 5-26.

52 C. D. Clemente et al., “Postreinforcement EEG synchronization during alimentary behavior, ” *Electroencephalography and Clinical Neurophysiology*, 1964; 16: 335-65; M. H. Chase et al., “Afferent vagal stimulation: Neurographic correlates of induced EEG synchronization and desynchronization, ” *Brain Research*, 1967; 5: 236-49.

53 M. B. Sterman, “Neurophysiological and clinical studies of sensorimotor EEG biofeedback training: Some

effects on epilepsy," *Seminars in Psychiatry*, 1973; 5(4): 507-25; M. B. Sterman, "Neurophysiological and clinical studies of sensorimotor EEG biofeedback training: Some effects on epilepsy," in *Biofeedback: Behavioral Medicine* L. Birk, ed.（New York: Grune and Stratton, 1973）, 147-165; M. B. Sterman, "Epilepsy and its treatment with EEG feedback therapy," *Annals of Behavioral Medicine*, 1986; 8: 21-5; M. B. Sterman, "The challenge of EEG biofeedback in the treatment of epilepsy: A view from the trenches," *Biofeedback*, 1997; 25(1): 6-7, M. B. Sterman, "Basic concepts and clinical findings in the treatment of seizure disorders with EEG operant conditioning," *Clinical Electroencephalography*, 2000; 31(1): 45-55.

54 E. Peniston and P. J. Kulkosky, "Alpha-Theta brainwave training and beta-endorphin levels in alcoholics," *Alcoholism: Clinical and Experimental Research*, 1989; 13: 271-9; E. Peniston, and P. J. Kulkosky, "Alcoholic personality and alpha-theta brainwave training," *Medical Psychotherapy*, 1990; 3: 37-55.

55 J. Kamiya, "Operant control of the EEG alpha rhythm," in *Altered States of Consciousness*, C. Tart, ed.（New York: Wiley, 1969）. J. Kamiya, " Conscious control of brain waves," *Psychology Today*, April 1968, p.7.

56 N. E. Schoenberger et al., "Flexyx neurotherapy system in the treatment of traumatic brain injury: an initial evaluation," *Journal of Head Trauma Rehabilitation*, 2001; 16(3): 260-74.

57 C. B. Kidd, "Congenital ichthyosiform Erythroderma treated by Hypnosis," *British Journal of Dermatology*, 1966; 78: 101-5, as cited in Barber.

58 H. Bennett, "Behavioral anesthesia," *Advances*, 1985; 2(4): 11-21, as reported in H. Dienstfrey, "Mind and mindlessness in mind-body research," in M. Schlitz et al., *Consciousness and Healing: Integral Approaches to Mind-Body Healing*（St. Louis, MO: Elsevier Churchill Livingstone, 2005）, 56.

59 H. Dienstfrey, "Mind and nindlessness," 51-60.

60 這紀錄片是英國廣播公司「你的生命在他們手中」系列（一九九一年五月）其中一集。在該紀錄片中，我們看到埃斯庫德羅醫生對病人的腿又切又鋸又鑽又鎚，而病人則完全醒著，看著他施作。

61 S. M. Kosslyn et al., "Hypnotic visual illusion alters color processing in the brain," *American Journal of Psychiatry*, 2000; 157: 1279-84; M. Henderson, "Hypnosis really does turn black into white," *The Times*, 18 February 2002.

62 S. H. Simpson et al., "A meta-analysis of the association between adherence to drug therapy and mortality," *British Medical Journal*, 2006; 333: 15-9.

63 R. de la Fuente-Fer?ndez et al., "Expectation and Dopamine Release: Mechanism of the Placebo Effect in Parkinson's Disease," *Science*, 2001; 293(5532): 1164-6.

64 J. B. Moseley et al., "A controlled trial of arthroscopic surgery for osteoarthritis of the knee," *New England Journal of Medicine*, 2002; 347: 81-88.

65 S. Krippner, "Stigmatic phenomenal an alleged case in Brazil," *Journal of Scientific Exploration*, 2002; 16(2): 2307-24.

66 L. F. Early and J. E. Kifschutz, "A case of stigmata," *Archives of General Psychiatry*, 1974; 30: 197-200.

67 T. Harrison, *Stigmatia: A Medieval Mystery in a Modern Age*（New York: St. Martin 摋 Press, 1994）, as referenced in S. Krippner, *Stigmatic Phenomena*.

68 B. O 蕠 egan and Caryle Hirschberg, *Spontaneous Remission: An Annotated Bibliography*（Petaluma, CA: Institute of Noetic Sciences,1993）.

69 Ibid.

70 L. L. LeShan and M. L. Gassmann, "Some observations on psychotherapy with patients with neoplastic disease," *American Journal of Psychotherapy*, 1958; 12: 723.

71 D, C, Ban Baalen et al., "Psychosocial correlates of 'spontaneous' regression of cancer," *Humane Medicine*, April 1987.

72 R. T. D. Oliver, "Surveillance as a possible option of management of metastic renal cell carcinoma," *Seminars In Urology*, 1989; 7: 149-52.

73 P. C. Ray, "Psychospiritual dimensions of extraordinary survival," *Journal of Humanistic Psychology*, 1989; 29: 59-83.

74 McTaggart, *The Field*, 132.

75 W. Braud and M. Schlitz, "Psychokinetic influence on electrodermal activity," *Journal of Parapsychology*, 1983; 47(2): 95-119.

76 Interview with William Braud, Octoberm 1999.

77 D. Benor, *Healing Research*.

78 S. M. Roney-Dougal, and J. Solfvin, "Field study of an enhancement effect on lettuce seeds-Replication study," *Journal of Parapsychology*, 2003, 67(2): 279-98.

79 多西醫生稱負面診斷為「醫藥毒咒」。一個有力的例子是一個白血病患者，他本來生龍活虎，但聽到醫生宣布他病情疑似進入末期，竟然不到一星期便過世。見 L. McTaggart, *What Doctors Don't Tell You*（New York: HarperCollins, 2005）, 343.

第10章　巫毒效應

❶ R. A. Blasband and Gottfried Martin, "Biophoton emission in 'orgone energy' treated Cress seeds, seedlings and *Acetabularia*," International Consciousness Research Laboratorym ICRL Report No. 93.6.

❷ L. Dossey, *Be Careful What You Pray For……You Just Might Get It*（San Francisco: HarperSanFrancisco, 1997）, 171-2.

❸ Ibid.

❹ Benor, *Healing Research*, 261.

❺ C. O. Simonton et al., Getting Well Again（New York: Bantam, 1980）; B. Siegel, *Love, Medicine and Miracles: Lessons Learned about Self-Healing from a Surgeon's Experience with Exception Patients*（New York: HarperPerennial, 1990）; A. Meares, *The Wealth Within: Self-Help Through a System of Relaxing Meditation*（Melbourne: Hill of Content, 1990）.

❻ 這一章的許多材料都是得以下來源：多西的《小心你的禱告內容》（*Be Careful What You Pray For… You Just Might Get It*），以及貝諾爾的《治療研究》（*Healing Research, spiritual healing*）和他內容極豐富詳盡的網站（www.wholistchealingresearch.com）。

❼ Benor, *Healing Research*, 364.

❽ J. Barry, "General and Comparative Study of the Psychokinetic Effect on a Fungus Culture," *Journal of Parapsychology*, 1968; 32(94): 237-43.

❾ W. H. Tedder and M. L. Monty, "Exploration of a long-distant PK: a conceptual replication of the influence on a biological system," in *Research in Parapsychology* 1980, W. G. Roll et al., eds.（Metuchen, NJl Scarecrow Press,

1981）, 90-93. Also see Dossey, *Be Careful What You Pray For*, 169, and Benor, *Healing Research*, 268-9.

❿ C. B. Nash, "Test of psychokinetic control of bacterial mutation," *Journal of the American Society for Psychical Research*, 1984; 78: 145-152.

⓫ 克梅茨這個實驗被記載在 W. Braud et al., "Experiments with Matthew Manning," *Journal of the Society for Psychical Research*, 1979; 50: 199-223. 雖然這個實驗讓人鼓舞，但貝諾爾在他的《治療研究》一書認爲它在細節上不夠嚴謹。

⓬ Dossey, *Be Careful What You Pray For*, 175-6.

⓭ 很多另類醫學的研究者都對在中國進行的中國醫術實驗心存疑慮，但他們懷疑的不是傳統中國醫術出神入化的效果，而是懷疑這些實驗的科學嚴謹性。

⓮ S. Sun and C. Tao, "Biological effect of emitted qi with tradescantic paludosa micronuclear technique," First World Conference for Academic Exchange of Medical Qigong. Beijing, China, 1988; 61E.

⓯ Ibid.

⓰ Dossey, *Be Careful What You Pray For*, 176.

⓱ D. J. Muehsam et al., "Effects of Qigong on cell-free myosin phosphorylation: Preliminary experiments, " *Subtle Energies*, 1994; 5(1): 93-108, also reported in Dossey, *Be Careful What You Pray For*, 177-8.

⓲ Ibid.

⓳ Benor, *Healing Research*, 253.

⓴ G. Rein, *Quantum Biology: Healing with Subtle Energy*,（Palo Alto CA: Quantum Biology Research Lab, 1992), as reported in Benor, *Healing Research*, 350-2.

❷❶ B. Grad, "The 'laying on of hands' implications for psychotherapy, gentling and the placebo effect," *Journal of the Society for Psychical Research*, 1967; 61(4): 286-305.

❷❷ C. B. Nash and C. S. Nash, "The Effect of Paranormally Conditioned Solution on Yeast Fermentation," *Journal of Parapsychology*, 1967: 31: 314.

❷❸ D. Radin, *The Conscious Universe: The Scientific Truth of Psychic Phenomena*（New York: HarperEdge, 1997）, 130.

❷❹ 拙著《療癒場》有一整章是談班沃尼斯特。

❷❺ 班沃尼斯特的這些實驗結果是他在一次電話交談（二〇〇〇年十一月十日）告訴我。

❷❻ J. M. Rebman et al., "Remote influence of the autonomic nervous system by focused intention," *Subtle Energies and Energy Medicine*, 1996; 6: 111-34.

❷❼ W. Braud and M. Schlitz, "A Method for the Objective Study of Transpersonal Imagery," *Journal of Scientific Exploration*, 1989; 3(1): 43-63; also W. Braud et al., "Further Studies of the Bio-PK effect: Feedback, blocking specificity/generality," in R. White and J. Solfvin, eds., *Research in Parapsychology*（Metuchen, NJ: Scarecrow Press, 1984）, 45-48.

❷❽ C. Watt et al., "Exploring the limits of direct mental influence: Two studies comparing 'blocking' and 'co-operating' strategies," *Journal of Scientific Exploration*, 1999; 13(3): 515-35.

❷❾ J. Diamond, *Your Body Doesn't Lie*（Pymble, Australia: HarperCollins, 1979）.

❸⓪ J. Diamond, *Life Energy*（Pymble, Australia: Angus & Robertson, 1992）, 71.

第11章　為昨日禱告

❶ L. Leibovici, "Effects of remote, retroactive intercessory prayer on outcomes in patients with blood stream infection: randomized controlled trial," *British Medical Journal*, 2001; 323(7327): 1450-1.

❷ S. Andreassen et al., "Using probabilistic and decision-theoretic methods in treatment and prognosis modeling," *Artificial Intelligence in Medicine*, 1999; 15(2): 121-34.

❸ L. Leibovici, "Alternative（complementary）medicine: a cuckoo in the nest of empiricist reed warblers," *British Medical Journal*, 1999; 319: 1629-32; L. Leibovici, "Effects of remote, retroactive intercessory prayer."

❹ Letters, *BMJ Online*, December 22, 2003.

❺ L. Dossey, "How healing happens: exploring the nonlocal gap," *Alternative Therapies in Health and Medicine*, 2002; 8(2): 12-16, 103-10.

❻ B. Oshansky and L. Dossey, "Retroactive prayer: a preposterous hypothesis?" *British Medical Journal*, 2003; 327: 20-7.

❼ Letters, "Effect of retroactive prayer," *British Medical Journal*, 2003; 324: 1037.

❽ 擷取自李博維奇寫給我的信（二〇〇五年六月二十八日）。

❾ 擷取自我對楊恩和鄧恩的訪談（二〇〇五年七月）。

❿ R. G. Jahn et al., "Correlations of random binary sequences with pre-stated operator intention: a review of a 12-year program," *Journal of Scientific Exploration*, 1997; 11(3): 345-67.

⓫ D. J. Bierman and J. M. Houtkooper, "Exploratory PK tests with a programmable high speed random number generator," *European Journal of Parapsychology*, 1975; 1(1): 3-14.

⓬ R. Broughton, *Parapsychology: The Controversial Science*（New York: Ballantine, 1990）, 175-6.

⓭ H. Schnidt and H. Stapp, "Study of PK with prerecorded random events and the effects of preobservation," *Journal of Parapsychology*, 1993; 57: 351.

⓮ E. R. Gruber, "Conformance behavior involving animal and human subjects," *European Journal of Parapsychology*, 1979; 3(1): 36-50.

⓯ E. R. Gruber, "PK effects on pre-recorded group behavior of living systems," *European Journal of Parapsychology*, 1980; 3(2): 167-75.

⓰ F. W. J. J. Snel and P.C. van der Sijde, "The effects of retro-active distance healing on Babeia rodhani（rodent malaria）in rats," *European Journal of Parapsychology*, 1990; 8: 123-30.

⓱ W. Braud, unpublished study, 1993, as reported in W. Braud, "Wellness implications of retroactive intentional influence: exploring an outrageous hypothesis," *Alternatives Therapies*, 2000; 6(1): 37-48.

⓲ H. Schmidt, "Random generators and living systems as targets in retro-PK experiments," *Journal of the American Society for Psychical Research*, 1997; 912(1): 1-13.

⓳ D. Radin et al., "Effects of distant healing intention through time and space: two exploratory studies," *Proceedings of Presented Papers: The 41st Annual Convention of the Parapsychological Association*（Halifax: Parapsychological Association, 1998）, 143-61.

⓴ J. R. Stroop, "Studies of interference in serial verbal reactions," *Journal of Experimental Psychology*, 1935; 18: 643, as cited in D. I. Radin and E. C. May, "Evidence for a retro-causal effect in the human nervous system," Boundary Institute Technical Report 2000-1.

㉑ H. Klintman, "Is there a paranormal（precognitive）influence in certain types of perceptual sequences?" Part I and II, *European Journal of Parapsychology*, 1983; 5: 19-49; and 1984; 5: 125-40, as cited in Radin and May, Boundary Institute Technical Report 2001-1.

㉒ Radin and May, Boundary Institute Technical Report 2000-1.

㉓ Braud, "Wellness Implications."

㉔ 請見 http://www.fourmilab.com.ch/rpkp/bierman-metaanalysis.html.

㉕ Radin and May, Boundary Institute Technical Report 2000-1.

㉖ G. A. Mourou, D. Umstadter, "Extreme light," in "The Edge of Physics," special edition of *Scientific American*, 2002; 286(5): 80-86.

㉗ L. H. Frod and T. A. Roman, "Negative energy, wormholes and warp drive," in *Scientific American*, January 2000: 47-53.

㉘ J. A. Wheeler and R. P. Reynman, "Interaction with the absorber as the mechanism of radiation," *Reviews of Modern Physics*, 1945; 17(2-3): 157-81; J. A. Wheeler and R. P. Reyman, "Classical electrodynamics in terms of direct interparticle action," *Review of Modern Physics*, 1949; 21: 425-33.

㉙ E. H. Walker, "The nature of consciousness," *Mathematical BioScience*, 1970; 7: 131-78.

㉚ H. P. Stapp, "Theoretical model of a purported empirical violation of the predictions of quantum theory, " *Physical Review* A, 1994; 50(1): 18-22.

㉛ Braud, "Wellness implications."

㉜ L. Grover, "Quantum Computing," *The Sciences*, July/August 1999: 24-30.

㉝ M. Brooks, "The weirdest link," *New Scientist*, 27 March 2004; 18(2440): 32-35.

㉞ D. Bierman. "Do PSI-phenomena suggest radical dualism?" in S. Hammeroff et al., eds., *Toward a Science of Consciousness II*（Cambridge, MA: The MIT Press, 1998）, 709-14.

㉟ D. I. Radin, "Experiments testing models of mind-master interaction," *Journal of Scientific Exploration*, 2006; 20(3): 375-401.

㊱ 擷取自我對布勞德的訪談（一九九九年十月）。

㊲ W. Braud, "Transcending the limits of time," *The Inner Edge: A Resource for Enlightened Business Practice*, 1999; 2(6): 16-8.

㊳ R. D. Nelson, "The physical basis of intentional healing systems," Technical Report, PEAR 99001, Princeton Engineering Anomalies Research, Princeton, New Jersey, January 1999.

㊴ 擷取自我對布勞德的訪談（一九九九年十月）。

㊵ D. Bierman, "Does consciousness collapse the wave packet," *Mind and Matter*, 2003; 1-1: 45-58.

㊶ H. Schmidt, "Additional effect for PK on pre-recorded targets," *Journal of Parapsychology*, 1985; 49: 229-44; "PK tests with and without preobservation by animals," in L. S. Henkel and J. Palmer, eds., *Research in Parapsychology*, 1989（Metuchen, NJ: Scarecrow Press, 1990）, 15-9.

第12章　念力實驗

❶ 擷取自我對波普的訪談（二〇〇六年三月一日）。

❷ F. A. Popp et al., "Further analysis of delayed luminescence of plants," *Journal of Photochemistry and*

Photobiology B: Biology, 2005; 78: 235-44.

❸ 想對波普的生平有更詳細了解，請參考拙著《療癒場》。

❹ International Institute of Biophysics, 請見 www.lifescientists.de.

❺ B. J. Duune, “Co-operator experiments with an REG device,” PEAR Technical Note 91005, Pricenton Engineering Anomalies Research, Princeton, New Jersey, December 1991.

❻ R. D. Nelson et al., “FieldREG anomalies in group situations,“ *Journal of Scientific Exploration*, 1996; 10(1): 111-41; R. D. Nelson et al., “FieldREGII: consciousness field effects: replications and explorations,” Journal of Scientific Exploration, 1998; 12(3): 425-54.

❼ D. I. Radin, “For whom the bell tolls; A question of global consciousness,” *Noetic Sciences Review*, 2003; 63: 8-3 and 44-5; R. D. Nelson et al., “Correlation of continuous random data with major world events,” *Foundations of Physics Letters*, 2002; 15(6)” 537-50.

❽ D. I. Radin, “Exploring relationships between random physical events and mass human attention: Asking for whom the bell tolls,” *Journal of Scientific Exploration*, 2002; 16(4):533-47.

❾ R. D. Nelson, “Coherent consciousness and reduced randomness: Correlations on September 11, 2001,” *Journal of Scientific Explorations*, 2002; 16(4): 549-70.

❿ Ibid.

⓫ Bryan J. Williams, “Exploratory block analysis of field consciousness effects on global RNGs on September 11, 2001,” http://noosphere.princeton.edu/williams/GCP911.html.

⓬ J. D. Scargle, “Commentary: Ws there evidence of global consciousness on September 11, 2001?” *Journal of*

Scientific Exploration, 2002; 16(4): 571-7.

⓭ R. D. Nelson et al., "Correlations of continuous random data with major world events," *Foundations of Physics Letters* 2002; 15(6): 537-50.

⓮ M. C. Dillbeck et al., "The Transcendental Meditation program and crime rate change in a sample of 48 cities," *Journal of Crime and Justice*, 1981; 4: 25-45.

⓯ J. Hagelin et al., "Effects of group practice of the Transcendental Meditation program on preventing violent crime in Washington, D. C.: Results of the National Demonstration Project, June-July 1993," *Social Indicators Research*, 1999; 47(2): 153-201.

⓰ W. Orme-Johnson et al., "International peace project in the Middle East: the effects of the Maharishi technology of the unified field," *Journal of Conflict Resolution*, 1988; 32: 776-812.

⓱ K. L. Cavanaugh et al., "Consciousness and the quality of economic life; empirical research on the macroeconomic effects of the collective practice of Maharishi 摋 Transcendental Meditation and TM-Sidhi program," paper originally presented at the annual meeting of the Midwest Management Society, Chicago Illinois, March 1989; published in R. G. Greenwood, ed., *Proceedings of the Midwest Management Society*,（Chicago: Midwest Management Society, 1989）, 183-90; K. L. Cavanaugh et al., "A multiple-input transfer function model of Okun's misery index: an empirical test of the Maharishi Effect," paper presented at the Annual Meeting of the American Statistical Association, Washington D. C., August 6-10, 1989. An abridged version of the paper appears in *Proceedings of the American Statistical Association, Business and Economics Statistics Section*（Alexandria, VA: American Statistical Association, 1989）, 565-70; K. L. Cavanaugh and K. D. King, "Simultaneous transfer function analysis of Okun's misery index: improvements in the economic quality of life through Maharishi's Vedic Science and technology of consciousness," paper presented at the Annual Meeting of the American Statistical Association, New Orleans, Louisiana, August 22-25, 1988. An abridged version of the paper appeared in *Proceedings of the American Statistical Association, Business and Economics Statistics Section*（Alexandria, VA: American Statistical Association, 1988）, 491-6; K. L. Cavanaugh, "Time series analysis of U. S. and Canadian inflation and unemployment: a test of a field-theoretic hypothesis." Paper presented at the Annual Meeting of the American Statistical Association, San Francisco, California, August 17-20, 1987; and published in *Proceedings of the American Statistical Association, Business and Economics Statistics Section*（Alexandria, VA: American Statistical Association, 1987）, 799-804.

⓲ "Strong rains fall on fire-ravaged Amazon state," March 31, 1998, Web posted at: 6:46 p.m. EST（2346GMT）, Brasilia, Brazil（CNN）, http://twm.co.nz.

⓳ R. Nelson, "Wishing for good weather: a natural experiment in group consciousness," *Journal of Scientific Exploration*, 1997; 11(14): 47-58.

⓴ M. Emoto, *The Hidden Messages in Water*（New York: Atria, 2005）.

㉑ 擷取自我對雷丁的訪談（二〇〇六年五月三日）。

㉒ 這不是她的眞名，我應她要求不披露眞名。不過參與靜坐的志願者都知道她的眞名，看過她的照片。

㉓ R. Van Wijk and E. P. Van Wijk, "The search for a biosensor as a witness of a human laying on of hands ritual," *Alternative Therapies in Health and Medicine*, 2003; 9(2): 48-55.

第4部 實驗

第13章 念力練習

❶請見 C. T. Tart, "Initial application of mindfulness extension exercises in a traditional Buddhist meditation retreat setting, 1995," unpublished, www.paradigm-sys.com/cttart.

❷ R. McCraty et al., "The electricity of touch: detection and measurement of cardiac energy exchange between people," in K. H. Pribram, ed., *Brain and Value: Is a Biological Science of Values Possible?*（Mahwah, NJ: Lawrence Erlbaum Associates, Publishers, 1998）, 359-79.

❸ S. Rinpoche, *The Tibetan Book of Living and Dying*（San Francisco: HarperSanFrancisco, 1994）.

❹ S. Rinpoche, as quoted in J. Stone, *Instructor's Training Manual, Course Syllabus: Training in Compassionate-Loving Intention.*

❺ H. Dienstfrey, *Where the Mind Meets the Body*（New York: HarperCollins, 1991）: 39.

國家圖書館出版品預行編目資料

念力的科學：贏比賽、病療癒、致富成功，人類意識如何改變物質世界？ / 琳恩 . 麥塔格特 (Lynne McTaggart) 著；梁永安譯 . -- 二版 . -- 臺北市：橡實文化出版：大雁出版基地發行，2023.12
面； 公分
譯自：The intention experiment : using your thoughts to change your life and the world.
ISBN 978-626-7313-70-1(平裝)

1.CST: 意志 2.CST: 意向 3.CST: 量子場論

173.764 112017316

BX0017R

念力的科學：贏比賽、病療癒、致富成功，人類意識如何改變物質世界？

（原書名：念力的秘密：叫喚自己的內在力量）

作　　者　琳恩 · 麥塔格特（Lynne McTaggart）
譯　　者　梁永安
責任編輯　田哲榮
封面設計　斐類設計
內頁構成　歐陽碧智
校　　對　吳小微

發 行 人　蘇拾平
總 編 輯　于芝峰
副總編輯　田哲榮
業務發行　王綬晨、邱紹溢、劉文雅
行銷企劃　陳詩婷
出　　版　橡實文化 ACORN Publishing
地址：231030 新北市新店區北新路三段 207-3 號 5 樓
電話：02-8913-1005　傳真：02-8913-1056
網址：www.acornbooks.com.tw
E-mail 信箱：acorn@andbooks.com.tw
發　　行　大雁出版基地
地址：231030 新北市新店區北新路三段 207-3 號 5 樓
電話：02-8913-1005　傳真：02-8913-1056
讀者服務信箱：andbooks@andbooks.com.tw
劃撥帳號：19983379　戶名：大雁文化事業股份有限公司

印　　刷　中原造像股份有限公司
二版一刷　2023 年 12 月
定　　價　480 元
ISBN　978-626-7313-70-1